송암 김선우 시인 제3시선집

낭만의 행복한 그리움

어린 시절 어머니 품에 안겨서

고희 기념 시선집 출판기념회에서 문인들과 함께(2014. 6. 14)

시선집 『길에서 화를 줍다』 고희연 출판기념회에서 손자·손녀들과 함께

2007년 첫 시집 『들판을 적시는 단비처럼』 출판기념회

2008년 오산시 새마을회 초대회장 시절 김장담그기 봉사 활동

2017년 〈주간 한국문학신문〉 청소년문학상 대상을 받은 손자 김동수

2017년 청소년문학상 시상식에서 주간 문학신문 임수홍 이사장님과 손자 김동수

시간위에 | 요철지, 수간채색, 혼합재료 | 2009

| 축 시 |

나만의 행복한 그리움

욕심이 많아서
혼자만 행복하겠다는 건지
모르겠지만

선우 형의 그리움에
불현듯 샘이 나는구려
나도 좀 해보고 싶소
행복한 그리움을~

뜨거운 박수로
축하합니다.

손 철 (방송인 · 화가 · 시인)

손철 선생은 서라벌예술대학 연극영화과 졸업 후, 1973년 TBC 동양방송에서 '살짜기 웃어예'로 데뷔한 개그맨 1세대 방송인이다. 한때 '가로수를 누비며'에서 송영길, 허원, 임성훈, 최미나 등과 함께 공개방송도 활발하게 진행했다. '고전유머극장', '토요일이다 전원출발' 등에서는 코미디언 이주일, 이상해 등과 더불어 우리에게 편안한 웃음을 선사한 코미디뿐만 아니라 명사회자로 그 이름을 날렸다. 1989부터는 KBS 희극인 실장이었고, 1993년 방송연예인 노조부위원장으로 연예인들의 권익보호와 희극계의 발전에 큰 족적을 남겼다. 그렇게 오랜 세월 동안 정주고 마음 주며 몸담았던 방송계를 그것도 한창 잘나갈 때에 과감하게 내려놓고 고향 땅, 충남 청양군 대치면 장곡리 여우내길 104번지로 내려와서 어릴 적 꿈이었던 화가의 길을 가기 위해 3천여 평 대지에서 잡초를 뽑고 꽃나무를 옮기고, 여기저기에 박힌 큰 돌 작은 돌을 굴리고 묻고 박고 깎으며 새로운 터전 '해랑달'을 가꾸고 있다. 30여 회 이상의 그림 전시회와 『사랑샘의 조롱박』, 『세월 멈추기』, 『왔다가 그냥 갑니다』 등 10여 권의 자작 시집을 출간하였고, 현재는 칠갑산 자락 (예인의 집 해랑달)에서 시 · 서 · 화(詩書畵) 창작으로 세월을 멈추어놓고 살고 있다.

차 례

2 /   화보 · 1 – 어린 시절 어머니 품에 안겨서

3 /   화보 · 2 – 고희연 출판기념회 외

□ 프롤로그 Prologue

26 /   자서自序– 내 삶과 문학의 반성문
　　　　　아직도 그리움이 있다는 것은 행복
　　　　　– 송암 김선우

□ 특집 / 신작 시

44 /   새순 같은 함정

45 /   늦가을 오후

46 /   하늘 중간쯤

47 /   눈빛만 봐도

48 /   해랑달

49 /   코스모스 같은 사람아

50 /   봄과 가을 사이에서

51 /   이런 날

52 /   세월

53 /   그리움이

54 /   나만의 자유

□ **제1막 수신修身, 마음자리**
  – 전반기 초기 시 2007년 ~ 2008년

첫 시집, 들판을 적시는 단비처럼 (2007. 8. 30)

60 / 자서自序 – 첫 시집을 출간하면서

62 / 당신이 있기에

63 / 여름이 다가오면 – 어머님·2

65 / 들판을 적시는 단비처럼

66 / 누구일까?

67 / 황새포의 추억

69 / 발문跋文 – 사람 냄새 풀풀 나는 '김선우' 세상 엿보기
      – 김하리(시인)

76 / 취임사 – 화합과 단결로 새로운 도약을…

80 / 대회사 – 한마음 단합대회에

83 / 축사 – 정희순 님의 '작품집' 출간을 축하드리며

제2시집, 보름달 사랑 (2008. 2. 20)

86 / 서序 – 내 사랑은…

87 / 권두언 – 시집 『보름달 사랑』에 부쳐 – 김하리(시인)

91 / 사랑 하나

92 / 아내는 내게

93 / 맨 처음 그때처럼

94 / 당신을 만난 뒤부터

95 / 이별 연습

차 례

제3시집, 오늘도 사랑이라 믿어 (2008. 10. 31)

98 / 시인의 말

100 / 이름만 남겨 놓고 떠나간 그대

102 / 곁에 있으니

103 / 편지 · 2

107 / 그대여 · 4

109 / 장승

110 / 작품 해설 : 내적 동경憧憬 그 서정의 미학
　　　　 김선우 시 세계　 – 조석구(문학평론가 · 문학박사)

□ 제2막 제향齊鄕, 마음결
　　– 전반기 후기 시 2010년~2012년

제4시집, 밤하늘 별처럼 (2010. 4. 1)

124 / 시인의 말

126 / 시집 발간에 부쳐 : 자신의 구원을 향한 서정적 시작詩作
　　　　 – 김건중(한국문인협회 부이사장)

129 / 기다림

130 / 그대 없어도

131 / 그리움 · 3

133 / 내 아내

135 / 어머니의 손

명언집 · 1, 그 말을 거울로 삼고 (2010. 4. 1)

138 / 엮은이 말 – 자신의 구원을 향한 서정적 시작詩作

139 / 책마을 책소개 (경기일보)
　　　– 김선우 시집 「밤하늘 별처럼」··· 삶의 향취 물씬
　　　「그 말을 거울로 삼고」 명언집도 출간

141 / 책마을 책소개 (화성오산신문)
　　　– 김선우 시집 「밤하늘 별처럼」 발간

143 / 업

144 / 버릇

145 / 현명한 사람은

146 / 사람의 혀

147 / 윗물이 맑아야

제5시집 겸 문집, 이 세상에 당신이 있어 행복합니다 (2010. 12. 25)

150 / 시인의 말 –절망, 그 치열한 불꽃

151 / 문집 발간에 부쳐 : 김선우 시인의 문집을 축하드리며
　　　– 조석구(문학평론가 · 문학박사)

160 / 별을 보면 그대에게 가고 싶다

161 / 내 생각 속엔 당신이 있기에

163 / 그대는 나에겐 하늘 같지만

165 / 부자

167 / 봄이 온다 해도

168 / 그리울 거야

169 / 이 세상에 당신이 있어 고맙습니다

차 례

171 / 내가 쓰는 시는

172 / 손자들에게 들려주고 싶은 이야기 · 2

174 / 손자들에게 들려주고 싶은 이야기 · 4

176 / 사랑과 보람 그리고 아픔의 세월

185 / 첫 시집 「들판을 적시는 단비처럼」 출판기념회 기념사

189 / 제3시집 「오늘도 사랑이라 믿어」 출판기념회 기념사

192 / 인연因緣 – 김선우 님에게 – 우암 윤신행(경기도서화협회장)

194 / 님을 만나 따뜻했습니다   – 김선우님에게
　　　 – 우암 윤신행(경기도서화협회장)

196 / 김선우 선배님   – 김 익(시인 · 전 충청연합회장)

198 / '김선우' 선생님, '김순자' 사모님 두 분께
　　　 – 김하리(시인 · 시낭송가)

201 / 발자국   – 김의식(시인 · 오산시문학회장)

202 / 호미   – 박민순(수필가 · 바른선거 오산시민모임회장)

204 / 부지런함을 존경하며   – 손선아(시인 · 오산여류문학회장)

206 / 절차탁마切磋琢磨처럼
　　　 – 배명숙(시인 · 경기&오산시낭송가협회장)

210 / 나눔의 미학   – 공란식(수필가 · 오산시문학회 부회장)

211 / 꽃집 오빠 김선우 사장님
　　　 – 채희숙(시인 · 고려인삼제조〈주〉 근무)

213 / 볼수록 된장맛 나는 김선우 시인   – 유미자(서양화가)

제6시집, 그리운 江 (2012. 11. 30)

218 / 서문 : 늙지 않는 청춘의 고뇌 −조석구(문학평론가 · 문학박사)

223 / 시인의 말

225 / 그리움 · 1

226 / 화원에서 · 2

227 / 깨달음

228 / 마등산 · 9 −'청춘을 돌려다오'

229 / 지리봉 가는 길

231 / 작품 해설 : 꿈꾸기 혹은 그리움의 시학
  − 송수권(순천대 문창과 명예교수)

240 / 축하의 글 · 1 : 그리움을 찾는 사람, 김선우 시인
  − 이원규(시인 · 애플북스 에디터)

245 / 축하의 글 · 2 : 고희의 소년, 김선우 선배
  − 박민순(수필가 · (사)바른선거시민모임 오산지회장)

249 / 축하의 글 · 3 : 작은 아버지, 김선우 시인
  − 정미섭(오산 칸벤션웨딩홀 대표)

차 례

□ 제3막 치시治詩, 마음씀씀이
  – 중반기 초기 시 2013년~2016년

시혼詩魂 창간호 (2013. 11. 11)

256 / 권두언 :『시혼詩魂』창간호 발간에 즈음하여
  – 조석구(시인 · 문학박사)

258 / 발간사 :『시혼詩魂』창간호 발간에 즈음하여 – 김선우

260 / 사단법인 오산시인협회 창립총회 인사말
  비를 맞는다는 것에 대하여   –김선우(초대 이사장)

263 / 석남문학상 선정 경위 및 배경

265 / 제1회 석남문학상 심사평 – 김선우

272 / 좌담회 : 잊을사 나의 고향을 고이 적어서 나빌레라
  일   시 : 2013. 10. 19.
  장   소 : 고향화원
  참   석 : 김선우, 이원규, 서정택 시인
  정   리 : 고일영(문화기획자)

289 / 창간호 특집
  시라는 껍질 속에서 찾아낸 내 고향의 에세이
  – 서정택(시인 · 오산시인협회 기획이사)

제7시집 겸 제1시선집, 길에서 화두를 줍다 (2014. 3. 25)

306 / 자서自序 : 길에서 화두를 줍다 　－ 김선우

308 / 책머리에 : 아름다운 미래를 설계
　　　　－ 김건중(前 한국문인협회 부이사장)

311 / 여는 시 : 흙이 되어

312 / 들어가는 말 : 살아가며 사랑하며 또 살아 사랑하며
　　　　　　　김선우의 시세계 : 시평설　－ 이원규

제1부 십신十信
317 / 나의 숨결 속에는　　　318 / 제1신 믿음 신信

제2부 십주十住
321 / 느껴보세요　　　　　322 / 제1주 발심주發心住

제3부 십행十行
325 / 첫사랑 · 1　　　　　 326 / 제1행 환희행歡喜行

제4부 십회향十廻向
329 / 당신은 · 2
330 / 제10회향 등법계무량회향等法界無量回向

제5부 십지十地
332 / 내 마음은　　　　　　333 / 제1지 환희지歡喜地

제6부 등각等覺
336 / 나만의 궁전
337 / 행복은 지금 이 자리에 있습니다

차 례

어린이 시혼 창간호 (2014. 12. 29)

340 / 발간사 : 어린이 시혼을 발간하며 　 － 김선우

342 / 교육을 마치며 　 － 이숙영

345 / 꿈두레 도서관 　 － 손세민(필봉초 4학년)

346 / 해바라기 　 － 한아인(양산초 4학년)

347 / 나도 강아지였으면 좋겠어 　 － 정은재(운천초 1학년)

348 / 아파트 　 － 정현태(운천초 3학년)

349 / 감자 　 － 정지성(원일초 3학년)

350 / 동화책,『의좋은 형제』　 － 정지우(원일초 2학년)

351 / 잠자리 　 － 한태인(필봉초 2학년)

352 / 명절 　 － 이승예(양산초 4학년)

353 / 액자로 꽃을 보니 　 － 박규민(문시초 4학년)

354 / 털신 　 － 장혜솔(운산초 1학년)

355 / 백조 　 － 장혜윤(운산초 3학년)

356 / 2015년 2회 어린이문학아카데미 수강생 모집 　 － 오산시인협회

제8시집, 송암 김선우의 작은 시집 (2014. 12. 20)

358 / 서시 : 사랑 하나

359 / 들꽃이라도

360 / 마음의 집

361 / 편지 － 시집가는 딸에게

363 / 푸르렀던 날을 그리며

364 / 백년

제9시집, 낡은 가방 속의 연가 (2016. 4. 5)

366 / 시인의 말

367 / 서시序詩

368 / 낡은 가방 속의 연가

369 / 낙엽 한 잎의 연가

370 / 오산역에서

371 / 용주사에서

372 / 아내의 기도

삶의 지혜 김선우 제2문집 (2016. 4. 5)

374 / 책머리에

376 / 마음의 길 · 1

377 / 사람의 혀

378 / 사랑과 우정

379 / 좋은 친구

380 / 부자

차 례

□ 제4막 평문학平文學, 마음씨
— 중반기 후기 시 2017년~2022년

제10시집, 흙에서 캔 나의 노래(2017. 6. 30)

386 / 시인의 말 : 내일은 또 내일의 태양이 뜬다

387 / 서시 : 소망

389 / 시집 발간에 부쳐 — 노老시인이 부르는 아름다운 노래
— 임수홍 (사단법인 한국국보문인협회 이사장)

391 / 꽃과 구름의 향기
— 후백 황금찬 시인 백수白壽 기념 축시

392 / 아름다운 여백

393 / 가을 랩소디

394 / 시를 쓰는 저녁나절

395 / 연탄 한 장의 생애

397 / 시평 : 눈물에서 캔 그의 노래들
— 서정택 (시인 · 농민신문신춘문예)

제10시집 출간 축하 글

405 / 삶의 가치관   — 박민순 (수필가 · 시인)

408 / 고향이 그리워도   — 이원규 (칼럼니스트 · 전기작가)

411 / 흙에서 사리를 건지는 시인
— 이서연 (시인 · 사단법인 한국문화예술연대 이사)

416 / 빛이 나는 시인 친구   — 손 철 (방송인 · 시인 · 화가)

♣ 할아버지를 빼닮은 꼬마 시인의 작은 시집 · 1
   – 손자 김동수(효행초등학교 3학년)

418 / 울 엄마

419 / 바람은 변덕쟁이

420 / 비 오는 날

421 / 추석

422 / 별

423 / 닮은꼴

명언집 · 2 이 말을 거울로 삼고 (2018. 5. 25)

426 / 작가의 말 : 생활에서 위안과 지혜를 주는 책

429 / 만족할 줄 아는 만족

431 / 무소유

433 / 교만한 마음

435 / 참된 친구

437 / 등 뒤에서 하는 말

차 례

제11시집, 냉이꽃 편지 (2018. 11. 10)

440 / 시인의 말

442 / 발문 : 수채화로 그린 그의 편지 – 서정택 (시인)

446 / 우정 초대시 : 선물 – 손 철 (방송인 · 화가 · 시인)

447 / 축하 메시지 : 순정의 시혼詩魂를 보여주는 부부
          – 이서연 (시인)

450 / 냉이꽃 편지

452 / 세상은 나를 그리 살라 하네

453 / 옛 시집을 펴들고

455 / 눈물 조각사

456 / 편지 – 며느리에게

459 / 편지 – 윤서에게

♣ 꼬마 시인 김동수의 작은 시집 · 2
   – 손자 김동수(효행초등학교 4학년)

464 / 여름

465 / 아름다운 별

466 / 하늘

467 / 엄마

468 / 문어

469 / 작품 해설 : 불심佛心 + 시심詩心
    – 경암 이원규 (시인 · 칼럼니스트)

제12시집, 가시꽃이 피었다 (2021. 5. 19)

478 / 시인의 말

479 / 시집 발간에 부쳐 – 박민순(시인·수필가)

483 / 바람에 구름 가듯

484 / 우리 손주들

486 / 관음죽

487 / 가시꽃이 피었다

488 / 님 그리워하며

492 / 작품 해설 : 그리움, 행복했던 날들의 비망록
　　　　　　– 경암 이원규(시인·문학평론가)

♣ 꼬마 시인 김동수의 작은 시집 · 3
　　– 손자 김동수(효행초등학교 5학년)

500 / 로봇

501 / 번개

502 / 짤막한 대화 – 어린이날

503 / 자랑스러운 우리나라

504 / 친구

505 / 작품 해설 : 반짝반짝 빛나는 꼬마 시인의 꿈
　　　　　　– 경암 이원규(시인·문학평론가)

차 례

제13시집, 내 삶의 길에 서서 (2021년 5월 19일)

512 / 시인의 말

513 / 서시 : 짝사랑

514 / 봄이 오는 길목에

515 / 내 삶의 길에 서서

516 / 팬지꽃 그녀 – 김지영에게

518 / 편지 · 1 – 윤서에게

520 / 손주를 그리워하며

□ 에필로그 Epilogue
내 삶과 문학 / 후일담後日譚

525 / 유배의 삶에서 만난 시와 노래
    – 송암 김선우

554 / 송암 김선우 시인의 발자취

557 / 시집 제자題字 작가 소개
    – 서예가 우암右庵 윤신행尹信行

558 / 표지화, 내지 삽화 작가 소개
    – 한국화가 동곡桐谷 이향李香

꿈을 위한 기도 | 기와, 아크릴릭, 혼합재료

프롤로그 Prologue

자서自序_ 내 삶과 문학의 반성문

특집_ 신작시

자서自序 – 내 삶과 문학의 반성문

아직도 그리움이 있다는 것은 행복

송암 김 선 우

□ 들어가는 말

　광복되던 해인 1945년에 6월 나는 태어났다. 그 후 우리 민족 역사상에서 가장 파란만장했던 시절을 맨몸으로 살아온 세대이다. 청년 시절에는 공군 연예병사로 입대하여 병역의무를 완수했으나, 제대 후 육군 간부후보생으로 다시 입대, 오산·화성 예비군 중대장과 재향군인회 회장 그리고 오산시 새마을 회장 등을 역임했다. '이 자리/저 자리/따지지' 않고 젊은 청춘과 장년기를 보내고 노년기에 이르러 모든 공직에서 물러났으며, 고향 땅인 오산시민 최고 영예인 애향 부문 '오산시민대상'도 받았다.

　　이 산 저 산
　　오고 감을

상관치 않겠으나
착한 마음
아프게 말아주오
이 자리
저 자리
따지지 마시고
바람에 구름 가듯
달빛 흐르듯
그냥
그렇게
살아봄이 어떻겠소.
―「바람에 구름 가듯」

 2007년 12월, 오산문화원에서 발행하는 『오산문화』 제44호에 내 생애에서 처음으로 발표했던 시다. 이 작품으로 용기를 얻어 메모하듯 습작했던 시들을 묶어 첫 시집 『들판을 적시는 단비처럼』을 내게 되었다. 2008년 8월 『문예사조』와 『한국작가』 가을호에 응모했던 시가 신인작품상으로 당선되어 늦깎이로 시를 쓰기 시작했다. 등단 14년 만에 개인시집 13권, 시선집 3권과 명언집 2권, 문예지 『詩魂시혼』과 『어린이 시혼』 창간호까지 펴냈으며, 현재 국제펜클럽한국본부, 한국문인협회 시분과 회원이며 경기도문학상, 후백 황금찬 시문학상, 한국글사랑문학상 대상, 한국문학신문 작품상, 국보문학대상 등 다수의 문학상을 받기도 했다.

하지만 이제 나이도 들고 예전만큼 시가 써지지도 않아 요즘 심한 갈등을 겪고 있었다. 어느 날부터인가 나는 그간 발간했던 작품집을 쌓아놓고 깊은 생각에 잠겼다. 그렇다. 진실로 중요한 것은 나이가 아니라 세상을 살아가는 긍정적인 태도 즉 일체유심조一切唯心造, 세상만사 마음먹기에 달렸다. 요즘은 생활수준도 향상되고 평균수명도 늘어나서 일흔, 여든이 되어도 좋은 작품을 꾸준히 발표하는 시인들이 많다. 앞서가건 뒤따라가건 간에 그 대열에서 짐이 되지 않는 건강한 시인으로 살아남는 게 내 마지막 소망이다. 그리하여 다시 시에 대한 열정을 지피는 심정으로 이번에 세 번째 시선집을 엮는다.

어떻게 살아가는 것이 바람직한지, 어떤 삶이 아름다운지는 많은 사람이 풀지 못한 생의 화두이다. 쓸쓸함과 외로움을 사랑해야 했던 내 삶과 문학을 되돌아보는 이 작업을 하면서 옛 시집을 들춰보니 또 다른 새로운 욕심이 생겼다. 기왕 이 세상에 태어났으니 뭔가 뜻 있게 살고 싶은 것이 모든 사람의 마음이리라. 물론 마음먹은 대로 그 뜻을 제대로 살리지 못하고 가는 삶도 대부분이긴 하지만, 이렇게라도 살아있음을 다시 보여주고 싶다.

사서삼경 가운데 하나인 『대학』에 수신제가치국평천하修身齊家治國平天下라는 말이 있다. '먼저 자기 몸을 바르게 가다듬은 후 가정을 돌보고, 그 후 나라를 다스리며, 그런 다음 천하를 경영해야 한다'는 큰 뜻이 담겨 있다. 이처럼 어마어마한 뜻은 아 닐지라도 문학 분야에서 만이라도 그 뜻을 이루고 싶다. 한때 온 정열을 쏟으며 활동했던 오산시인협회가 있었다. 그때 발간 했던 시혼詩魂 창간호 특집에 서정택 시인이 썼던 「시를 읽다, 오산을 읽다」에서 수신제향치시평문학修身齊鄕治詩平文學을 빌려와 평천하平天下가 아닌 평문학平文學을 이루겠다는 각오 를 다지게 되었다.

  시 창작은 누가 뭐라 해도 마음의 표현이다. 지금부터는 요즘 쓴 10여 편의 시에 나타나는 속생각을 풀어보겠다. 그 과정을 마음자리 → 마음결 → 마음씀씀이 → 마음씨로 나눠 내 마음을 솔직하게 고백하겠다.

1. 수신修身 : 마음자리 －마음의 바탕體

  공직에서 물러난 후부터 아내와 함께 화원을 운영했으나 도 심을 가로지르는 산업도로 확장공사가 시작되는 바람에 그마저 도 접고 말았다. 내 삶의 존재감이 한꺼번에 무너져 내리는 것 만 같았다.

내가 머물던 운암뜰에
비둘기가 울며
내 곁을 떠났다
그날 나는
무거운 발걸음으로
운암뜰을 떠나왔다
그날
내가 머물던 운암뜰엔
온종일
보슬비가 내렸다
「봄이 오는 길목에」 전문

    삶의 터전을 떠나야 하는 답답하고 슬픈 심사를 달랠 길 없었던 마음은 유배지로 가는 사람처럼 막막하고 너무 힘겨웠다. 다시는 이 세상을 걸어갈 수 없을 만큼 다리에 힘이 쭉 빠졌었다. 화원을 잃은 스트레스는 이만저만이 아니었다. 이곳저곳 적당한 화원의 자리를 물색해 보았지만, 마땅한 곳이 없었다. 급기야 장염으로 3일간 병원에서 눕기도 했다. 두 아들과 며느리가 용돈을 드릴 테니, 이제는 편히 쉬라면서 결사반대하는 바람에 기어코 개인사업은 그때 완전히 접었다.

    내 시는 평범한 생활 시다. 아니 시를 생활화하고 있다. '그리운 이를 그리워하며/나만의 시를 짓고/나만의 탑을 쌓아 올리는/나만의 궁전'이었던 그 화원은 내 시가 생산되는 현장이었다. 늙마에 시작한 시 창작이라서 특별한 기교를 구사하지 않고 주변에서 일어나는 생활담이나 내 마음을 담담하게 풀어냈다. 그야말로 시가 생활이고 생활이 시가 되는 그런 삶이 화원에서의 생활이었다.

술과 담배도 안 하고 오로지 시 쓰는 것이 유일한 취미라서 시 하나로 나를 드러내고자 했다. 술술 나오는 날에는 사소한 생활 잡사까지도 희한하게도 그리움의 연기가 모락모락 솟아오르는 풍경으로 바뀌기도 했다. 혼자 가슴에 품었던 온갖 그리움이 되살아나며 시가 되기도 했다. 그만큼 많은 상처가 내 가슴 속에 있다는 것을 나도 그때 처음 알았다. 내 시는 상처의 기록이다. 그 상처를 치유하고자 나는 시를 쓰면서 그 시로 인해 또다시 상처를 받기도 했다. 이처럼 시 창작은 상처와 아픔을 치유하기도 하지만 때로는 고통을 주기도 했다. 글을 쓰든 말을 하든 창작 행위는 욕망과 무관하지 않다. 그런 의미에서 창작의 세계에서 상처가 없는 세계는 감정이 없는 세계라 할 수 있다.

"깊이깊이 빠져들어/빠져나올 수 없는 함정"이라면서 시작하는 「새순 같은 함정」에서처럼 나는 내 삶을 되돌아보며 성찰하는 시간을 갖게 되었다. 우리가 모두 인정하듯이 봄은 희망이고 미래이며 희망찬 시작을 상징한다. 그래서 봄은 무엇보다도 싱싱하다. "싹둑 잘라내도/또 돋아나는 새순처럼/그놈의 정이라는 함정" 때문에 늦깎이로 시작한 시 창작에 빠져들었다는 말이다. 두 번째에 놓여있는 「늦가을 오후」는 앞선 작품 「새순 같은 함정」과 정반대 상황으로 바뀐다.

지금의 내 나이는 팔순에 가까워지고 있다. 모든 일에 시들해질 만한 때이다. 간절한 것도 감동적인 것도 거의 느끼지 못하고 지내는 나이가 됐다. 하지만 두 눈 부릅뜨고 세상을 둘러보면 아직도 내가 해야 할 일이 남아 있는 듯하다. 아시다시피 인생의 후반기에도 노시인들이 자신의 인생을 돌아보며 쓴 시들이 독자들에게 긍정적 호감으로 다가서기도 하고 있지 않던가. 「늦가을 오후」의 풍경은 매우 스산하지만 메시지는 매우 경쾌하고 단순하다. 결코 내 인생을 헛되게 살지는 않았다는 증거이며 반성문이기 때문이다. 늦깎이로 입문한 글쓰기, 누가 시켜서 한 일도 아니고 내가 그냥 좋아서 스스로 선택한 일이다. 물론 글을 써나가는 과정에서 절망과 고통스러움도 있었다. 그러나 즐긴다는 마음으로 계속 쓰다 보니 행복감도 느낄 수 있었다. 어느 시인은 나뭇잎이 떨어지는 것만 봐도 눈물이 난다고 했는데, 그러한 자발적인 고독을 뒤늦게 느끼기도 했다. 시 창작 과정에서 인생을 배우고 인생을 느끼며 인생의 깊이와 폭을 스스로 넓혀갈 수 있는 계기가 되었다는 말이다. 내 시에 집중적으로 등장하는 중심 제재가 그리움이며 나와 자주 만나는 대상이기도 하다. 그렇게 그리움과 살다 보니 삶의 고통마저도 행복한 그리움으로 뒤바뀌었다.

2. 제향齊鄕 : 마음결 −마음의 움직임動

　나는 태어나서 군 복무 중일 때를 제외하고는 한 번도 고향 땅 오산시를 두 달 이상을 벗어난 적이 없다. 그러므로 내 삶의 터전은 작은 도시 오산시 테두리 안에서 이뤄졌다. 남들이 즐기는 고향의 향수 따위는 느낄 수 없었음에도 나는 내 고향 오산에 관한 시를 여러 편 발표했다. 각설하고, 이번 제향齊鄕 편에서는 거칠었던 내 마음결을 가다듬었던 고향 땅의 이야기가 아닌 시 창작 과정으로 대신하고자 한다.
　시 창작 과정에서 가장 나쁜 습관은 체험이 없는 추상적인 표현으로 아름답게 꾸미려 드는 것이다. 체험이 없으면 아무리 현란한 문장으로 치장해도 독자의 감정선을 건드릴 수 없다. 체험이 바탕에 있지 않으면 반드시 허위가 드러나기 때문이다. 또한, 체험했더라도 문학적으로 형상화하지 못하면 그것 또한 감동이 덜 오게 마련이다.
　나이가 종심從心에 들어서면서부터 그야말로 마음이 하고자 하는 바를 좇아도 도에 어그러지지 않았다. 어느덧 망팔望八에 다가서고 있다. 이제는 육신의 눈은 흐려졌고 오로지 마음의 눈으로 세상의 모든 사물과 이치를 읽게 되었다. 다시 말하면 마음의 움직임을 따르는 경지에 이른 셈이다. 감정이입感情移入의 상태, 저 마음이 곧 내 마음의 상태라는 말이다. 「하늘 중간쯤」에서처럼 "둥근달은 어느새 그리움이 되어/내 가슴을 파고" 들고 있다.

　예술의 속성이라는 면에서 시가 문학의 여타 장르보다 우선으로 손꼽히는 이유 가운데 하나는 감각에 호소하는 측면이 강하다는 점이다. 시가 언어로 표현하는 예술인만큼 표현된 언어를 통해 시인의 마음을 미루어 짐작하게 된다. 또한 시인의 생각과 감정이 시각 청각 후각 미각 촉각 등과 체험이 곧잘 이미지와 결부되어 표현되고 있다. 다른 동물에 비해 인간은 특히 눈이 발달하여 시각에 의지하는 경우가 많다. 시각 이미지는 눈으로 보는 것 외에 가슴으로 보기도 하고 소리로 보는 것과 같은 상식 밖의 일도 일어나게 된다.

　시는 또 다른 나와 함께 나누는 대화이다. 아무 의미 없는 혼잣말처럼 보여도 작품 속의 언어는 내 마음을 표현하기 위한 필수 불가결한 언어임이 틀림없다. 내 속마음을 털어놓기 위해 선택하는 언어로 고민에 고민을 더한다. 그 고민의 결과로 선택된 언어는 내 마음을 대신할 최적의 메시지가 되어 불특정 다수의 독자와 허심탄회하게 소통하기도 한다. 「눈빛만 봐도」에 있는 사람은 현실 사회의 사람이 아닌 내가 사랑하는 '시詩'를 뜻한다. 원래 시는 적은 말수로 많은 이야기를 하는 나눌 수 있는 묘한 것이다. 몇 개 되지 않는 문장을 통해 내 마음을 이렇게도 순하게 다스려주기도 한다.

"눈빛만 봐도/그 마음/읽을 수 있는 사람 (중략) 나는/그런 사람이 그립다"

내가 삶과 사람들에 대한 따뜻한 마음을 지니지 못했다면, 결코 이와 같은 작품은 나올 수 없었을 것이다.

단언컨대, 내가 쓰는 시에는 낯선 이미지가 없다. 이미지를 구체적으로 언급하지도 않는다. 군소리 없이 내가 나를 스스로 제어하면서 간결하고 깔끔하고 또 따뜻한 시를 쓰며 살고 싶다. 쉽게 쓴 시 같지만 그렇게 쉽게 나온 시는 별로 없다. 마음의 움직임이 잘 다듬어진 상태, 즉 특별한 일이 없는 보통 때와 같은 마음을 평상심이라 부른다. 그런 평상심을 얻기가 쉽지 않았다는 말이다. 나와 시를 연결하기 위해 오랜 성찰과 숙고의 시간을 거치면서 나름대로 공들여 쓴 시라는 점도 강조하고 싶다.

3. 치시治詩 : 마음씀씀이 －마음을 쓰는 태도用

작품의 제목인 '해랑달'은 뒤늦게 친구가 된 예술인 손 철의 택호이다. 충남 청양군 칠갑산 자락에 자리를 잡은 3천여 평의 거대한 예술공간은 그의 고향이기도 하다. 해마다 봄이 되면 예술인들에게 그 공간을 내어주며 맘껏 끼를 발산할 수 있게 해주고 있다.

손 철은 방송인 출신이지만 화가와 시인도 겸업하며 은퇴 없는 제2의 삶을 살고 있다. 그의 아들이 동탄 신도시에 살고 있어 오가다가 내가 운영하던 화원을 방문하면서 자연스럽게 친구가 되었다. 요란스럽게 자신을 내세우지 않으면서도 세상 사람들과 더불어 살아가는 그의 삶이 부럽기도 했다. 돌이켜보면 그와 나의 삶은 별반 다를 바 없었다. 그도 이른바 춥고 배고프고 가난한 삶은 아니었지만, 정신적으로는 늘 외롭고 쓸쓸했다. 누구든 살갑게 대해주지 않았고 어려운 일을 당해도 위로의 손을 내밀어주는 사람을 기대할 수 없었다. 그만큼 자존심이 강했기에 시를 쓰고 그림을 그리면서 마음을 달래고 있다.

시가 사람을 살리는 보약이라는 믿음을 나는 한순간도 놓아본 적이 없다. 시가 버팀목이 되었고 부드러운 동행의 손길이 되어 여기까지 이끌어주었다.

또 한 사람이 내 마음을 통째로 흔들었다.

"우리는 누구나 세월만으로 늙어가지 않고 이상을 잃어버릴 때 비로소 늙어갑니다."

독일 시인 사무엘 울만이 78세 때 지은 『청춘』이라는 시에 나오는 말이다. 맥아더 장군도 그의 사무실에 걸어놓고 암송할 만큼 좋아했다는 시다. 두려움을 물리치는 용기, 경이로움에 이끌리는 마음, 인생에 대한 즐거움과 환희가 있다면 그때가 바로 청춘이라고 주장한다. 중요한 것은 나이가 아니라 세상을 살아가는 긍정적인 태도다. 무기력에 빠진 스무 살 노인이 있는 반면에 일흔 살에도 왕성하게 활동하면 청춘이라는 말이다. 요즘은 생활 수준도 향상되고 평균수명도 늘어나서 여든, 아흔 심지어 백 세가 넘은 철학자 김형석 선생 같은 분도 왕성한 활동력을 보여주고 있어 놀랍다. 나의 친구 손 철도 그러하지만 나도 또한 젊은이들에게 짐이 되지 않는 건강한 예술인으로 천천히 살아갈 것이다.

4. 평문학平文學 : 마음씨 –마음의 모양狀

아는 것과 깨닫는 것과 형상화하는 것의 층위는 각각 다르다. 앎은 지식의 영역이고 깨달음은 지혜의 테두리이며 형상화 작업은 기술에 해당한다. 시는 이들을 버무리고 녹여 내어 구현하는 것이다. 시가 취향이나 감수성과 깊이 관련된다는 것은 주지의 사실이다. 마치 좋아하는 음식이 서로 다르듯이 좋아하는 시도 각기 다르게 마련이다. 소박하고 담백한 언어 구사를 좋아하는 이도 있고 수사와 양념을 많이 친 자극성이 강한 언어 구사를 좋아하는 이도 있다. 그 점은 읽는 입장이나 쓰는 처지에서나 마찬가지다.

혹자는 내 시를 연애풍의 연시로 이해하기도 한다. 내가 쓴 시어가 크게 강렬하지 않고 주변에서 흔히 접하는 사물과 사람들을 취하기 때문이라서 그렇게 이해할 수도 있을 것이다. 「코스모스 같은 사람」에서도 '세월, 구름, 바람'이 '코스모스 같은 사람'을 수식하고 있다. 여기에서 '코스모스'는 단순하게 꽃이라기보다는 그 꽃처럼 연약해 보이는 사람을 의미한다. 나 자신일 수도 있고 나와 가까운 사람일 수도 있겠다. 코스모스의 꽃말 또한 '소녀의 순정과 순결'이라서 더구나 연시로 오해하기에 딱 맞기도 하겠다.

다음 작품 「봄과 가을 사이에서」에서도 사정은 마찬가지다. 나름대로 힘 있는 시를 쓰겠다고 썼지만, 연약하긴 그대로다. 나이가 들면서 젊은 시절에 겪었던 좌절의 순간은 오히려 새로운 국면에서 다시 시작하는 지점이 된다. 내 시에 흐르고 있는 그리움이라는 시적 정서는 내 삶에서나 시 세계에서나 떼려야 뗄 수 없는 지경에 이르렀다.

나이가 들어갈수록 육신은 자유롭지 못하고 감각의 움직임 또한 느리다. 그럴 때일수록 일상의 삶에서 한 걸음 물러서서 사색의 시간을 가질 필요가 있다. 내가 어떤 상황에서도 가치가 있다는 자기 중요성, 자아 존중감을 키워야 한다. "별이 뜨는 밤이면/어디론가 사라진 내 별들이/더 그립"기 때문이다.

「이런 날」에서는 인생의 후반부에 접어든 내 심사를 표현했다. 막연하게 중얼중얼 혼잣말하는 형식을 취하고 있으나 지난 세월을 반추하고 있다. 젊은 시절을 지나 인생의 연륜을 쌓은 후에 바라보는 내 삶의 모습에 "가슴만이 두근거린다"는 진술에서 보듯이 늙음에서 오는 비애와 슬픔이 진하게 배어 있다. 이처럼 '세월'은 한 인간을 이끌고 모질게 간다. 이럴 때일수록 긍정적인 마음으로 살아가야 모진 운명과 맞서 이길 수가 있다.

나오는 말

내 작품을 자세히 살펴보면 거의 모든 시편이 그리움과 행복을 노래하고 있다. 그렇다면 그 그리움과 행복은 과연 무엇이고 어디에서 오는가? 나이가 들수록 시간은 점점 더 빠른 속력으로 달리고 있다. 그렇다고 한탄만 하고 있을 일이 아니다. 아직 내게 남아 있는 시간을 고마워하는 마음을 가져야 한다. 나를 지금보다 더 단단하고 야무지게 완성할 수 있는 고마운 시간이 남아 있음을 고마워해야 한다. 「세월」은 노후의 막막한 삶에서 느끼는 처연한 심사를 썼다. "곁에 있던 이들도 하나둘" 떠나는 심사가 쓰리게 다가온다. 시라는 것은 이처럼 가장 좋은 느낌이나 슬프고도 외로운 생각들을 아주 짧고 명료한 문장으로 표현하는 것이다. 자신의 삶을 뒤돌아보면서 긍정적인 마음으로 주체성을 세우는 작업이 시 창작이다. 그야말로 "외롭지 않은 이/누가 있을까"라는 마음으로 운명마저도 끌어안고 모진 세월에 맞서야 한다. 오늘이 마지막인 듯이 충실히 살아보자는 얘기다.

이 책의 표제작이기도 한 「그리움이」에서 "나에게 아직도/그리움이 있다는 것은/행복이다"라고 했다. 이어서 "내 가족은 물론/내가 늘 사랑하는 이들/그들이/그리움의 대상이다"라고 어쩌면 너무 평범하고 단순하게 그리움과 행복에 대해 진술하고 있다. 내 노후의 일상을 이처럼 솔직 담백하게 표현하기까지 10년이 넘는 세월이 걸렸다.

　맨 마지막에 올려놓은 「나만의 자유」에서처럼 나는 구어체의 화법으로 내 마음을 고백하기도 한다. 특히 내 가족에게는 어김없이 조곤조곤 이야기하듯 쓴다. 이 작품은 시아버지인 내가 며느리에게 전하는 하나의 간곡한 당부이다. 다소 길게 쓰긴 했지만 한 문장 한 문장이 내가 평소에 품고 있던 마음이다. 가족은 시간과 공간을 이어주고 가족 간의 원활한 소통은 끈끈한 연대감으로 이어진다고 믿고 있다. 굳이 시를 쓰려고 해서 시로 쓰는 게 아니다. 저절로 마음에서 우러나서 쓰고 보니 이렇게 시처럼 되었다.

　행복은 누구나 바라는 인류 공동체의 영원한 화두다. 행복은 크게 기대하지 않았을 때 슬그머니 온다고 했다. 의도하면 오히려 본질이 흐려지고 그 자체가 잘 이뤄지지 않는다고 한다. 예를 들어 야구 경기에서 타자가 홈런을 의식하면 어깨에 힘이 들어가 오히려 볼이 빗맞지만, 마음을 비우고 편안하게 배트를 휘둘렀을 때 홈런이 나오는 것처럼 말이다.

「풀잎」이라는 시로 유명한 미국의 시인 휘트먼의 또 다른 시 「나 자신의 노래」라는 장시가 있다. 모두 52편으로 구성된 이 시의 여섯 번째에 "한 아이가 물었다. 풀잎이 뭐예요?/손안 가득 그것을 가져와 내밀면서"라고 시작하고 마지막 구절에는 "만물은 전진하고 밖으로 나갈 뿐 종말은 없는 것이오. 그래서 죽음이란 보통 생각하는 것과는 달리 더 행복한 것이오."라면서 죽음에 대한 공포를 씻어버리라고 권유한다.

　어느새 팔십을 바라보는 나이지만, 아직도 내 꿈은 현재 진행형으로 싱싱하다. 꿈이 있다는 것은 내 삶이 아직도 진하고 뜨겁다는 증거이다. 내 삶을 되돌아본 지금, 이 순간은 온전히 반성의 시간이었다. 길에서 화두를 줍듯 글을 쓰며 살았으나 행복한 나만의 그리움이 이토록 많은 줄 미처 몰랐다. 앞서간 선배들의 길을 조심스럽게 따라가면서 후배들에게 짐이 되지 않도록 행복한 마음으로 쓰고 또 쓰겠다. 이런 고집은 절대로 꺾지 않겠다. 내 시와 삶에서 쉼표와 느낌표는 찍을지라도 마침표는 끝끝내 찍을 수가 없을 것 같다. 새로운 봄날이 또 왔기에.

2022년 오산천을 바라보며
송암 김선우

장수 기원(봉황), Prayer for long life(Phoenix) 120x150, 닥종이 요철

특집, 신작 시

44 / 새순 같은 함정
45 / 늦가을 오후
46 / 하늘 중간쯤
47 / 눈빛만 봐도
48 / 해랑달
49 / 코스모스 같은 사람아
50 / 봄과 여름 사이에서
51 / 이런 날
52 / 세월
53 / 그리움이
54 / 나만의 자유

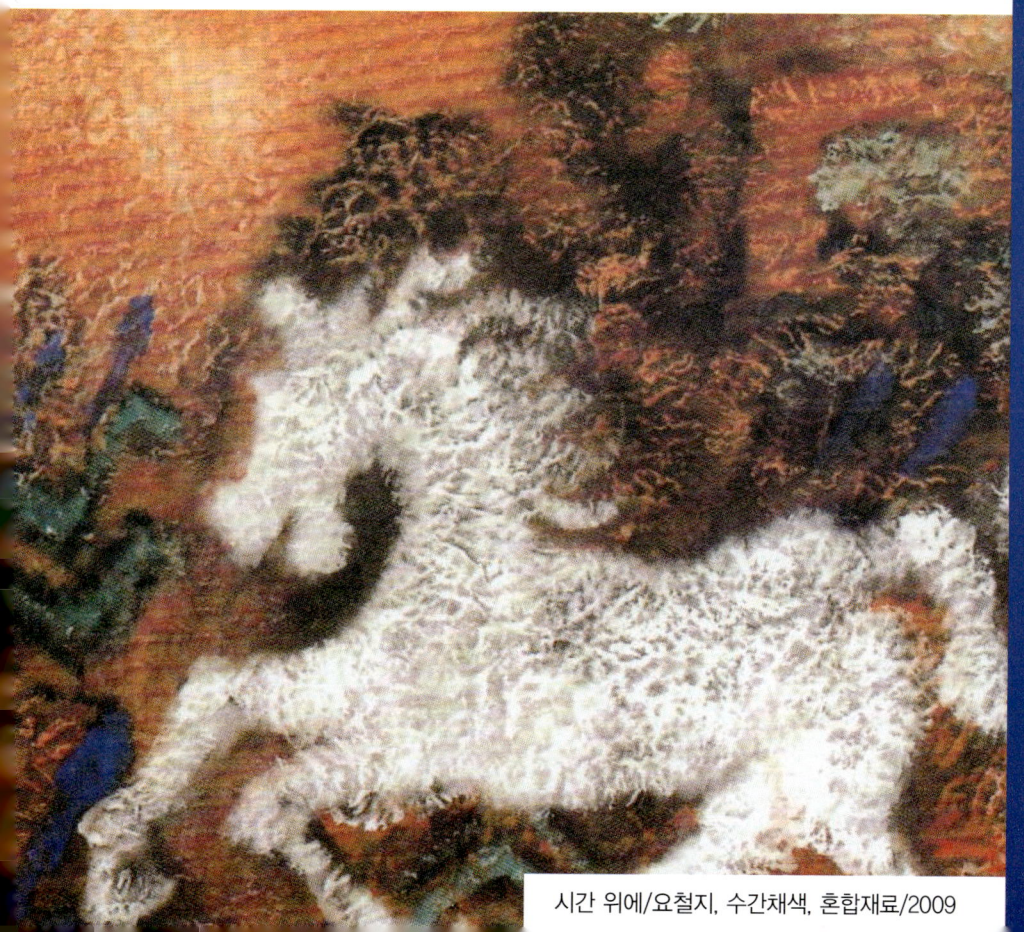

시간 위에/요철지, 수간채색, 혼합재료/2009

새순 같은 함정

깊이깊이 빠져들어
빠져나올 수 없는 함정
비우면 어느새 채우고 마는
도무지 알 수 없는 함정
내 안에
옹이처럼 박혀
뽑으려 해도 뽑히지 않는
뿌리처럼
또한
싹둑 잘라내도
또 돋아나는 새순처럼
그놈의 정이라는 함정
가끔
눈빛 속에 흐르고 흐르네

늦가을 오후

차디찬 가을바람은
서러운 우리 삶이던가
둥글둥글 보내지 못한
세월이 떠올라
절절한 안타까움이
가슴에 못을 박네

차디찬 가을바람에
둥글둥글 살지 못한
지난 세월이 새록새록
떠오르고
가로수는
앙상한 가지만 남아
윙윙 울고 앉았네

하늘 중간쯤

하늘 중간쯤 사는
내 집 창틀 사이로 둥근달이
얼굴을 내밀더니
은근히 미소 지으며
들어오지 못해 애를 태우더라
안타까워 창을 열었더니
부끄러운 듯
구름 속으로 숨어버린다
세상은 잠들었는데
멀리서,
가까이에서 들려오는
자동차 굉음 소리
잠 못 든 마음에 몸만 뒤척인다

둥근달은 어느새 그리움이 되어
내 가슴을 파고든다

눈빛만 봐도

눈빛만 봐도
그 마음
읽을 수 있는 사람
눈을 지긋 감으면 떠오르는 사람
기쁨도 슬픔도
함께 할 수 있는 사람
그런 귀한 사람과
정을 나눌 수 있다면
얼마나 좋을까

나는
그런 사람이 그립다

해랑달

해의 산을 오르고
달의 계곡을 건너며

우린 참 가쁘게도
가파른 길을 돌아왔네

이제는
좀 쉬었다 가세
그늘 좋은 해랑달에서

　　　　　　– 예인 친구 손 철에게
　　　　　　　2021년 초가을

코스모스 같은 사람아

세월은
소리 없이 흘러만 가고
구름도 바람 타고 흘러가고
그리운 이들도
하나둘
말없이 내 곁을 떠났네

아직도 내겐
하늘만 봐도 그립고
강가에 곱게 핀
코스모스꽃만 보아도
그대가 보고 싶다

바람에 흔들리는
코스모스 같은 사람아
네가
그립구나

봄과 가을 사이에서

세월은
구름에 묻어 흘러가고
봄이 오고 또 가을이 가는 사이
푸르렀던 시절은
국화 옆에서 더욱더 시리다
아쉽고
안타까움만 남겨둔 채
겨울 나그네의
긴 여정을 떠나는 발길
상처 주고
상처받으며
전사처럼 살아온 날들이
눈에 밟힌다

별이 뜨는 밤이면
어디론가 사라진 내 별들이
더 그립다

이런 날

태양이
뉘엿뉘엿 넘어가니
참 쓸쓸하다
흰 구름도
바람 따라 흘러가고!
이런 날
내 가슴 빈 곳에
바람도 담고
구름도 담고
세상사 모두 가슴에 담고 싶다
청정한
저 가을 하늘까지도
텅 빈 내 가슴에 담아두고 싶다

어느새
황혼의 시간
가을빛에
가슴만이 두근거린다

세월

푸른 잎도 세월 따라
낙엽이 되고
예쁜 꽃도 떨어진다

이 세상에
영원한 것은 없다
오늘도 지나가면
다시는 오지 않는다

누구든지 그렇듯
세월이 흘러가
곁에 있던 이들도 하나둘
떠나지 않던가

세월이 흘러갈수록
외롭지 않은 이
누가 있을까

그리움이

나에게
그리움이 있다는 것은
행복이다

내 가족들은 물론
내가 늘 사랑하는 이들
그들이
그리움의 대상이다
살아온 날보다
살아갈 날이 적어 그런지
잘한 일은 생각이 없고
못한 일만 떠올라
그들이 더 그립다

요즘은
이것이 나만의 사랑이요
나만의 행복이다
이
그리움이

나만의 자유

사랑하는 에미야!
요즘 애비는
너희들이 있어 무척
행복하단다

자고 싶으면 자고
먹고 싶으면 먹고
웃고 싶으면 웃고
이렇게
맘대로 할 수 있는 자유
너희들이 아니면 어찌
이런 행복을
누릴 수 있겠느냐.

일하기 싫으면 놀고
놀기 싫으면 시도 쓰고
집에 있기 싫으면
밖에 나가고
나가기 싫으면 집에 머물고

바람처럼 살 수 있는
이 행복
너희들이 아니면
어찌 이 행복을 누리겠냐

애비가
더 무얼 바라고
무얼 얻으려 하겠느냐

거리도 걷고
지인들과 만나 맛있는
음식도 즐기며
하루하루 보낼 수 있어
참 좋구나

내 황혼길 인생이여!
석양의 황금빛이여!
이 황혼의 영광
너희들이 있어
훌훌 털고 가련다

에미야!
사랑한다

58 / 첫 시집, 들판을 적시는 단비처럼 (2007년 8월 30일)

85 / 제2시집, 보름달 사랑 (2008년 2월 20일)

96 / 제3시집, 오늘도 사랑이라 믿어 (2008년 10월 31일)

제1막

수신修身, 마음자리
– 전반기 초기 시
2007년 ~ 2008년

단군신화 – 백두산 천지
The myth of Dangun – Baekdu Mountain Cheonji 225×128cm

60 / 자서自序 – 첫 시집을 출간하면서

62 / 당신이 있기에

63 / 여름이 다가오면 – 어머님·2

65 / 들판을 적시는 단비처럼

66 / 누구일까?

67 / 황새포의 추억

69 / 발문跋文 – 사람 냄새 풀풀 나는 '김선우' 세상 엿보기
　　　　 – 김하리(시인)

76 / 취임사 –화합과 단결로 새로운 도약을…

80 / 대회사 –한마음 단합대회에

83 / 축사 –정희순 님의 '작품집' 출간을 축하드리며

현대시단 시선 · 54
아리온 · 4

김선우 시집

들판을 적시는 단비처럼

첫 시집, 들판을 적시는 단비처럼 / 현대시단사 · 아리온
2007년 8월 30일 / 128쪽 / 8,000원

| 자서自序

첫 시집을 출간하면서

첫 시집을 출간하면서 두렵고 부끄러워 망설였습니다.
책을 낸다는 생각은 감히 생각도 못 했었기에 더욱더 그러했습니다. 이 첫 시집 출간이 제 주위의 모든 분과 내 가족들에게 부끄러운 일이 되지 않길 간절히 바랍니다.

내 글들은 모든 사랑하는 님들을 대상으로 진솔한 나 자신의 감정과 마음을 이야기로 풀어내었습니다.
책을 내기까지는 시인 김하리 님께서 용기를 주셨고, 나의 글을 버리지 않고 한 장 한 장 모아주신 김애순 님이 있었기에 가능하였습니다.

사랑이 메마르고 각박하게 살아가는 사람들과 남을 믿지 못하고 베풀 줄 모르는 사람, 남을 미워하는 사람 없이 내 글이 다리가 되어 사람 냄새 나는 풋풋한 정과 순수함을 상기시켜주는 계기가 되었으면 하는 바람입니다.

끝으로 이 책이 나오기까지 함께 해주신 우리 오산 새마을 지도자님들과 아내 김순자 님, 도와주신 김하리 님, 김애순 님께 진심으로 감사드리며…….

2007. 8. 입추立秋를 지나며
오산 새마을 사무실에서 저자 김선우 배

당신이 있기에

나는
당신이 있기에
일할 맛이 나고
나는
당신이 있기에
인생사는 맛이 납니다.
나는
당신이 있기에
항상 즐겁기만 하고
나는
당신이 있기에
용기도 저절로 생기며
나는
당신이 있으면
이 세상 아무것도
바라는 것이 없습니다.
나는
당신이 있기에
늘 행복하기만 합니다.

여름이 다가오면
– 어머님 · 2

내 곁을 떠나신 어머님
잊힌 지 오래인데, 여름이 다가오면
어머님 생각이 납니다.
찬밥을 잡수셔도 땀을 흘리시던 어머니
여름이 다가오면 얼마나 많은
땀을 흘리시던지
여름이 다가오면 어머님이 더욱
그립습니다.

청춘에 홀로 되시어
우리 형제 고생하고 고생해 키우신 어머니
끝내 큰아들 여의시고
눈물 흘리시던 어머니
이 아들 홀로 두고 떠나신 어머니
여름이 다가오면 어머니 생각이 납니다.
어머님 은혜 갚지도 못하였는데
이 아들 홀로 두고 떠나신 어머니
여름이 다가오면 어머니 생각이 납니다.

누우신 채 며느리를 어머니라
부르시던 어머니
누우신 채 며느리에게 옛날이야기

해달라시던 어머니
여름이 다가오면 어머니 생각이 납니다.
끝내는 당신 떠난 뒤에는 너밖에
없다고 하시며 며느리 손 굳게 잡고
눈물 흘리시며 떠나신 어머니

여름이 다가오면 어머님이
더욱더 그립습니다.

들판을 적시는 단비처럼

곁에서 글을 읽어주는
그대의 목소리는 가뭄 끝에
들판을 적시는 단비처럼
내 가슴을 촉촉이 적셔줍니다.

연못에 던져진 돌멩이가
아름다운 물무늬를
잔잔히
연못 가득 퍼져나가게 하듯이
그대의 목소리는
잔잔히
메마른 가슴에
향기로운 바람을 타고
내게 다가옵니다.

그대여
세월의 품속에서 그윽한 당신을
오래도록 간직하겠습니다.

누구일까?

어디에선가 본 듯한 모습
아직도 나의 기억 속에 남아
간절한 그리움
파도처럼 나에게 밀려옵니다.

아 그는 누구일까?
그리고 나는 누구인가?

왜 이제 나에게 다가와 내 마음 이렇게
설레고 간절한 그리움이 파도처럼 나에게
밀려오게 하는가?

아! 그는 어디서 왔을까?
아! 나는 어디서 왔을까?

윤회하면서 다시 만난 전생의 님일까?
그는 왜 이제야 내게 다가와 그리움, 아쉬움,
모든 것이 파도처럼 내게 다가오게 하는가.

아! 그는 누구일까?
아! 나는 누구인가?

황새포[1]의 추억

천렵을 하는 이곳
황새포라 부르던 곳
오십여 년 전만 해도 황새포엔
바닷물이 들어오던 곳

지금은 바닷물도
고기를 잡아먹던 황새도
정겹던 모습은 찾아볼 수 없고
거대한 다리만 놓여 있다.

옛날엔 다리 밑에서 더위 식히며
천렵국을 끓이는 사람들의 얼굴엔
구슬땀이 흐르고
종준이 애순이 장선이의
왁자지껄하는 소리만 가슴속에 무성한데…

느닷없이
오토바이 탄 엿장수가
음악을 틀어 놓고
꽹과리와 북을 치니
옛 생각에 젖은 사람들 덩실덩실 춤춘다.

1) 황새포 : 포구를 뜻하는 옛 지명인 황새포는 예전부터 황새가 와서 노닐었다고 한다. 지금의 탑동대교 남쪽 부근.

'호박엿 사시오'라는
엿장수 능청에 잠깐 추억에 젖어
한바탕 웃음바다 되고

그 옛날엔
피라미 송사리 놀던 황새포
억새 강바람에 춤추고
삼태기 그물로
고기 잡던 아이들 모습 아직도 눈에 선한데

세월은
옛 기억을 세월에 담아
모두 다 데리고 갔네요.

| 발문 跋文

사람 냄새 풀풀 나는 '김선우' 세상 엿보기

김하리(시인)

'김선우金善雨'님과의 인연은 전화선을 타고 이루어졌다. 통화가 오고 가고 했다 해서 누구나 가까워지진 않는다. 아마도 전생前生의 깊은 인연因緣이 있었음이 분명하다. 몇 년 동안 절집 같은 사무실에서 불교에 빠져 깊은 사랑을 하면서 '여여如如하니 여여如如하다'는 불교 시집과 다시 사랑하리라는 열망熱望으로 9번째 시집 '사랑 탈출脫出'을 내었다. 불교신문에서 인터뷰 기사와 시집 광고를 커다랗게 내주었다.

여러 사찰寺刹과 사람들한테서 전화가 왔고, 두 달이 채 되기도 전에 불교 시집과 사랑 시집이 내 품에서 빠져나갔다. 그 중의 한 분이 '김선우'님이시다. 다소 투박하고, 살짝 애교가 섞인 힘 있는 목소리를 가진 남자분이셨다. 정년퇴직 후 아내와 꽃집을 하며 지내신다는 '김선우'님의 짧은 본인 소개에, 그 모습이 한 폭의 수채화처럼 그려졌다. 생각만으로도 아름다운 모습이었다. 젊은 부부의 모습도 아름답지만, 하루 중 낙조落照의 모습은 얼마나 더 위대하고 아름다운가.

머리가 희끗희끗하고 손등에는 세월의 흔적인 주름살이 그어진 손으로 꽃가위로 꽃을 다듬고 꽃 배달을 하고 계실 노부부老夫婦 모습이 영화처럼 아름다웠다.

김선우金善雨'님의 꽃집의 꽃들과 시를 낭송하는 내 목소리가 어우러질 것을 생각하니 저절로 행복했다. 곧바로 CD가 부착된 시집을 보내드렸더니 싱싱한 난 화분을 보내주셨고 나는 보답으로 내 시집과 CD를 여러 권 챙겨 보내드렸더니 아예 내 시 낭송 CD와 시집을 구입하셔서 주위 분들에게 선물을 하시는 등, 그렇게 우리는 주거니 받거니 하면서 목소리로 친해진 사이이다.

어느 날엔가 '김선우'님이 통화 중에 '시를 쓰고 싶으시다.'는 말씀과 '살아생전에 책도 내고 싶은 데 무척 두렵다.'라는 말씀을 하셨다.

이미 '김선우'님의 마음이 시인이시니 열심히 써보시라고 용기를 드렸고, 글이 많아지면 활자화 시켜보시라고 용기를 드렸는데 6월 어느 날, 전화가 와서 만나고 싶다고 하셨다. 마침 평택平澤에 볼일이 있어 오산 새마을회관에서 처음 만난 '김선우'님은 내가 생각했던 모습과 비슷하셨다. 이순耳順이 넘으신 연세이신 데도 불구하고 건강해 보이시는 다부진 모습과 천진하시면서도 순수한 외모, 다소 투박하면서도 애교스런 경기도 말씨와 짧은 스포츠머리와 잘 어울리는 분이셨다. 개구쟁이 초등학생 같은 모습도 살짝 보이시는 소년 같으신 웃음으로 만난 '김선우'님은 첫인상으로나 하는 일을 보나 여러모로 정열적으로 최선을 다해 사시는 분이셨다.

설마 바쁘신 데다 그 연세에 글 쓰실 정열이 있으실까? 전화로 친해져서 그냥 내가 궁금하고 만나고 싶으신 게지…생각했던 것이 오산誤算이었다. 멋쩍은 웃음으로 부끄러워하시며 내 앞으로 내민 두툼한 누런 봉투, 그 안에 시와 긴 글들이 들어 있었다. 작은 말 하나에도 행동으로서 책임을 질 줄 아는 '김선우'님이 대단하게 보였다. 연신 부족하고 부끄럽다는 말씀을 하시면서도 내 앞으로 바짝바짝 다가오는 글들을 그냥 대수롭지 않게 넘길 수 있는 상황이 아니었다. 곧바로 내 가슴으로 전이되어오는 책임이 부여되었다. 행복하고 즐거운 책임, 무조건 승

낙해야 했다. '김선우'님의 세상에선 NO가 없었다.

　공군으로 제대, 다시 육군 장교로 임관해서 직업군인으로 퇴직하시고, 예비군 중대장으로 정년퇴직하시고, 아내가 하는 꽃집을 잠시 도와주시다가 올해 4월에 오산烏山새마을지회장으로 부임을 하셨다고 하셨다. 오백여 명의 대식구들을 거느린 가장이 되셨다며 열심히 일하지 않으면 막중한 일을 해낼 수 없다고 하셨다. 고향 오산을 위해 할 수 있는 일이라면 죽을 힘을 다해 할 것이라며 소중한 머리카락을 밀고 앞장서서 나서며, 오백 명이 넘는, 내가 진심으로 아끼고 사랑하며 존중해주어야 할 가족을 위해서라면 무슨 일이든 불사하겠다는 의지를 나타내셨다.
　그러고 보니 그제야 머리가 아주 짧은 이유를 알았다. 개구쟁이 소년 같은 모습에서 전사戰士와도 같이 불타는 모습을 동시에 볼 수 있었다. 짧은 기간 동안인데도 불구하고 많은 일들을 해내셨을 정도로 정열적이셨으며 자상하시고 매사 엄청 부지런하셔서 함께 일하는 젊은 직원들이 긴장하지 않으면 안 될 정도로 건강하셨다. 그런 와중에 틈틈이 글을 쓴다는 일은 대단한 일이 아닐 수 없다. 누구나 글을 쓰고 싶어 하고 살면서 누구나 한 번쯤은 시인이 되고 싶어 한다.

다 그런 건 아니지만 간혹 시인이라는 혹은 수필가, 소설가라는 사람들이 무슨 큰 명예나 감투라도 쓴 것 마냥 명함을 내밀기를 즐기면서 온 마음으로 글을 쓰지 않는 거짓 시인, 작가들이 많다. 내 생각은 그렇다. 시를 혹은 글을 잘 쓰든 못 쓰든 그것은 차후다. 얼마나 진실되게 최선을 다해 노력했느냐는 마음자세다. 순수하고 투명透明한 마음으로 글을 쓰는 마음이 중요하다. 적어도 시인, 소설가, 수필가라는 명함을 내밀 땐 양심적으로 떳떳해야 한다. 회사에 다니는 사람이 그 직장에 대해 자부심을 가지고 열심히 일해야 하듯, 시인은 시 쓰는 일에 대해 자부심을 가지고 시인이 직업이 되어야 한다. 자기의 직업, 글쟁이에 대한 당당한 의무와 책임이 수반되어야 한다.

사회생활에서 혹여 시인, 수필가, 소설가 등의 명함을 내밀었을 때 대접을 받는지 모르겠지만, 가시적으로 글을 쓰는 사람들보다는 어린아이처럼 때 묻지 않은 순수함이 오히려 사람들 가슴을 적셔 주리라는 생각에서 몇 년 동안 대소변은 물론이고 혼자 밥을 먹을 수도 걸을 수도 없는 1급 장애우들에게 시를 쓸 수 있도록 하였고, 동인지를 내도록 권유하였으며 그들에게 '천사 시인'이라는 호칭을 불러주었고, 그들이 열심히 시를 쓰며 행복함을 만끽하며 살고 있다 라는 고백을 들었다. '김선우'님은 시인도 수필가도 소설가도 아니지만 나는 그 마음을 읽었다. 깨끗한 화선지에 먹물 뿌리듯 어린아이 같은 순수한 마음을 읽었기 때문에 시를, 글을 쓰도록 권유勸誘했으며 아주 열심히 최선을 다해 틈틈이 시와 글을 써오셨다.

나 역시 숨 쉬며 살아있는 동안 최선을 다해 시를 쓰는 시인일 뿐이지, 평론가가 아니다. 시는 나를 살아내게 한 원동력原動力이 되었고, 죽을 때까지 시를 쓸 것이며 다시 태어나도 나는 시 쓰는 사람일 수밖에 없다. 평론가들이 혹은 사람들이 내 시를 읽으며 '잘 썼네, 못 썼네.'하는 판단에 연연戀戀해 하지 않는다. 내 이름 석 자를 알리기 위해서도 애쓰지도 않는다. 최선을 다해 내게 주어진 시의 그릇만큼의 질을 위해서 부단히 노력할 것이며, 비워진 그릇에 채우는 일도 내가 해야 할 의무이기 때문에 부단히 노력하는 일밖에 없기 때문에 당당하다. 더 나은 시를 태어나게 하기 위해서는 열심히 연구하고, 쓰고, 공부해야 한다는 각오가 있기 때문에 나는 늘 바쁘다. 가슴속에 품은 시인이라는 호칭에도 노력하기 때문에 떳떳하다.

작가의 글에서는 그 사람의 삶이 고스란히 들어 있다. 적어도 글 속에 가식적인가, 아닌가는 알 수 있다. 나는 '김선우'님의 사람 냄새 나는 삶을 엿보았다. 내가 써놓고도 자신조차도 뭘 썼는지 모르는 시보다는, 낙조落照의 아름다움 같은 마음, 그동안 살아온 삶을 정리하고픈 마음으로 책을 엮는 '김선우'님의 마음은 들판에 핀 들꽃마냥 아주 소박하고 순수하고 솔직하고 사람 냄새 나는 글이라서 참 좋지 않은가.

　　유년幼年의 기억들을 펼친 시와 살아오면서 느꼈던 사랑 이야기 등의 67편의 시와 삶의 일부분처럼 보여준, 전 5부의 글들은 그의 생활을 더 분명하게 보여준다. 앞으로 '김선우'님의 시 쓰기는 더욱 진솔眞率 될 것이 틀림없다. '김선우'님은 매사 모든 일에 최선을 다해 열심히 사시는 분이시며 또한 시에 대한 열망과 순수한 사랑으로 온 마음이 물들어 있음을 확실히 보았기 때문이다.

　　앞으로 '김선우'님의 좋은 시를 읽게 되리라 믿어 의심치 않으며 아낌없는 박수를 보냅니다.

- 2007년 8월 아리온房에서

| 취임사

화합과 단결로 새로운 도약을…

　존경하는 내빈 여러분! 새마을 가족 여러분!
　봄꽃이 활짝 핀 좋은 계절에 여러분을 모시고 취임식을 갖게 되어 무한한 영광으로 생각합니다. 바쁘신 데도 불구하시고 이 자리를 더욱 빛내주신 이기하 시장님, 조문환 의장님, 안민석 의원님, 도의원님, 시의원님 그리고 내빈 여러분 새마을 가족 여러분 진심으로 감사드립니다.

　또한 오늘의 오산새마을지회가 있기까지 투철한 봉사정신과 자신보다 새마을을 위하여 헌신하여 오신 전임 지회장님과 시회장, 동회장님 여러분께 이 자리를 빌어 진심으로 감사드립니다.

　제가 지회장으로 임명을 받고 보니 기쁘다기보다는 두렵고 어깨가 무거움을 느낍니다.
　그동안 다소 침체되어 있었던 우리 새마을 조직을 사명감을 갖고 더욱 활성화하겠습니다.

아울러 오산새마을지회의 최대 숙원인 새마을회관 건립을 위하여 최선의 노력을 다하겠습니다.

그동안 여러분들의 헌신과 봉사, 눈물겨운 노력으로 총 5억 3천만 원이라는 회관건립기금이 마련되어 있습니다. 경기도 31개 시·군 중에서 새마을회관이 없는 지역은 다섯 곳으로 우리 오산새마을지회도 포함되어 있습니다.

또한, 새마을회관을 건립한 타 새마을지회보다 우리 오산 새마을지회의 기금이 두 배 내지는 세 배가 많으면서도 회관건립을 못 한 것을 매우 안타깝게 생각합니다.

새마을 가족 여러분!
저를 중심으로 화합과 협동정신이 하나로 뭉쳐진다면 그야말로 큰 힘이 될 것입니다.

새마을 가족 여러분!
회관 건립을 위해 꼭 도와 주십사하고 시장님, 의장님께 그리고 여기 오신 모든 분에게 큰 박수로 부탁드립시다.

그리고 오늘 저와 함께 취임하시는 새마을문고 나지섭 회장님, 최종준 시협의회장님, 장선이 시부녀회장님, 윤여홈 교통봉사대장님 진심으로 축하드리며 함께 새마을 발전은 물론 오산시 발전을 위해 최선을 다할 것을 여러분께 다짐 드립니다.

회장님들은 일어서 주시지요.

여러분 열심히 하라고 힘찬 격려 박수 부탁드립니다.

그동안 하루도 빠짐없이 출근한 지가 벌써 두 달이 되었습니다. 많은 새마을 가족을 만나고 나름대로 많은 것도 파악했습니다.

새마을 가족 여러분!

제가 감히 여러분에게 당부드립니다.

여러분 쥐가 고양이 밥을 먹었다는 이야기 들어보셨습니까?

고양이 밥이 무엇입니까?

고양이 밥이 쥐 아닙니까? 쥐가 고양이 밥을 먹었다면 쥐가 쥐를 먹은 게 아닙니까?

새마을 가족 여러분!

우리 가족은 쥐가 고양이 밥을 먹듯 서로 미워하지 말고 서로 헐뜯지도 말고 잘못하면 바로잡아주고 허물이 있으면 덮어주고 칭찬도 아끼지 말고 서로 이해하고, 도와주고, 화합하고, 단결하여 맡은 바 책임을 다하여 새로운 도약, 살고 싶은 오산을 건설하는데 지도자 여러분이 시민들의 모범이 되고 시민들의 활력소 역할을 하는 지도자가 돼주시기 바랍니다.

끝으로 참석하여 주신 모든 분께 감사드리며 여러분 가정에 행복과 건강 그리고 날마다 좋은 일만 있으시길 기원하며 취임사를 마치겠습니다. 고맙습니다.

2007년 4월 18일
지회장 김선우

| 대회사

한마음 단합대회에

새마을 가족 여러분 안녕하세요.
이렇게 많은 분이 참여하여 주셔서 감사합니다.
이 자리를 더욱 빛나게 하여주신 이기하 시장님, 조문환 의장님, 안민석 국회의원님, 도의원님, 시의원님, 시설관리공단 이사장 유태광 님, 그리고 내빈 여러분 여기까지 와주셔서 정말 감사합니다.
이번 한마음 단합대회는 특히 이곳 제3땅굴과 도라산전망대와 도라산역을 견학할 것입니다.

이곳 이 자리는 남북이 한자리에 모여 평화의 축제 한마당을 치룬 자리로서 오늘 이 자리는 우리 오산새마을지도자 한마음 단합대회를 하고 있습니다.

여러분, 통일이 되면 남과 북의 새마을지도자들이 이곳에 모여 새마을운동 한마음 축제 한마당도 머지않아 열리지 않을까 생각합니다.

여러분, 이번 한마음 단합대회를 계기로 우리 새마을 가족들이 화합하고 단결하여 새마을 가족들이 결속력을 좀 더 높였으면 합니다.

지도자 여러분!
오늘은 항상 어려운 이웃과 지역사회 발전을 위해 헌신 봉사하고 계신 새마을 지도자 여러분의 보람 있고 뜻 깊은 하루가 됐으면 합니다.

이곳 제3땅굴은 지금까지 발견된 땅굴 중 가장 큰 규모로 서울까지는 거리가 약 52km 지점에 있고 소위 남침 땅굴이라고도 합니다.

도라산전망대에 올라가 보시면 개성 시가지가 한눈에 보이고 김일성동상도 보일 것입니다. 도라산역은 남한의 어느 역 못지 않게 잘 꾸며져 있으며 통일이 되면 매우 중요한 역이 될 것입니다.

오늘 우리가 이 세 곳을 견학해보시면 세계에서 단 하나 남은 분단국가임을 실감하실 것입니다.

지도자 여러분!
내일 모레면 6·25 남침 57주년입니다. 우리나라가 힘이 없으면 북한에 또는 외국에 끌려다녀야 합니다.

 그러나 우리나라가 힘이 강하면 우리 의도대로 통일도 될 것입니다. 또한 우리 새마을지회도 화합하고 단결하면 우리 새마을지회 발전은 전국에서 제일가는 오산새마을지회가 될 것입니다.

 여러분!
그러기 위해 오늘 우리가 단합대회를 통해 결속력을 다지기 위해 여기 오신 것 아닙니까?

 여러분!
우리가 새마을운동의 근본 취지와 새마을정신을 더욱 강화하여 통일이 되면 우리의 새마을정신을 북한에도 보급하여 북한에도 우리처럼 잘 살게 하여 줍시다.

 지도자 여러분!
다시 한번 무더운 날씨에도 불구하고 이곳까지 와주신 내빈께 감사드리며 지도자 여러분의 건강과 날마다 좋은 날 되시길 바랍니다.

 여러분, 감사합니다.

| 축사

정희순 님의 '작품집'
출간을 축하드리며

요 며칠 어제까지 정희순 님께서는 전철역 광장에서 도서교환전을 하셨습니다. 몸살이 나셨다는 이야길 듣고 무척이나 걱정하였습니다. 괜찮으십니까? 밝은 표정을 보니 조금은 안심이 됩니다. 그냥 오면 실례가 될 것 같아 몇 자 적어왔습니다.

계절의 여왕이라고 하는 맑고 화창한 좋은 봄날에 정희순 님의 작품집 출간을 진심으로 축하합니다.

여러분!

글이라 하면 일상생활에 없어서는 안 될 소중한 우리의 문화이며 정신세계가 아닌가 생각합니다. 글은 우리의 마음을 표현하기도 하고 웃기기도, 울리기도 하며 또한 생활의 양식이기도 합니다.

그리고 우리의 문인들은 자신들이 몸담고 살아온 자연조건과 사회 상황에서의 경험들을 추상화하고 체계화해낸 것이 하나의 작품이라며 이것이 바로 우리 민족의 마음과 정신과 세계라면 한국 철학의 밑거름이 아닌가 생각합니다.

내빈 여러분!

정희순 님은 그 동안 작품 활동을 통하여 많은 사람들에게 마음과 정신의 양식이 되는 작품을 발표하셨으며 특히 새마을문고 부회장으로 활동하시면서 도서보급 도서교환 독서경진대회 등 여러 활동을 하시면서 학생, 시민, 우리 새마을 지도자들에게도 마음과 정신의 세계를 신선한 영향을 주셔서 존경을 받고 있는 우리 고장의 훌륭한 문인입니다.

여러분!
정희순 님에게 큰 박수 부탁드립니다. 다시 한 번 정희순 님의 4집 출간을 축하드리며 우리 새마을문고 활동을 통하여 오산시민은 물론 새마을지도자들에게도 항상 소중히 간직할 작품을 많이 남기시어 마음과 정신에 양식이 되도록 하여 주셨으면 합니다.

제가 새마을 지회장이 된 지 삼 개월밖에 안됐습니다만 정희순 님과 같은 훌륭한 문인이 우리 새마을지회의 회원으로 계신 것이 참으로 영광이라 생각합니다.

앞으로 좋은 글을 남기시기 바라며, 끝으로 정희순 님의 건강과 행복, 날마다 좋은 일만 있으시길 바랍니다.
초대해 주셔서 감사합니다.

제2시집, 보름달 사랑 / 현대시단사 · 아리온
2008년 2월 20일 / 128쪽 / 8,000원

86 / 서序 −내 사랑은…
87 / 권두언 −시집『보름달 사랑』에 부쳐 − 김하리(시인)
91 / 사랑 하나
92 / 아내는 내게
93 / 맨 처음 그때처럼
94 / 당신을 만난 뒤부터
95 / 이별 연습

| 서序

내 사랑은…

갈수록 그리움에 가슴만 까맣게 타들어 갑니다.
바다 같고 하늘 같은 그 큰 사랑을 어찌할 수 없어
내 마음을 연鳶마냥 이렇게 당신께 띄워봅니다.

내 사랑은
내 어머니요
내 가족이요
내 이웃이요
내 고향이요
내 몸 담고 있는 하늘과 땅이요
그리고 나를 담아낼 수 있는 나의 모든 마음입니다.

따라서 내 안의 모든 것을 그대에게 바칩니다.
사랑을 기억하고 회상하며, 또 끝없이 바라면서
나름의 희열을 느끼며 그 마음을 여기 쏟아봅니다.

2008년 2월 초 - 김 선 우 지識

| 권두언

시집 『보름달 사랑』에 부쳐

김하리 (시인)

  모를 일이다. 참으로 모를 일이다.
  가끔은 살아가면서 '도대체 삶이 무엇일까?', '사랑이 도대체 무엇일까?' 깊은 상념에 빠지게 된다. 형체形體도 없는 그것들이 때로는 사람의 가슴속에 들어와 행복하게 만들기도 하고, 때로는 너무나도 쓸쓸하게 만들기도 하고, 때로는 빈 가슴속에 슬픔으로 비워내기도 하며 때로는 꽉 차오르게 하다가 어느 때는 죽을 것만 같은 죽음처럼 창자까지도 게워내기도 하는 그것, 그것들은 인간에게 죽을 때까지 풀지 못 하고 죽을 지도 모르는 큰 숙제이다.

  사랑은 뜨겁고, 차갑고, 냉정하고, 어느 땐 너무 쓸쓸하고 외롭고 슬퍼서 가슴이 뻥 뚫린 것처럼 가슴이 시리기도 하며, 그리워 멍해지기도 하며 수채화水彩畵처럼 아름답기도 하다. 사랑은 인간의 감성感性과 이성理性까지도 송두리째 앗아가 마음대로 갖고 놀기도 하고, 자신의 의지 없이 알게 모르게 끌려가서 행복한 고통 속에 힘겨워하기도 한다.

사랑은 문학, 도덕, 철학, 종교 등에서 이 모양, 저 모양 관념으로 활용되고 있다. 플라톤, 아리스토텔레스 같은 철학자들도 사랑에 대한 정의를 많이 내렸고, 그리스에서는 '에로스 사랑', '아가페 사랑', '필리아 사랑'으로 나뉘어 구분하고 있다.

정情에 뿌리를 둔 정열적인 사랑을 말하는 '에로스 사랑'과 신과 인간 사이에서의 무한한 질적質的 차이 속에 합일合一은 없고 교제交際만 존재하는 '아가페 사랑'과 합일하여 실재實在로 녹아들어 죽음과 만나게 되는 광기적狂氣的인 사랑을 나타내는 '플라톤 사랑'이 있다. 이에 더해 자기 자신과 좋은 생각을 가지고 같은 것을 바라며 함께 기뻐하고 슬픔과 함께 하는 이기적인 사랑인 '필리아' 사랑을 나누어 많은 철학자들은 논하고 있다.

그리스도 사랑은 문화권에서의 사랑을 둘러싼 사랑을 강조하고 있으며, 동양에서는 인仁과 자비慈悲의 사랑을 강조하며, 자비慈悲에서 '자慈'는 진정한 우정友情이며, '비悲'는 연민憐憫과 상냥한 사랑을 강조하였는데 즉, 상대방을 연민, 위로하는 데서 생기는 사랑에 역점力點을 두고 있다.

맹자는 측은지심惻隱之心에서 시작하는 마음에서 사랑이 된다고 하였다. 사람이 동물과는 달리, 감정感情과 이성理性이 있어서 살아있는 한, 슬픔과 기쁨을 느끼며, 사랑이라는 것을 하기 때문에 많이 고뇌苦惱하며 살아가야 한다.

그러기에 슬프기도 하며 달콤하기도 하며, 기쁘며, 행복함을 느끼기도 하며, 쓸쓸하며, 병명病名도 없는 깊은 병을 앓고 나면 또 어느 날, 반복적으로 사랑이라는 병을 앓으면서 살아가야 하는 인간들만의 어쩔 수 없는 생명의 줄이자 고통이자 행복인 것이다.

김선우金善雨 시인의 두 번째 시집 제목이 '보름달 사랑'임은 대체 무슨 연유일까? 왜 '사랑'이라는 이름 앞에 '보름달'이라는 제목을 붙였을까?

보름달은 꽉 찬 달의 형상形相을 말한다. 더 찰 것이 없는 만월滿月이다. 둥그렇고 커다란, 대낮처럼 환한 달의 모습이다. 어쩌면 김선우 시인의 가슴속에 이제는 더 이상 채워질 사랑이 없을 정도로 지금 시인의 가슴에는 보름달 닮은 모습처럼 온통 사랑이 꽉 찬 모습일는지도 모른다.

김선우 시인에게서의 사랑은 여러 모양의 형태로 찾아온다. 앞서 김 시인의 '서序'에서 익히 본 바와 같이 '내 사랑은 조국이요, 어머니요, 내 가족이요, 내 이웃이요, 고향이요, 내가 몸담고 있는 하늘과 땅이요. 그리고 내 가슴을 담아낼 수 있는 마음들'을 죄다 내 사랑으로 은유한 것을 읽을 수 있다.

그러므로 김선우 시인의 '보름달 사랑'은 아가페적이요, 플라

톤적이요, 에로스적이요, 필리아적인 사랑들을 복합적으로 묶어, 이에 이성理性을 대비對比시키면서 그 자신 어느 틈에 말하는 나무가 되어 사랑의 계절들을 온몸으로 노래하고 있는 것이리라.

나무처럼 계절을 거짓 없이 몸으로 말하는 존재가 이 세상 어디 있으랴. 그렇듯이 사람도 나무의 순리順理를 배워야 한다.

순리는 우주宇宙의 순리이다. 나는 그리 생각하고 싶다. 아마도 김선우 시인의 '보름달 사랑'은 나무의 순리를 닮고 싶은 것이리라.

가슴속에 가득 채워져 있는 것들을 스스로 어눌하게나마 참을 수 없이 노래하고 싶은 것을 어느 누가 탓할 수 있으랴.

나 역시 함께 시를 사랑하며 살아가는 까닭에 김 시인님의 부탁을 도저히 거절할 수 없었기에 비단 서툰 안목眼目일망정 용기를 내어 이렇게 권두언卷頭言이라 이름하여, 김 시인님의 귀한 시집『보름달 사랑』한녘에 감敢히 나의 감感을 풀어본다는 생각으로 내 작달막한 소견所見의 일단一端을 나름대로 진솔眞率하게 담아보려 했음이라 말해 두고 싶은 것이다.

무자년戊子年 양력 2월, 김선우 시인의 두 번째 시집『보름달 사랑』의 출간을 축하드리면서….

사랑 하나

나에겐 애틋한
사랑 하나 있습니다
나의 사랑은
입도 없고
밑도 없습니다

나에겐
담아도 담아도
넘치지 않고
주어도 주어도
아깝지 않은
그런
사랑 하나 있습니다

아내는 내게

걸망 메고 떠나갑니다
나를 찾으려고 떠나갑니다
가야산 해인사
백련암으로 떠나갑니다
삼천배 절을 하여
내 마음 찾으려고
가야산 해인사
백련암으로
걸망 메고 나를 찾아 떠나갑니다
나의 영원한 안식처인 아내여
나도 내 아내에게로 갑니다
아내는 내게
백련암과도 같습니다

맨 처음 그때처럼

맨 처음
당신을 보았을 때
내 가슴은 마냥 두근거리며
아무것도 안 보이고
오로지 당신만이 보였습니다
그대 만난 이후부터
나는 당신만을
가슴에 담고 있습니다
맨 처음
당신을 보았을 때처럼
이 세상 아무도 안 보이며
다만 당신만이 내 눈에
아른거린답니다

당신을 만난 뒤부터

어느 날 오후였지요
미소 머금고 살며시
내게 다가오는 그대의 그 모습은
환한 보름달 같았습니다

내 마음 어둡다가도
그대의 얼굴만 보면
나도 절로 마음 환해져

그대가 웃으면
나도 따라 웃고
그대가 울면 따라 울며
그대를 보면
나를 보는 것처럼
거울을 보는 것 같습니다
하냥 나는
그대를 닮고 싶을 뿐입니다

이별 연습

님이여
님이 가까이 있을 땐 몰랐었는데
당신과 이렇게 멀리멀리 떨어져 있으니
당신이 이렇게 소중하고
그대가 그리운 줄 이제야 깨달았습니다
님이여
그대가 내 앞에 있을 때가
나에겐
따뜻한 봄날임을 이제야 알았습니다

님이여
그대 떠난 뒤에야
소슬바람 부는 겨울이 다가옴을
이제야 깨달았습니다
님이여
나는 그대가 보고 싶을 때
참 좋은 사람으로 보여지면 좋겠습니다

98 /   시인의 말

100 / 이름만 남겨 놓고 떠나간 그대

102 / 곁에 있으니

103 / 편지 · 2

107 / 그대여 · 4

109 / 장승

110 / 작품 해설 : 내적 동경憧憬 그 서정의 미학
         김선우 시 세계   - 조석구(문학평론가 · 문학박사)

오늘도 사랑이라 믿어

김선우 시집

갑을패

제3시집, 오늘도 사랑이라 믿어 / 갑을패
2008년 10월 31일 / 130쪽 / 10,000원

| 시인의 말

나는 용감한 건지 푼수 덩어리인지
내가 나를 생각해도 참 당돌하다.
내 글을 읽는 사람들이 흉을 보는지
좋아하는지 생각지도 않고 느끼는 생각과
하고 싶은 말을 그냥 쓴다.

나는 사랑하는 이야기를 솔직하게 표현한다.
나라를 사랑하고 부모와 가족을 사랑하며
친구들과 이웃을 사랑하면서
살아온 인생을 뒤돌아보기도 하고
우리 새마을 가족들을 사랑하며
내 몸을 담고 있는 하늘과 땅을 사랑하고
나를 담아낼 수 있는 나의 모든 마음을 사랑하며
표현하고 싶어 글을 쓴다.

마음도 여리고 소심하며 보수적인 성격
때문인지
무척 고지식한 편이다.
그러나 누가 뭐라고 하든 말든, 나이조차도 잊고

쓰고 싶은 글을 쓴다는 자체만으로도
행복할 따름이다.

요즘 들어
꽃방(화원)에 앉아 있으면 고요가 밀려옴과 동시에
왜 그리 그리운 사람들이 많은지…
그래서 자꾸 글을 쓰게 되나 보다.
또 한 권의 시집을 펴낸다.

묵묵히 내조하며 격려해주는
사랑하는 아내 김순자 님
싫은 기색 하나 없이 내 글을 정리해주는
김애순 과장
늦게나마 글을 쓰겠다는 나에게 용기를 아끼지 않은
김하리 시인
그리고
늘 헌신적으로 그늘진 곳을 찾아가
봉사활동을 하는 우리 새마을 가족
한 분 한 분께 진심으로 감사드리며
엎드려 큰절을 올린다.

이천팔년 시월의 마지막 날

김선우

이름만 남겨 놓고 떠나간 그대

오늘도 사랑이라 믿어
그리움만 안고
살아갑니다

언젠가는
이름만 남겨 놓고
떠나갈 그대이지만
그대의
밝은 미소
나지막하면서도
차분한 음성
속 넓은 말 한 마디
잊지 못해
애만 태웁니다

행여나 먼 곳에
떨어져 살다 보면
잊혀지겠지 하고 생각해보지만

아려오는 아픈 마음
말로는 다할 수 없어
오늘도 가슴 열어 보이고
이렇게
그리움만 키웁니다

임이여!
그대 마음
멀리 있어
가슴 터지는
사랑이라 하지만
나는
한 번이라도
그대를 타인이라
생각해본 적이 없습니다.

곁에 있으니

내가
무엇을
더
바라겠습니까

눈을 감아도
보이는 것이 그대 얼굴이요
만나는 시간마다
보이는 것이 그대 모습이니

그토록
사랑하는 이가 곁에 있으니
보면 볼수록
가슴이 벅차오르니

내가
무엇을
더
바라겠습니까

편지 · 2

우리 며느리 요즘
배는 불러 앞산만하고 걸음걸이는 양반인 양
팔자걸음을 걷는 우리 며느리
나들이를 나설 때면 아들은 호위하듯
상전 모시듯하는 모습
나는 그 모습이 퍽이나 좋아보인다

배가 불러 앞산만 한 그 배에는
우리 손주가 있기에 보기가 아름답다
그 배불뚝이 며느리가 예쁜 이유는 또 있다
우리 가정이 힘든 시절 있을 때
며느리가 우리 가족에게는
위안도 돼주고 웃음도 주었기 때문이다

아가!
손주가 태어나면 우리 손주
이름은 무엇으로 지을까
아들이면 동재라 지을까 동수라 지을까
딸이면 동희라 지을까 동순이라 지을까
더 좋은 이름이 없을까 생각이 많구나

새 아가!
딸이면 어떻고 아들이면 어떠냐
우리 새 아가처럼 착한 딸이면 더 좋지 않으냐
건강하고 이목구비만 뚜렷하면 되지 않겠니

무엇보다 약해 보이는 듯한 새 아기가
건강하면 더 바랄 것이 없지 않겠니
손주가 태어날 날이 하루하루 다가오니
어떤 녀석인가 기대된다

새 아가야!
너는 우리에게 사랑과 행복을 주었고
그것도 모자라 이제는 손주도 안겨주니
요즘 나는 얼마나 행복한지 모른다

아가야!
모름지기 어미란
자식만 낳는다고 다 어미가 아니란다
어미는 자식을 낳으면 죽을 때까지 자식을
책임질 줄 알아야 한단다.

진자리는 어미가
마른자리는 자식이
자식이 아파하면 어미도 아프고

자식이 기쁘면 어미도 기쁘고
그것이 부모 마음 아니겠느냐

아가야!
숙명으로 알고 너의 행복과 즐거움은
가정에서 찾아야 한단다
우리 가족은 이제
네가 기쁘면 우리도 기쁘고
네가 슬프면 우리도 슬프단다
기쁨도 슬픔도 함께 나누는 것이
가족이 아니겠느냐

아가야!
네 시어머니와 나는 살아온 날보다
살아갈 날이 얼마 남지 않았단다
아비는 이제 황혼길이지 않느냐?

이 아비가 너에게 바라는 것이 있다면
너희들이 잘사는 모습이란다
너희 부부와 동리 채정이 그리고 태어날
우리 손주 우리 가족이
행복하고 건강하고 화목한 가정이란다

아가야!
부부지간에 서로가 존중하고
서로 이해하는 마음을 가지면
사랑은 저절로 나온단다
그리고
우리 아들과 며느리는 항상 이해하는 마음
넓은 마음 넓은 생각 이웃을 사랑할 줄 아는
따뜻한 가슴을 가진 사랑스런
내 아들과 며느리가 되길 바란다

부디 건강하고 행복하거라.

그대여 · 4

그대여!
나를 보면
소나무 갉아먹는
송충이 보듯 하지 마오

나는
그대를 보면
품에 안으면 꼭
내 가슴에 녹아들 것 같은
그런 마음이라오

그대여!
나를 보면
강 건너 불구경하듯 하지 마오

나는
그대를 보면
노심초사
불면 날아갈까
만지면 터질까

천년만년 살고픈
그런 마음이라오

나는
외로움을 느낄 때
가장 두렵습니다
언젠가
그대에게 잘못이 있을 때
적막한 외로움에
나는 두려움을 느꼈습니다

또한 그때
그대가 그렇게
그리운 줄 몰랐습니다

그대여!
나는 외로움을 느낄 때
가장 두렵습니다
그대여!
나에게 더 이상
외로움을 주지 마옵소서.

장승

그대 앞에서
초라함을 느낄 때
부끄러움도 개의치 않고
그대가 곁에 있어
언제나
즐거운 봄날이었다
고요히
눈을 감고 생각해 보니
지내온 날들이
운명인지

나는 외톨이 되어
그대 가슴 어귀 장승되어
그대를 기다린다.

| 작품 해설 |

내적 동경憧憬 그 서정의 미학
- 김선우의 시 세계

조 석 구
(문학평론가 · 문학박사)

　김선우 시인은 『들판을 적시는 단비처럼』, 『보름달 사랑』 등 두 권의 시집을 상재上梓하였다. 그는 이순耳順을 넘긴 나이에 시 쓰기를 시작하였다. 열정passion은 자질이라고 했다. 시를 쓰는데 나이가 무슨 상관이랴.
　릴케는 '시는 체험이다'라고 말하지 않았던가.

　시 쓰기는 먼저 자기 구원에서부터 시작되어야 한다. 적어도 시를 쓰는 사람은 그의 시 창작이 그 사람의 삶의 전부를 지배하여 스스로 삶의 의미를 발견하고 가치를 부여함으로써 정신의 구원, 영혼의 구원을 얻는다.
　시인의 길은 인간에의 길이다.
　시인은 부끄러움을 아는 사람이고, 뉘우칠 줄 아는 사람이고 괴로워할 줄 아는 사람이고, 사랑할 줄 아는 사람이고, 끊임없이 용서하며 운명을 사랑하는 사람이고, 따뜻함이 있는 서정을 느끼는 사람이다.

    공연히 세상에서 태어나서
    사랑과 아픔 그리고 아쉬움과
    그리움만 남기고
    떠나갑니다.
    공연히 이 세상에 와서
    후손들이 영원히 살아갈 이 땅에
    더러운 찌꺼기만 남기고
    떠나갑니다.
    그러나 단 하나
    그 애틋한 사랑 하나
    가슴에 담고 떠나갑니다.
                         「공연히」

  인용된 시는 연가戀歌이다. 시집『오늘도 사랑이라 믿어』는 연가 시집이라고 할 만큼 연가풍의 시가 절대다수를 이루고 있다. '사랑한다'와 '살다'의 어원은 같다고 한다. 사람은 사랑을 떠나서는 살 수가 없다. 새가 나무를 떠나서 살 수 없고, 물고기가 물을 떠나서 살 수 없는 것처럼.
  그래서 사람들은 흔히 '사랑을 인생의 태양'이라고 말하고 있다.

다른 연가를 인용해 보기로 하자.

> 돌아서면
> 하고 싶은 말 있는 것 같은 사람
> 허공을 쳐다보면
> 하늘을 도화지 삼아
> 그 얼굴 그려보고 싶은 사람
> 한 번쯤은
> 만났던 사람 같은 사람
> 허락될 수 없어
> 다음 생에 만날 것을 약속한 사람
> 그대 얼굴 알 듯 모를 듯
> 생각나지 않아
> 자꾸자꾸 생각나게 하는 사람
> 자꾸자꾸 생각하니
> 이제는
> 마냥 그리운 사람
> 당신은 나에게 그런 사람입니다.
> 「당신은 그런 사람」

이 시는 그냥 단숨에 써내려간 시이다. 그만큼 사무치는 그리움이 충만해 있기 때문이다. 누군가를 그리워하며 살아간다는 것은 얼마나 아름다운 일인가. 누군가를 그리워한다는 것은 아직은 젊다는 것이며, 아직도 꿈이 있다는 것이며, 아직도 해야 할 일이 있다는 것이다. 사람은 누군가를 그리워하며 살아가야 한다고 법정 스님은 말했다.

시를 왜 읽는가. 시를 읽으면 마음은 편안해지고, 누군가 그리워지고, 슬퍼지고, 한이 생기고, 한을 극복하는 힘이 생기고, 그 한을 극복했을 때 생의 환희를 느낀다.

돈이 없고, 가방 끈이 짧고, 권력이 없어도 행복해진다. 시를 쓰는 일, 시의 길을 가고자 하는 일보다 궁극적인 뜻은 자아를 발견하고, 자아를 확립하고, 자기 극복과 자기완성을 통하여 자기 구원을 성취해 나아가려는 데 있다.

시는 아름다운 것이다.
시는 따뜻한 것이다.
시는 거룩한 것이다.

살아온 길을 뒤돌아보니
꿈처럼 세월은 가고
허무하게 앉아있는 이 자리는
예나 지금이나 변함없이 그대로인데
주름진 얼굴에 검은 머리 희끗희끗
흰 눈 내린 듯 백발이구려
또다시 봄이 되니

살아있다는 것이 감사하고 나의 주변엔
친구들과 사랑하는 사람들이 있어
더 고맙게 느껴지기도 합니다
사랑하는 사람들아 친구들아
회심곡에 말하기를
인생 백 년 산다하여도 잠든 날과 병든 날
근심 걱정 다 제하면
사십 년도 못산다 하는데
내 인생도 이것저것 다 제하니
몇 년 남지 않은 것 같은데
친구들아
사랑하는 사람들아
이것저것 따지지 말고
그냥 그렇게 남은 인생 서로 사랑하며
즐거운 마음으로 살아보세

「회심回心」

우리는 종종 시어가 폭력적으로 결합하는 것을 본다.

관념이나 추상의 옷을 덧입고 시인인 체하는 것도 본다. 귀신 씨나락 까먹는 소리로 독자를 현혹시키는 시인은 시인이 아니다. 사마천은 시를 써서 하인에게 보여주어 하인이 그 뜻을 모르면 찢어버렸다고 한다. 김수영 시인도 시를 써서 식모에게 보여주어 그 뜻을 모르면 그 시를 버렸다고 한다. 독자가 시를 읽었을 때 우선 무슨 뜻인지 알아야 한다.

시적 화자는 예순이 훌쩍 넘었다. 회심곡을 즐겨 들을 나이가 되었다. 토머스 제퍼슨은 세상을 살아가며 친구 셋만 있으면 성공한 인생이라고 하였다. 인디언 말로 친구는 내 슬픔을 대신 등에 지니고 가는 자라고 한다. 시적 화자는 살아있는 것에 감사하고 친구들의 고마움에 감사한다. 인생 백 년 산들 그 아니 초초한다. 이 초초한 부생浮生에 아등바등하지 말고 서로 감싸고 보듬으며 여생을 즐기자고 한다.
　'인생에는 두 가지 비극이 있다. 하나는 당신의 마음속으로 간절히 바라는 것을 얻지 못하는 것이고 다른 하나는 그것을 얻는 것이다.'라고 오스카 와일드는 말했다.

　　어쩌면 우리는
　　사랑하기에도 짧은 인생을
　　그냥 맴돌고 있는지도 모릅니다
　　그대와 나 얼마나 만나기 어려운 인연인가요
　　그대의 사랑을 받으려고
　　안쓰러운 마음으로 서성이기보다
　　아낌없이 나의 사랑을 그대에게 바치겠습니다
　　그리고 그 행복한 씨앗 하나 마음에 품고
　　떠날 수 있다면 더욱 행복하게 생각하겠습니다
　　그대여
　　오늘의 아름다운 하루가
　　사랑함으로써 당신에게 늘

좋은 날이길 기도합니다.

「기도 · 2」

　시는 현실에 대한 절망과 삶의 갈등에서 출발한다. 이런 점에서는 시는 근복적으로 부정 정신의 소산이라고 할 수 있다. 그러나 부정 정신은 부정에 대한 부정이기 때문에 오히려 강한 긍정과 화해를 지향하게 된다.

　시는 진실하다. 시는 지식도 아니고 상식도 아니다. 시는 체험이 상상의 마차를 탔을 때 비로소 시로 탄생되는 것이다.

　시적 서술자는 사랑은 에로스가 아니라 아가페라고 힘주어 말하고 있다. 사랑은 그냥 맹목적으로 몸과 마음을 바치는 거라고 말한다. 한 알의 밀알이 썩어야 더 많은 밀알을 얻는 이치로 희생과 봉사와 섬김이 사랑이라고 독자들을 설득하고 있다.

　어제는 역사이고, 내일은 미스터리고, 오늘은 우리에게 주어진 선물이니 오늘 하루를 아름답게 뜻있고 가치 있게 보내야 한다고 역설한다. 그리고 사랑은 받는 것이 아니고 주는 것이니 사랑했으므로 행복했노라고 자위하는 것이다.

　시는 시를 쓰는 사람의 내적 필연성에 의하여 그 사람 자신의 삶과 대등한 가치를 부여받을 경우라야만 그 시는 참되다고 믿는다.

　하이데거는 '시 쓰는 일이야말로 인간의 행위 중에서 가장 순수한 것이며 궁극적인 사명은 모국어의 완성에 놓여진다.'고 했다.

한 편의 시가 언어미를 획득하지 못하면 존재성을 획득할 수가 없다. 좋은 시는 핵, 알맹이가 들어 있는 시, 한 편의 시 안에 한 세계, 하나의 우주가 들어 있는 시, 이런 시는 존재성을 획득한 시이다. 그래서 시는 일말의 감동, 한 가닥의 공명, 한순간의 전율이다. 신명이 나서 뿜어내는 한바탕의 광기이다.

하여 릴케는 쓰지 않고는 못 배길, 죽어도 못 배길, 그런 충동에서 시를 쓰라고 했다. 시인들이 시를 쓸 때는 무당이 접신하는 것처럼 엑스터시를 느껴야 하기 때문이다.

세상에 태어나면
가는 길은 누구나 한 길
가는 길에는 좋은 길도 있을 것이요
험난한 길도 있을 것이니
앞도 보고 가고
좌우를 살펴보고 가기도 하지요
아무리 반듯한 길도
옆으로 가면 옆길이요
뒤로 가면 뒷길입니다
휘어진 길을 간다 해도
내가 바르면 바른 길을 가는 것이요
내가 바르지 못하면

바르지 못한 길을 가는 것입니다
내가 없으면 길도 없는 것이니
무슨 길인들 소용이 있겠습니까
「마음의 길」

고통 받고 괴로움 받는 사람은 아름답다. 고통스러운 것은 저마다 빛을 뿜어내기 때문이다. 행복과 기쁨이 충만하다면 시가 필요 없다. 불행, 고독, 결핍감 등 고통의 극복을 위해 시는 필요하다. 상처받은 영혼을 치료하기 위하여 시는 존재한다. 사람은 이 세상에 태어나는 순간부터 불공평하다. 그래서 하이데거는 '이 세상에 내던져진 존재'라고 정의하지 않았던가.

인생이란 무엇인가. 안개 낀 길이다. 사람은 이 세상에 태어나 죄 짓지 않을 자유가 있다. 인생이란 소가 외나무다리를 건너가는 것처럼 어려운 가시밭길이라고 했다. 인생행로가 아스팔트길이나 탄탄대로이면 얼마나 좋겠는가. 인생길은 때에 따라서 구절양장九折羊腸인 것이다. 그래서 일찍이 현대인은 절망한다고 천재 시인 이상李箱은 말하지 않았던가. 그러나 죽을 수는 있어도 패배할 수는 없다고 헤밍웨이는 말했다.

모든 유혹을 물리치고 정신 똑바로 차리고 올바른 길을 가야 한다고 시적 화자는 열변을 토한다. 그렇게 하려면 마음을 지켜야 하고, 그 길만이 인간에의 길이라고 존재의 의미를 부여한다. 그리하여 사람은 죽는 날까지 자신의 영혼을 갈고 닦는 수도자가 되어야 한다. 시는 언어의 사원이며 시인은 움직이는 언어의 사원이다. 시는 결국 그 시인의 가식 없는 내면적 드러냄이다. 그래서 시는 진실하다. 지금까지 김선우 시인의 시집 『오늘도 사랑이라 믿어』를 일별해 보았다.

김선우 시인의 시는 지나친 기교와 말장난을 배제하고 평이한 시어로 건강한 이미지를 전달해 메시지가 선명하여 독자들에게 잔잔한 감동을 준다. 그리고 연륜이 있어 시의 톤이 무게가 있고 안정감이 있다. 쉽게 읽혀 독자를 고문하지 않는다. 시는 자연스러워야 하고 감동적이어야 한다.

김선우 시인의 시집 『오늘도 사랑이라 믿어』는 그동안의 작업을 총정리하는 의미 있는 시집이 될 것이다. 그는 새로운 변신을 꿈꾸고 있다. 지난至難한 몸짓으로 확산될 그의 새로운 시 세계를 기대해본다.

122 / 제4시집, 밤하늘 별처럼 (2010년 4월 1일)

137 / 명언집·1, 그 말을 거울로 삼고 (2010년 4월 1일)

148 / 제5시집 겸 문집, 이 세상에 당신이 있어 행복합니다
　　　(2010년 12월 25일)

216 / 제6시집, 그리운 江 (2012년 11월 30일)

제2막

제향齊鄕, 마음결
– 전반기 후기 시
2010년 ~ 2012년

시간 위에 / 요철지, 수간채색, 혼합재료 / 2009

124 / 시인의 말

126 / 시집 발간에 부쳐 : 자신의 구원을 향한 서정적 시작詩作
　　　 － 김건중(한국문인협회 부이사장)

129 / 기다림

130 / 그대 없어도

131 / 그리움 · 3

133 / 내 아내

135 / 어머니의 손

한국작가작품선·37

김선우 제4시집
밤하늘 별처럼

단 / 한 줄의 시구라도 / 읽는 사람의 마음이 편하고 / 공감이 가고 / 가슴이 따뜻하고 / 사랑이 샘솟고 / 조금은 서툴러도 / 읽는 사람들의 가슴에 / 오래 기억될 수 있는 글을 쓰고 싶다

한국작가출판부
동행

김선우 제4시집, 밤하늘 별처럼/한국작가출판부 동행
2010년 4월 1일/156쪽/10,000원

| 시인의 말

아린 살갗을 터뜨려
꽃 피우는
봄을 기다리며
또 한 권의 시집을 상재한다
나는
이순이 넘은 나이에
글쓰기를 했지만 멋있고
수준 높은
시어도 구사할 줄 모른다
비록
못난 글이지만
솔직하고 거짓 없는
평이한 시어로 글을 쓴다
한 편의
시가 아니어도

단
한 줄의 시구라도
읽는 사람의 마음이 편하고
공감이 가고
가슴이 따뜻하고
사랑이 샘솟고
조금은 서툴러도
읽는 사람들의 가슴에
오래 기억될 수 있는 글을 쓰고 싶다
또한 나는
하늘을 우러러 한 점
부끄럽지 않은 시인이 되고 싶다.

2010. 3. 무봉산 아래 화원에서

김 선 우

| 시집 발간에 부쳐

자신의 구원을 향한 서정적 시작詩作

김건중
(한국문인협회 부이사장)

　김선우 시인과의 인연은 필자가 발행하는 「한국작가」 신인상에 당선된 것이 계기가 되었다.
　그후 이런저런 만남이 계속되면서 김선우 시인을 좀더 깊이 알게 되었다. 사실 사람을 말한다는 것은 어려운 일이지만 김선우 시인의 사람 됨됨이를 어느 정도 말하고 싶은 것은 시 이전에 사람이라는 생각에서다.
　기실 얼마만큼의 시를 쓰는 것은 사람이 그렇고 그렇다 치더라도 얼마든지 쓸 수 있기 때문이다. 그러나 김선우 시인의 경우는 시 따로 사람 따로가 아니라 시 그대로의 사람이다. 인생 자체가 교훈적인 삶을 살고 있는 매우 성실한 분이다.
　또한 자신의 일도 중요하지만 지역사회를 위해 헌신하는 일꾼이기도 하다. 예비군 중대장, 재향군인회장, 체육진흥회장,

도시계획 심의위원, 새마을회회장 등 다양하게 지역 사회 발전을 위한 단체에 몸담아 헌신한 것을 보아도 불을 보듯이 사람됨됨이의 그 그릇을 미루어 짐작케 한다.

뿐만 아니라 순수하기 이를 데 없으며 자신을 낮추는 겸손함과 성실함이 몸에 배어 있어 수신교과서 같은 느낌을 주는 사람이다. 그리고 시작품 세계를 보면 이미 세 권의 시집을 상재했으니 저력이 있는 시인임을 알 수 있다.

금번 상재하는 네 번째 시집 『밤하늘 별처럼』은 네 개의 갈래로 나누어져 있다.

제1부 '마음의 갈대'는 서정성을 회화성 짙게 형상화하여 독자의 공감대로 이끌어내는데 성공했고 제2부 '그리움의 계절'은 계절의 흐름에 따라 변화되는 감성의 물결을 통해 삶의 이야기를 표현하면서 사람의 정서가 세월에 편승하며 환경에 따라 변모되는 감성의 흐름을 잘 그려주었고, 제3부 '나 그리고 가족'은 자신의 정체성과 가족과 친구를 애틋하고 뜨겁게 사랑하는 마음이 담겨 있으며 또한 가슴에 울림을 주면서 공존하는 사람에 대한 존재성을 부각시키고 있다. 끝으로 제4부 '님'에서는 평소 관심의 눈길이 갔던 것에 대한 아련함을 서정적으로 노래하고 있다.

이처럼 다양한 소재로 김선우 시인은 자신이 살아가고 있는 삶과 현실에 대해 시를 통해 자문자답하며 교훈적 삶을 사는 것이다. 그러면서도 시를 형상화하면서 시를 위한 테크닉이나 시를 위한 절규나 몸부림이 없어 자연스럽게 표출하고 있다. 어찌 보면 시적 구원이 아닌 시를 통한 자신의 구원을 서정적 시작詩作으로 삼고 있던 셈이다.

이는 그 무엇보다도 문학을 통한 영혼에 대한 구원작업으로 높이 평가받아야 할 문제라고 생각한다.

끝으로 제4시집 발간을 계기로 더욱 원숙한 경지의 시를 쓰는 아름다운 마음의 건강한 시인이 되길 진심으로 기원드리고 싶다.

기다림

모진
비바람 견디면서
향기
풍기는 들꽃
언제나
그 자리에서
벌과
나비를
어머님 품처럼 기다린다
이 겨울이 가고
봄이 오면
나에게도
어머님 품처럼
기다려 줄
꽃이 피려나

그대 없어도

이젠
그대 없어도
나는 마음이 편안합니다
나의 애정이
그대로 인하여 위대하고
나만이
그대를 사랑할 수 있는 시들지 않는
꽃이길 바랐습니다

그대를 하루라도 못 보면
그대 없인 못 산다던 내가
어느 날
서러운 눈물을 펑펑 쏟고 나니
가슴이 후련하더이다

그대는
언제나 내 가슴에 있기에
이젠
그대 없이도 나는 행복합니다

그리움 · 3

왠지 마음이 울컥
그리움이 밀려온다
먼 옛날부터 엊그제 일까지
문득 생각이 난다
돌아가신 아버지 어머니
그리고 나를 끔찍이도
사랑해주던 고모님들
열일곱 어린 나이에 아버님 여의고
그 많은 농사 다 지으시다
지천명에 먼저 가신 우리 형님
미처 꽃 피워 보지도 못하고
비명에 간 내 동생
먼 옛날부터 엊그제까지 생각이 나니
왠지 마음이 울컥 가슴 미어온다
나 하나만을 믿고 시집와
고생만 하는 내 아내
그런대로 반듯하게 자라준 내 두 아들

더구나
반듯한 며느리와
예쁘고 귀여운 손주들
이제 내가
무엇을 더 바라겠는가
그러나 왠지
쓸쓸하고 외로움을 느낀다
웬일일까
마음이 슬퍼진다
마음이 허전하다
가슴이 텅 비어 있는 것 같다
무엇인지 모를 그리움이
내 가슴에 밀려온다

내 아내

가끔 내 아내는 밥을 해놓고
여보 나 아파요
밥 좀 퍼줘요 한다
아내는 은근히
나를 떠보려는 것 같다

내가 밥을 푸려고 하면 아내는 그만둬요 하고는
아내가 밥을 푼다
내가 외출을 하고 돌아오면 아내는
하루에 한 일과 있었던 일을
재미있었다는 듯이 종알종알 이야기한다.

아내는 늘 이렇게
오랜만에 만난 듯이 밝은 얼굴로
나를 맞이한다, 때론
투정도 부리고 심술도 부려도
아내는 늘 밝은 얼굴로 감싸주고
격려해주는 내 아내 이마도 내 아내는

내가 없어도 안 되고
나도 아내가 없어선 안 될
반쪽과 반쪽이 만난 부부
천생연분인가보다

어머니의 손

엄마 손은 약속
우리 아가 손은 똥손
어릴 적
배가 살살 아플 때
어머님께서
나의 배를 쓸어내리며
염불하듯 말씀하시던 말이다
용케도
아픈 배가 언제 아팠냐는 듯
씻은 듯이 배가 안 아프다

어머님 손은
정말 약손인가보다
어머님은
아픈 배만 낫게 하여 주시는 것이 아니라
어머님은 나의 못남도 나의 허물도 낫게 하여 주신다

어머님의 손은
못하시는 것이 없다

집안일은 물론이거니와
농사일도 어머님 손만 닿으시면
풍년이요 음식까지도 맛이 있다

그런 어머님이
돌아가신 후 이 아들은
뜨거운 불길 속으로 보내시고
끝내는 한줌의 흙이 되어
다시는 못 올
아주 먼 곳으로 가셨습니다

나는 아직도
어머님의 자상하신 모습이 두 눈에 어려
마음이 늘 젖어 있답니다

어머님은
아주 먼 곳에 계시면서도
늘 이 아들과 함께 계시답니다.

명언집 · 1, 그 말을 거울로 삼고/한국작가출판부 동행
2010년 4월 1일/156쪽/10,000원

138 / 엮은이 말 – 자신의 구원을 향한 서정적 시작詩作
139 / 책마을 책소개 (경기일보)
　　　 – 김선우 시집 「밤하늘 별처럼」… 삶의 향취 물씬
　　　「그 말을 거울로 삼고」 명언집도 출간
141 / 책마을 책소개 (화성오산신문)
　　　 – 김선우 시집 「밤하늘 별처럼」 발간

143 / 업　　　　　　144 / 버릇
145 / 현명한 사람은　146 / 사람의 혀
147 / 윗물이 맑아야

| 엮은이 말

자신의 구원을 향한 서정적 시작詩作

    인생이란 짧으면서도 길고, 얕으면서도 깊으며 가벼우면서도 무겁다.
    세상 모든 것이 내 뜻대로 성취되면 다른 이가 상처받고, 다른 이가 성취되면 내가 상처받을 수도 있다.
    사람은 생각이 깊을수록 인생의 삶이 부드럽다고 한다.
    남을 배려하고 도덕과 윤리가 바로서면 그것이 인간의 미덕이 아닌가 싶다.
    숫타니파타는 말하기를 인간을 비천하고 고귀하게 만드는 것은 결코 신분이 아니라 그 자신의 행위라고 한다.
    독자들이 이 책을 거울처럼 보면 해롭지 않을 것 같아 감히 용기를 내어 명언자들의 명언을 제목을 붙여가며 엮어 보았다.

2009. 12

| 책마을 책소개

김선우 시집「밤하늘 별처럼」…
삶의 향취 물씬

『그 말을 거울로 삼고』 명언집도 출간

"단 한 줄의 시구라도 읽는 사람이 마음이 편하고, 공감이 가고, 가슴이 따뜻하고, 사랑이 샘솟고…. 조금은 서툴러도 읽는 사람들의 가슴에 오래 기억될 수 있는 글을 쓰고 싶습니다."

오산에서 태어나 화원을 운영하면 꽃과 나무 같은 싱그러움을 선사해 온 김선우 시인이 네 번째 시집『밤하늘 별처럼』(동행)과 국내외를 막론한 인물들의 삶의 지표인 명언을 모은『그 말을 거울로 삼고』(동행)란 명언집을 동시에 출간했다.

작가는 시집을 통해 "이순이 넘은 나이에 글쓰기를 했지만 멋있고 수준 높은 시어도 구사할 줄 모른다"며 "다만 못난 글이지만 솔직하고 거짓 없는 평이한 시어로 읽는 사람들의 마음을 편하게 하고 싶다"고 말했다.

그리고 "하늘을 우러러 한 점 부끄럽지 않은 시인이 되고 싶다"는 말도 덧붙였다. 그래서인지 1장 '마음의 갈대', 2장 '그리움의 계절', 3장 '나 그리고 가족', 4장 '님'으로 구성된 그의 시집은 주변에서 혹은 생활 속에서 자주 접하고 상념에 잠길 수 있는 소재들로 그야말로 삶의 향취가 물씬 풍겨난다.

'인생이란 짧으면서도 길고, 얕으면서도 깊으며, 가벼우면서도 무겁다'는 글귀로 시작하는 명언집은 '비천하고 고귀하게 만드는 것은 결코 신분이 아니라 그 자신의 행위'라고 그가 숫타니파타의 말을 인용한 것처럼 주옥같은 언어들을 통해 현대를 살아가는 사람들에게 생각의 샘을 솟구치게 한다.

김 시인은 "이 글을 읽은 독자들이 거울처럼 보면 결코 해롭지 않을 것 같아 감히 용기를 내 책을 엮었다"고 발간 이유를 밝혔다.

〈2010. 4. 15, 경기일보〉

| 책마을 책소개

김선우 시인, 시집 『밤하늘 별처럼』 발간

　오산지역에서 활동하고 있는 김선우 시인이 네 번째 시집 『밤하늘 별처럼』을 출간했다. 시집 『밤하늘 별처럼』은 네 개의 갈래로 나누어져 있다. 1부 '마음의 갈대'는 서정성을 회화성 짙게 형상화하는 내용을 담았으며, 2부 '그리움의 계절'은 계절의 흐름에 따라 변화되는 감성의 물결을 통해 삶의 이야기를 표현하면서 사람의 정서가 세월에 편승하며 환경에 따라 변모되는 감성의 흐름을 그렸다. 3부 '나 그리고 가족'은 자신의 정체성과 가족과 친구를 애틋하게 사랑하는 마음과 공존하는 사람에 대한 존재성을 부각시키고 있다.

　한국문인협회 김건중 부이사장은 시인에 대해 "김선우 시인은 시 따로 사람 따로가 아니라 시 그대로의 사람으로 인생 자체가 교훈적인 삶을 살고 있는 성실한 사람이다"며 "시를 통한 자신의 구원을 서정적 시작詩作으로 삼고 문학을 통한 영혼에 대한 구원작업으로 높이 평가받아야 할 부분이다"라고 평했다.

김선우 시인은 자신이 살아가고 있는 삶과 현실에 대해 자문자답하면서 교훈적 삶을 시를 통해 표현했다. 김 시인은 시집과 함께 『그 말은 거울로 삼고』라는 명언록을 함께 발간했다.

그는 "사람이 생각이 깊을수록 인생의 삶이 부드럽다"며 "독자들이 성인들의 명언을 거울처럼 보면 해롭지 않을 것 같아 감히 용기 내어 명언록을 출간했다"고 말했다.

한국 문예사조문인협회 회원이며 한국작가동인회 이사인 김선우 시인은 시집으로 『들판을 적시는 단비처럼』, 『보름달 사랑』, 『오늘도 사랑이라 믿어』가 있으며, 월간 『문예사조』와 계간 『한국작가』로 등단했다.

〈2010. 5. 4, 화성오산신문〉

업

착하지 않은
일을 행한 뒤에는
물러나
뉘우치고 슬퍼하며
얼굴 가득
눈물을 흘리나니
이
갚음은
지은
업보에서 오느니라

— 법구경

버릇

사람은
그다지 많은
결점이 있는 것이 아니다
여러 가지로 보이는
그 결점의 근원은 늘 하나니라
무엇이든
한 가지 나쁜 버릇을 고치면
그에 따라서
나쁜 버릇도 고쳐진다
한 가지
나쁜 버릇이 열 가지
나쁜 버릇을
만들어 내는 것을
잊어서는 안 된다

— 파스칼

현명한 사람은

들은
이야기라고 해서
다할 것이 아니다
눈으로 본 일이라 해서
본 것을 다 말할 것도 아니다
사람은
그 자신의 귀와 눈과 입으로 해서
자기 자신을 거칠게 만들고
나아가서는
궁지에 빠지고 만다

현명한 사람은
남의 욕설이나 비평에 귀를
기울이지 않으며
또 남의 단점을 보려고도 하지 않는다

— 채근담

사람의 혀

혀는 뼈가 없다
그러나
뼈도 부러뜨릴 수 있다
혀는 힘이 없다
그러나
장사도 넘어뜨릴 수 있다
혀는 발이 없다
그러나
능히 천리를 갈 수 있다
혀는 날개가 없다
그러나
온 천지를 자유롭게 날아다닐 수 있다
혀는 연장이 아니다
그러나
부수고 자르지 못하는 것이 없다

— 지혜경

윗물이 맑아야

내가 부모에게
불효하는 사이에
나 또한
부모가 되어
자식의
불효를 걱정하게 되어
내가
부모에게 불효하는 것은
바로
내 자식에게
너도
성인이 되면
나에게
불효하라고 가르치는 것이다

— 지혜경

150 / 시인의 말 -절망, 그 치열한 불꽃
151 / 문집 발간에 부쳐 : 김선우 시인의 문집을 축하드리며
       - 조석구(문학평론가 · 문학박사)
160 / 별을 보면 그대에게 가고 싶다
161 / 내 생각 속엔 당신이 있기에
163 / 그대는 나에겐 하늘 같지만
165 / 부자
167 / 봄이 온다 해도
168 / 그리울 거야
169 / 이 세상에 당신이 있어 고맙습니다
171 / 내가 쓰는 시는
172 / 손자들에게 들려주고 싶은 이야기 · 2
174 / 손자들에게 들려주고 싶은 이야기 · 4
176 / 사랑과 보람 그리고 아픔의 세월
185 / 첫 시집 「들판을 적시는 단비처럼」 출판기념회 기념사
189 / 제3시집 「오늘도 사랑이라 믿어」 출판기념회 기념사
192 / 인연因緣 - 김선우 님에게 - 우암 윤신행(경기도서화협회장)
194 / 님을 만나 따뜻했습니다   - 김선우님에게
       - 우암 윤신행(경기도서화협회장)
196 / 김선우 선배님 - 김 익(시인 · 전 충청연합회장)
198 / '김선우' 선생님, '김순자' 사모님 두 분께
       - 김하리(시인 · 시낭송가)
201 / 발자국   - 김의식(시인 · 오산시문학회장)
202 / 호미   - 박민순(수필가 · 바른선거 오산시민모임회장)
204 / 부지런함을 존경하며   - 손선아(시인 · 오산여류문학회장)
206 / 절차탁마切磋琢磨처럼
       - 배명숙(시인 · 경기&오산시낭송가협회장)
210 / 나눔의 미학 - 공란식(수필가 · 오산시문학회 부회장)
211 / 꽃집 오빠 김선우 사장님
       - 채희숙(시인 · 고려인삼제조(주) 근무)
213 / 볼수록 된장맛 나는 김선우 시인 - 유미자(서양화가)

김선우 문집

이 세상에 **당신이**
있어 **행복**합니다

동행

제5시집 겸 문집, 이 세상에 당신이 있어 행복합니다/도서출판 동행
2010년 12월 25일/232쪽/12,000원

| 시인의 말

절망, 그 치열한 불꽃

나는 가방 끈이 짧다
그러나 뜨거운 가슴으로 말하며 진실하게 살고 싶다
살다와 사랑한다는 어원이 같다고 말한다
산다는 것은 사랑한다는 것이다
사랑은 인생행로의 태양이다

해바라기처럼 살고 싶다
푸른 시간의 층계를 밟고 오로지 곧은 생각 끝에
저토록 틀어 올린 이상향
그 속에서 빛으로 살고 싶다

처절하게 시대와 현실을 고민하여 치열한 삶을 살고 싶다.
그리고 미래의 독자를 위하여 백 사람이 한 번 읽고 버리는 그런 시가 아닌 한 사람이 백 번 읽는 그런 시를 쓰고 싶다.
내 작품들이 비록 어설플지라도 내 분신이기에 사랑스럽다.
이 작품을 읽고 나처럼 상처받은 영혼이 조금이라도 위안이 되었으면 좋겠다.

2010년 12월 15일
무봉산 기슭 우거寓居에서
김선우 金善雨

| 문집 발간에 부쳐

김선우 시인의 문집을 축하드리며

조 석 구
(문학평론가 · 문학박사)

　김선우金善雨 시인은 『들판을 적시는 단비처럼』, 『보름달 사랑』, 『오늘도 사랑이라 믿어』, 『밤하늘 별처럼』 등 네 권의 시집을 상재上梓하였다.
　특히 그가 엮은 명언록 『그 말을 거울로 삼고』는 많은 호평을 받아 예식장에서 수백 권씩 구입하여 신혼부부에게 선물로 주기도 하였다.

　김선우 시인은 여러 기관 사회단체장으로 지역사회 발전을 위하여 기여하고, 또 생계를 유지하기 위하여 꽃집을 운영하면서 그 바쁜 와중에 시간을 쪼개어 글을 쓰는 1인 3역의 슈퍼맨이다.

일찍이 발자크는 말했다. 사람의 얼굴은 풍경으로 용모는 결코 거짓말을 하지 않는다고. 그는 단아한 용모를 지녔으며 매사에 자신감으로 가득찬 모습을 보여준다. 이목구비가 뚜렷한 것처럼 매사에 맺고 끊는 것이 분명하다.

그는 스포츠형 머리를 하고 있다. 그의 성격은 강철 같은 굳은 의지가 있는 반면 순진무구한 소년의 마음을 지니고 있다.

그는 지금도 꿈 많은 소년으로 오색 무지개를 찾아 환상 속을 헤맨다. 이순耳順을 훌쩍 넘긴 저 나이에 어쩜 저렇게 천진난만한 꿈을 꿀 수 있을까 놀라울 정도다.

그의 주변에는 늘상 사람들이 많다. 남을 대할 때는 봄바람처럼 따뜻하게 대하고, 자기 자신에게는 가을 서리처럼 차갑게 대하기 때문일 것이다.

그는 항상 자기보다는 남을 배려配慮하는데 익숙하다. 그래서 그런지 많은 사람들이 그를 따른다.

이 문집에는 시 60여 편 외에 작품 해설, 신문에 게재하였던 칼럼, 사회단체장을 지낼 때의 단상斷想, 글 쓰는 문우들의 작품, 손자들에게 들려주고 싶은 이야기 등등을 총망라하여 묶었다는데 의미가 크다.

자, 그럼 우리 모두 가난한 시인의 식탁에 가서 김선우 시인의 시를 읽고 마른 빵과 물을 흔쾌히 들며 그의 시 세계에 접근해 보기로 하자.

이런들 어떠리
저런들 어떠리
밟히고
바람에 꺾인들 어떠리

꽃도
피고 지면 그만인 것을
세상 파도
세차게 몰아쳐도
몸부림쳐
울다울다 멈출지라도
나의 길은
나만의 길이기에
나는
나를 위해
나만을 위한 노래를 부르리라.
　　　　　　　　　-〈나의 길은 나만의 길이기에〉

　몇 번이나 망설이다가 붓을 들었다. 시를 해부한다는 그 자체를 거부해 왔기 때문이다. 시를 해설한답시고 쓸데없는 진부한 이론을 내세워 난도질해놓은 것을 보면 혐오감까지 느끼게 되기 때문이다. 좋은 시에다 개칠은 한다는 것이 얼마나 죄스러운 일인가.
　좋은 시를 쓰려면 좋은 삶을 살아야 한다고 한다. 김선우 시인을 대하면 이 말이 얼마나 적확한 말인가를 실감하게 된다. 그는 거짓을 모르는 사람이다.

고집스러우리만큼 우직스럽다. 그는 머리로 말하지 않고 가슴으로 말한다. 그를 대하면 큰 산을 대하는 듯 든든하고 마음이 편하다. 그는 그릇이 큰 사람이기 때문이다.

김선우 시인은 늘상 혼자 깊이 사색하고 고독의 눈물을 안으로 안으로 삼키며 살아간다. 그의 울음이 시적이건 소설적이건 우리가 상관할 바가 못된다. 현실을 울 수 있다는 그 자체가 중요하다.

이 시대를 살아가며 멍청하니 울지 못하는 놈처럼 어리석고 불행한 자도 없겠기 때문이다. 그래서 천재 시인 이상은 말하지 않았던가. 현대인은 언제나 절망한다고.

시는 결코 종교는 아니지만 종교를 대신하는 것이라고 매슈 아놀드는 말했다. 침묵을 향한 인고에 찬 종교적 고행으로 시인은 삶을 영위해 간다. 참죽음이 없이는 부활이 없다.

침묵을 향한 보이지 않는 유혈의 고통은 수없이 원고지에 그를 태질하고 절망시키고 죽게 만든다. 죽음으로써 다시 한 편의 시로 탄생하여 구원과 부활의 기쁨을 누리게 되는 것이다.

인용된 시는 이방원의 하여가何如歌를 연상시키는 작품이다. 시적 화자는 불원천不怨天 불우인不尤人이다. 시대와 사회가 뜻대로 되지 않아도 하늘을 원망하거나 남을 탓하지 않는다.

시적 화자는 바람이 불면 바람 부는 대로 비가 오면 비를 맞고 밟히고 꺾여도 절대로 좌절하지 않고 다시 일어난다.

백절불굴의 정신으로 나만의 세상을 살아간다.

시는 길이며 영혼이며 부활이며 철학이며 꿈이기 때문이다.

보지 못하고 듣지 못하고 말하지 못하는 삼중고三重苦의 헬렌 켈러는 비교하지 않으면 부러울 것도 없다고 하였다. 시적 화자는 팔만대장경을 만들기 위하여 짜디짠 바닷물에 몇 번씩 소나무를 절이듯 외롭게 내 몸과 마음을 담금질한다.

작은 집에
사는 사람일수록
이웃에
나누어 주는 것을 좋아하는
그들은
그
마음이
큰 집이기 때문이다
아무리
넓은 집에 살아도
마음의
집이 작으면

그들은

늘

외로움을 느낄 것이다
　　　　-〈마음의 집〉

　미국의 철학자 마르쿠제는 우리가 살고 있는 이 시대를 '풍요로운 감옥'에 비유하였다. 이 풍요로운 감옥에서 벗어나려면 어떤 것이 진정한 인간이고 사람이 무엇을 위해 살아야 하고 또 어떻게 살아야 할 것인지 근원적 물음 앞에 마주서야 한다.
　깃대 인생들은 깃발을 들고 가느라고 들꽃을 보지 못하고 행운의 클로버도 밟고 지나간다.
　톨스토이는 단편소설에서 '사람은 무엇으로 사는가'라고 물었다. 우리는 서로 다른 사람을 배려하고 돕고 살겠다는 마음 자세로 살아야 한다고 시적 서술자는 말한다.

　시의 생명은 긴장과 절제다. 그게 없으면 말만 많아지고 탄력을 잃고 풀어지게 된다. 〈마음의 집〉은 이런 면에서 성공한 작품이다.
　논어에 이르기를 덕이 있으면 외롭지 않고 반드시 이웃이 있다고 했다. 덕德이란 무엇인가. 남을 배려하는 마음 즉 자비심이다.

결국 우리는 생의 마지막 순간에 이르렀을 때 얼마나 타인을 사랑했는가를 놓고 심판받을 것이다, 라고 알베르 까뮈는 말했다.

>요놈의 세상 어찌된 일이냐
>세상살이 점점 서툴기만 하니
>
>싱그럽던 젊음은 가고
>날개도 없이 날아가고
>머리는 하얗게
>얼굴은
>잔주름에 저승꽃이 피었다
>
>꽃은 지고 님도 가고
>겨울이 가면
>또 다시 봄이 오는데
>허허하는 내 웃음 속엔
>억장이 무너지는 한숨뿐이네
>
>　　　　　－〈요놈의 세상〉

시의 완성을 조지훈 시인은 7의 영감과 3의 노력이라고 하였다. 미당 서정주 시인은 나이 쉰을 가리켜 '귀신도 부리는 나이'라고 했다. 시적 화자는 이순을 훨씬 넘긴 나이다.

시인이 세상을 어떻게 보느냐 하는 것은 아주 중요하다가 랭보는 말했다. 그래서 시인을 그는 견자見者라고 표현했다.

시인은 타인이 흘리는 눈물, 감춰둔 미소 그것들을 잘 거둬서 잘 다듬어서 다시 공손히 두 손으로 받쳐 드리고자 하는 열망으로 살아가는 사람이다.

앞개울 실개천 따라 문득 세월은 그렇게 흘러 시적 화자의 얼굴엔 검버섯이 피고 백발이 성성하게 되었다. 젊은 날에 대한 향수가 노스탈지아로 남는다. 노스탈지아는 그리스어로 돌아감과 아픔을 뜻하는 단어가 합성된 것으로 특정한 장소나 시간으로 돌아가고 싶은 욕망으로부터 비롯되는 고통을 의미한다.

그러나 어쩌랴. 세월의 연륜은 어쩔 수 없는 것이란 체념을 일러주며 노욕, 노탐, 노추, 노망을 버리라고 한다.

꽃은 시들어도 씨앗은 남아 오래도록 열매를 맺는다고 한다. 하여 가스통 바슐라르는 수직으로 뻗은 나무를 보면서 오늘 우리에겐 무언가 해야할 일이 있다는 것을 불확실한 삶 속에서, 지하의 삶 속에서 외로운 우리의 삶 속에서 대기의 삶 속에서 느낀다, 라고 했다.

〈요놈의 세상〉에서 시적 화자는 한恨이 많다. 그래서 그런지 눈물도 많다. 그러나 한은 소망이고 꿈이고 기다림이고 몸부림이고 불기둥이다. 한은 슬픔이고 슬픔은 극복이고 극복은 눈물처럼 따뜻한 희망으로 환희의 절정이다.

시적 화자는 허무에의 의지를 극복하고 자아를 발견하고 자기 극복과 자기 완성을 통하여 자기 구원을 성취해 나가려는 의지가 돋보인다. 다시 말하면 스스로 삶의 의미를 발견하고 가치를 부여함으로써 정신의 구원, 영혼의 구원을 얻으려는 데서 보다 근원적인 의미가 놓인다고 볼 수 있다.

인간의 숙명적인 고독과 부조리를 철학적 명제의 성찰을 통하여 형상화한 점으로 특징이 주어진다.

이제 지면 관계로 이 글을 마무리해야 한다.

옛말에 필불여분筆不如文 문불여행文不如行이라고 했다.

글씨도 좋지만 글씨는 문장만 못하고 문자도 뛰어나지만 그의 행실은 더 뛰어나다는 말이다.

시인은 선택이 아니고 운명이다. 죽을 때까지 자기 자신의 영혼을 갈고 닦는 수도자가 되어야 한다.

김선우 시인의 문집 출간을 축하하고 문운을 기원드린다.

별을 보면 그대에게 가고 싶다

전화기를 보면
그대 목소리 듣고 싶고
눈감으면
그대가 보인다

기억을 더듬어 그리워하느니
눈앞에 두고 가슴 조이느니
차라리
그대 마음에 뛰어들고 싶다

별을 보면
그대에게 가고 싶다
밤에만 빛나는
그 별 옆에 셋방 하나 얻고
그대에게 가고 싶다
그대 곁에 살고 싶다

내 생각 속엔 당신이 있기에

날마다
당신만을 생각한다면
거짓이라 하겠지만
하루에도 몇 번씩 내 생각 속에 파고드는
당신 때문에
늘
그리움 속에서 산다오

사랑도 못하고
이별도 못하고
시도 때도 없이 찾아드는 당신
당신 때문에
나는
아무 데도 갈 수가 없다오

불쑥 찾아올 것 같은 당신
당신이
나를

외딴섬에 가둔다 해도
내 생각 속엔
늘 당신이 있기에
당신만을
생각하고 그리워하고
당신이 있기에
나는 행복하답니다

그대는 나에겐 하늘 같지만

그리움이
깊숙이 가슴을 파고든다
돌아서면
보고 싶은 그 사람
오래오래
간직하고 싶은 그 사람
나에겐
높고 높은 하늘 같지만
백날
천날을 그리워해도
그 사람은
늘
겉돌아
애꿎은 가슴만 찢어진다
그렇게 잊지 못해
그리워하던 날들이 얼마인데
내 어찌
그대를 잊겠소
그래도

마음 변해 돌아선다면
그만이겠지만
그땐
이 몸 어찌하나요

부자

우리 새마을 가족들은
어려운 사람들을 찾아다니며
쌀도 사 주고 반찬도 담가 준다

부자들은 새마을 가족이 드물다
또한 부자들은 오히려 인색하다
가난한 사람들이
부자들보다 더 후하고 남을 도울 줄 안다

다 그런 것은 아니지만
사람 됨됨이에 따라 다르다
후함으로써
삶이 풍성해지고
인색함으로
삶이 궁색해 보인다
인색함은 검약이 아니다
또한 후함은 낭비가 아니다
인색한 자는

자기 자신을 위해 낭비하고
남을 배려할 줄도 모른다
후한 자는
자기 자신을 위해선 검소하고
남을 위해선 후하다

또한
남을 배려하고 후한 자는
성취감을 맛보지만

인색한 자는
가난해 보이고 궁색할 뿐이다
그래서 그런지
나는
우리 새마을 지도자들의 마음이
넉넉한 부자로 보인다.

봄이 온다 해도

내
일생에
잊을 수 없는 그대는
보면
볼수록
이 마음 애타게 하는 것이

서산에 해 지고
앞산에 달 뜨듯 한다

또
한 해가 가고
봄이 온다 해도
오가는 세월 잡을 수 없고
어느새
내 머리엔 백발이 성성하다.

그리울 거야

화원에 앉아
전화기를 보니
문득
네 목소리가 듣고 싶고
휘영청 밝은 밤에
둥근달을 보니
문득
너의 얼굴이 보고 싶구나

이 밤이 가고
이 해가 지나 봄이 오면
창밖
하얀 목련 피우고
은행잎
노랗게 물들고
코스모스 들국화 피는
가을이 오면
네가 더 그리울 거야

이 세상에 당신이 있어 고맙습니다

억겁의 인연 닿아
당신과의 만남이
오래 전에 만남은 아니지만
당신을 만난 것
나에겐
너무 큰 인연입니다

비록
함께 있지는 못해도
아주 가끔
당신의 목소리 들을 수 있고
만날 수 있다는 것은
참으로 행운입니다

가끔은
혼자인 듯이
가끔은 함께인 듯이
침묵으로

눈빛으로 미소로
내 마음
편안하게 하는 당신

내 마음에
당신이 있듯이
당신의 마음에 내가 있다면
더 큰
행복이겠지요
그래도
내가 사랑하는 이가 당신이어서 고맙습니다

때로는 아파하고
원망도 하지만
이 세상에
당신이 있어 고맙습니다

이 땅 위에
이 하늘 아래
당신과 내가 산다는 것만으로도
기쁨이고 행복이고
당신을
그리워할 수 있어 감사합니다

내가 쓰는 시는

　내가
시를 쓴다기보다는
생각하고
가슴에 있는
내 마음을
글로써 쓰는 것뿐이고

내가
글을 쓰는 이유는
사랑하는 사람들에게
내 마음
전하고 싶기 때문이다

그리고 나는
외롭고
고독하고
누군가 그리울 때 시를 쓴다

손자들에게
들려주고 싶은 이야기 · 2

　톰과 제리는 어려서부터 이웃에 살면서 형제같이 가깝게 지냈다. 그 둘은 성장해서 톰은 목수가 되어 가난하게 살고 제리는 큰 운수회사를 가진 부자가 되었다.
　어느 날 톰이 찾아와 제리에게 이렇게 부탁했다.
　"톰, 자네의 훌륭한 솜씨로 집을 한 채 지어주게. 여기 설계도가 있으니 가장 좋은 재료를 쓰되 계산서는 언제든지 보내주게."
　톰은 설계도를 놓고 갔다.
　톰은 일에 착수하였다.
　톰은 처음에는 양심적으로 일을 했다.
　그러나 점차 더 많은 이익을 차지하려는 욕심에서 좋은 자재 대신 값싼 자재를 쓰고 목수도 서투른 사람을 써서 인건비를 절약해 일을 거칠게 했다.
　겉으론 훌륭해 보였지만 내용은 허술한 집이 되었다.
　집이 완성되었을 때 제리는 친구인 톰에게 집 열쇠와 2만 파운드의 계산서를 내놓았다.

제리는 수표를 써 주면서 말했다.

"열쇠를 잘 간직하게. 여기 집문서가 있네. 친구, 이 집은 내가 자네에게 주는 선물이니 이 집에서 여생을 행복하게 살게."

목수인 톰은 자기 손으로 지은 새 집에 들게 되었다.

그해 겨울이 왔다.

습기는 벽에까지 차오르고 바람은 벽 틈으로 스며들고 지붕은 비가 새고 창은 부서졌다. 이런 집에서 여생을 살아야 할 것을 생각하니 처음부터 집을 튼튼하게 잘 짓지 않은 것이 무척 후회가 됐다.

눈보라가 심하게 몰아치던 날 지붕이 무너져 내려 톰의 가족은 모두 목숨을 잃었다고 한다.

손자들에게
들려주고 싶은 이야기 · 4

　어느 날 숲 속에서 여우와 나귀가 함께 먹이를 찾아다니다가 호랑이와 마주치게 되었다.
　간사한 여우는 호랑이에게 달려가 소근거렸다.
　"호랑이님, 내가 나귀를 잡수실 수 있도록 붙잡아 드릴 테니 제 목숨은 살려주세요. 저보다는 덩치가 큰 나귀가 더 배부르고 맛도 있을 테니까요."
　여우는 다시 나귀에게 달려가 말했다.
　"얘, 우리 빨리 도망가자."
　여우는 나귀를 꾀어 숲 속에 있는 함정에 빠뜨렸다.
　여우는 호랑이에게,
　"호랑이님, 나귀를 잡아 드렸으니 천천히 많이 드세요. 그런 저는 이만 가겠어요." 라고 말했다.
　호랑이는 함정에 빠진 나귀를 들여다보더니 여우에게 말했다.
　나귀는 도망가지 못하게 되었으니 도망칠 수 있는 너부터 먼저 잡아먹어야겠다.

　호랑이는 여우에게 달려들었다.

　"아이고 호랑이님, 내 목숨 살려주신다고 약속하지 않으셨습니까?"

　"이 간사한 여우야! 네 얼굴빛을 보니 너는 속과 겉이 다른 덕이 없는 놈이야. 덕이 없는 너 같은 놈에게 내가 왜 은혜를 베풀어야 하니?"

　"그렇지만 약속은 지키셔야죠."

　"너는 친구와 함께 도망가기로 약속하고 거짓말로 꾀어 함정에 빠뜨리지 않았느냐? 그리고 간사한 말로 내게 약속을 지키라니 친구와의 약속을 어기는 네놈에게 나만이 약속을 지키란 말이냐? 어림없다. 이놈."

　여우는 나귀에 앞서 호랑이 밥이 되고 말았다.

　"남과 사귐에 있어 그 사람의 마음을 사기 위해 아첨하는 교묘한 말과 보기 좋게 꾸미는 낯빛 등으로 거짓을 말하는 사람은 마음의 바탕에 거의 인덕이 없다"라고 공자는 말하였단다.

사랑과 보람
그리고 아픔의 세월

내가 가장 싫어하는 것은 남을 속이는 것이다. 남을 속이는 경우도 있을 것이고 선의에 의해 상대방을 속이는 경우도 있을 것이다.

속인다고 하는 것은 즉 거짓말을 하는 것인데 그 말이 거짓말인 줄 알게 되면 그 순간부터 그 사람은 신뢰를 잃게 되는 것이다.

또한 자신을 믿고 따라주는 사람들은 실망과 배신감을 느낄 것이다. 그러니까 내가 하고 싶은 말은 나는 누구에게도 거짓과 배신은 하지 않는다는 것이다.

한평생을 살아오면서 이런저런 일들이 많고 많았지만 지금 하고 싶은 말은 2006년 6월 지방선거 이후부터 2008년 12월 31일부로 새마을지회장 임기를 끝내며 하도 말이 분분하여 그간의 이야기를 하고자 한다.

이순이 넘도록 살아오면서 나는 여러 번의 선거를 겪었지만

2006년 6월 지방선거는 좀 남다른 선거였다. 한 출마자가 어려서부터 보아온 사람이었기 때문이다. 또한 사돈 관계이기도 하다.

나의 고모님과 후보자의 어머니는 6촌 동서지간이다. 그래서인지는 몰라도 그 집과 우리 집은 늘 친척처럼 지내며 남들도 우리가 친척 관계인 줄 아는 사람이 많다.

나는 L씨의 선거운동에 최선을 다했다. 당선이 되었을 때는 내가 당선이 된 것인 양 기뻤다. L씨가 당선되므로 해서 많은 변화가 왔다. 취임 전후로 해서 크고 작은 관변 단체장이 바뀌었다.

어느 날 M가든에서 J씨, B씨와 U모씨, L씨와 점심을 함께 하는 자리였다. 그 자리에서 L씨는 몇 달간이나 공석인 새마을지회장을 맡아 달라고 부탁했다. 새마을지회는 450여 명이 되는 큰 봉사단체이고 4개 회원단체로 구성되어 있다.

나는 그동안 예비군 중대장을 비롯 재향군인회장 등 여러 단체장은 해보았지만 새마을지회장을 하라고 할 때는 걱정부터 앞섰다.

새마을지회장은 출연금도 1년에 일천만 원은 내야 하고 인원이 많다보니 씀씀이를 생각 안할 수가 없다.

내 속을 들여다보는 듯이 L씨는 돈 걱정은 하지 마시고 새마을지회를 활성화시켜 달라고 한다. 나는 망설였다.

그동안 새마을운동 오산지회는 좋지 않은 일이 많았다. B모 전 국장의 공금횡령 사건을 비롯, 지도자들 간에는 신뢰보다는 불신이 많았다.

이런 새마을지회를 이끌어가는 것이 걱정도 되지만 평생 돈도 못 버는 내게 하필이면 새마을지회장을 하라고 하는지 참 난처했다.

나는 화원을 아내와 둘이 하는데 내가 새마을지회장을 하면 화원 운영을 아내 혼자 해야 하는 것도 걱정이다.

이런저런 생각 끝에 못하겠다고 하니 같이 식사하던 사람들도 협조하겠다면서 지역을 위하고, L씨를 위해서라도 꼭 맡아 달라는데 그만 승낙하고 말았다. 그 순간부터 나의 생활 패턴이 바뀌는 것을 나는 미처 생각 못했다.

나의 성격은 책임감이 강하다. 무엇을 하면 적극성도 있고 남들이 나를 카리스마가 있고 통솔력도 있다지만 나는 마음도 여리고 눈물도 많다. 하다 못해 슬픈 드라마만 보아도 곧잘 눈물도 흘린다.

2006년 12월 말경, 나는 새마을지회장 업무에 들어갔다. 새마을지회 사무실에 들어서자마자 B모 사무국장이 새마을 회장은 1년에 천만 원씩 출연금을 내야 한다고 나의 가장 약한 부분을 찌른다. 봉급도 두 달이나 못 탔다고 한다. 그러나 어쩌랴. 이미 수락하고 만 것을. 나는 업무 파악에 들어갔다

봉급도 못 탔다니 사무국장, 지도과장 봉급이 얼마인지 확인하였다. 봉급은 사무국장보다 지도과장이 더 많다 두 사람 연봉이 4,500만 원인데 시에서 주는 운영비 보조금은 연 3,600만 원이다.

모자라는 것은 지회장이 충당해야 된다. 사무국장에게 이사회를 소집하라 했더니 이사회가 없다고 한다.

4개 회원단체에 450명이나 되는 새마을지회가 이사회가 없다니 기가 막혔다. 이래선 안 되겠다 싶어 새마을 정관을 가져오라 하며 규정집부터 봐야 했다.

나 자신부터 L씨의 추천만 받았지 규정에 의해 선출된 것은 아니기 때문에 법 절차를 밟아야 했다. 우선 대의원 소집공고 및 지회장 등록신청을 받아 대의원 총회에서 선출하여 도지회장 인준이 있어야 지회장이 되는 것이다.

아무튼 법 절차를 밟아 나는 도지회장으로부터 인준을 받아 새마을지회장이 됐다.

협의회장과 문고회장은 이미 내가 인준 받기도 전에 U모씨의 권고와 설득으로 물러나고 C씨가 협의회장, N씨과 문고회장으로 선출됐고, B씨와 K씨는 결국 임기도 못 채우고 물러나게 됐다.

내가 취임한 후 그 두 분은 이사회 구성 때 이사로 영입하여 내 마음이 조금은 편했다.

문제는 시 부녀회장이다. 시 부녀회는 새마을의 꽃이라 할 수 있다.

450여 명 중 부녀회원이 280여 명이나 되어 새마을지회의 중추적인 역할을 하는 사람들이기 때문이다. 시 부녀회장은 동 회장 중에서 뽑는 것은 관례로 회장이 임기가 끝나면 의례 부회장이 회장으로 선출되었다고 한다. 그 관례를 깨고 외부 영입을 하려고 하니 많은 반발과 시련이 있었다.

L부회장에겐 자존심과 불쾌감을 주었으리라는 생각을 하니 지금도 그분에겐 미안하기 그지없다.

그렇게 혼란한 가운데서도 우리 새마을 지도자들은 감자 심기며, 고구마 심기 등 수익사업을 하는 것을 보고 나는 감탄하지 않을 수가 없었다.

어느덧 2007년 4월 22일, 지회장을 비롯해서 회원단체장도 새로 인선됨에 따라 취임식을 가졌다.

나는 취임식을 통해 취임사에서 저를 믿고 새마을지회를 저에게 맡겼으니 지켜봐 달라고 당부하고 여러분들이 도와주시고 우리 지도자들에게 사기만 돋구어 주시면 나와 우리 지도자들은 여러분을 실망시키지 않겠다는 이야기와 우리 지도자들에게 전강스님이 말씀하신 법문 중에 쥐가 고양이 밥을 먹은 이야기를 비유하며 쥐가 고양이 밥을 먹으면 결국 쥐가 쥐를 잡아먹은 꼴이 아니냐며 우리 지도자들은 쥐가 고양이 밥을 먹듯 하지 말고 서로를 배려하고 화합하고 단결하여 전국에서 으뜸가는 지회를 만들자고 당부했다.

나는 임기 동안에 어느 누구 못지않게 많은 일을 했다고 자부한다.

경기도 새마을 교통봉사대 체육대회를 오산에 유치하고, 520여 명의 인원으로 하계수련대회를 땅굴 견학과 평화누리공원에서 성대히 치루었다.

2008년 한마음체육대회를 비롯 지도자들의 활동사항이 담긴 오산시 새마을회지 창간호를 발간했고 지도자들의 승강장 청소 및 가로기 게양 등 수익사업으로 얻어지는 수입으로 독거노인 목욕 씻겨주기, 밑반찬 담가주기, 김장 담가주기 등 많은 일을 하였으며, 특히 새마을지회의 사단법인 설립과 회관 건립을 위한 기금을 시로부터 토지 매입비 4억, 건축비 6억 원의 예산 승인을 얻어냈다.

새마을회관은 경기도 31개 시·군 중에 회관이 없는 곳이 오산이었으니 이제는 우리 오산도 회관을 같게 되었다며 나는 경기도 새마을회의 때나 연수원 교육 때 사람들이 모인 자리면 우리 시장, 우리 시의원 하고 칭찬했다.

그러나 어쩐 일인지 부지 매입을 하려고 하면 이런저런 일로 일 년이 다가도록 부지 매입을 못했다.

떡 줄 사람은 줄 생각도 안 하는데 나만 김칫국을 마시는 꼴이 아닌가 하는 생각이 들었다.

결국 2008년 말 건축비 6억이 시의회에서 삭감되고 말았다.

내가 여기서 구체적으로 회관 건립 부지 매입을 거론하면 특정인을 원망하는 것 같아 말하지 않겠다. 다만 모든 것이 내가 부족한 탓으로 생각한다.

임기 3년을 더할 수 있는 기회를 포기하고 이번 임기를 끝으로 그만두기로 했다.

주위에서 왜 더하지 그만두느냐고 하며 내 뜻과는 다른 이야기가 많이 나오기에 이 기회에 더하지 못하는 이유를 이야기하고자 하는 것이다.

첫째, 내가 지회장을 더하면 부지 매입비마저 삭감 될 것 같고 둘째, 새마을회장단 및 동회장 선임시 관례를 무시하고 내 사람 꽂기에 열을 올리는 일부 인사들이 새마을 조직 근간을 흔들어 놓는 것이 불편했다.

셋째, 내가 가난하여 출연금을 못내는 것이 지도자들과 직원들 보기 부끄러웠고,

넷째, 그나마 우리 두 내외가 운영하는 꽃가게가 기존 거래처까지 줄어 생업에 위기감을 느껴 생업에 종사하기 위해서이다.

그동안 나는 아들이 주는 용돈과 틈틈이 써온 글을 모아 시집을 내어 출판기념회를 통하여 얻어지는 수익금으로 내가 쓰는

비용을 충당하여 왔으나 더 이상 주위 사람들에게 부담 주기도 미안하고 부끄럽다.

아무튼 내가 그만둔 지도 반년이나 되었건만 후임자가 없다니 참 안타깝다.

하루라도 빨리 총회에서 후임자를 선정하면 좋겠다.

새마을운동은 개인이 하는 자원봉사자가 아닌 단체가 하는 봉사단체이다.

새마을운동은 국민운동이다.

우리 지도자들은 보수도 바라지 않는 순수한 새마을 지도자다. 우리 새마을 지도자들은 도와주고 지원해주고 사기를 돋구어 주면 그 사람을 좋아하고 지지해준다.

말 없이 궂은 일이나 한다고 얕보지나 말았으면 한다.

우리 지도자들은 남에게 베풀 줄 아는 천사 같은 분들이며 지역에 활력소 역할을 하는 분들이기에 이분들이 없어선 안 된다고 생각한다.

내 시 한 구절에 새마을 지도자들은 새마을 조끼와 앞치마만 입으면 세상을 풍요롭게 하고 새마을 조끼와 앞치마는 부자들이 가지고 있는 금은보화보다도 더 소중하다고 했다.

그래서 나는 새마을 지도자들을 사랑하고 존경한다.

그러기에 나로 인해 우리 새마을회와 지도자들이 마음에 상처를 입을까 두려워 더 이상 새마을지회장을 할 수 없다.

나는 그동안 지도자들과 함께 새마을운동을 한 것을 영광과 기쁨으로 알고 추억으로 생각하고 그 추억을 가슴에 간직하여 가끔은 꺼내 회상하며 살고 싶다.

언젠가는 그 추억들을 다시 한 번 글로 담아 보고 싶다.

우리 새마을 지도자가 있는 한 우리의 새마을운동은 영원할 것이다.

2009년 9월 1일

| 첫 시집 『들판을 적시는 단비처럼』 출판기념회

기념사

여러분, 안녕하십니까?

공사다망하신데도 불구하시고 저희 출판기념회를 빛내주시기 위해 많은 분이 참석하여 주셔서 대단히 감사합니다.

시정에 바쁘신데도 참석하여 주신 시장님, 의장님, 경기도새마을 회장님, 그리고 내빈 여러분, 정말 감사합니다.

여러분!

새마을운동이 처음에는 잘 살기 운동이었다고 저는 생각합니다. 우리나라가 좀 잘 산다고 할 때부터는 새마을운동이 새마을 지도자들을 중심으로 어려운 계층이나 독거노인 등 어려운 사람들을 찾아다니며 보살펴 주고 봉사하는 쪽으로 변하였습니다.

우리 지도자들은 유휴지 경작이나 알뜰바자회 및 구판사업 등 여러 수익사업으로 얻어지는 수익금으로 독거노인 밑반찬 담가주기, 어려운 사람 사랑의 집 고쳐주기, 또는 연로하여 자신들의 몸도 제대로 못 가누는 독거노인 목욕 씻겨주기 등 그늘진 곳을 찾아다니며 봉사하고 있습니다.

아직도 우리 사회에서 우리 지도자들의 손길이 필요한 계층이 많습니다.

내빈 여러분!

우리의 새마을정신은 조국 근대화에도 크게 이바지하였고 지도자들은 지역발전은 물론 새마을운동에도 큰 업적을 남겼습니다.

그리고 우리 지도자들은 나 자신보다도 남을 먼저 생각하는 분들입니다. 우리 새마을 지도자들은 또한 궂은 일이라면 앞장서서 하는 분들입니다.

지난번 시위 때도 보셔서 아시겠지만 우리 오산은 이분들이 없어선 안 됩니다. 이분들은 매우 필요한 분들이며 매우 훌륭하신 분들입니다.

저는 우리 지도자들을 존경하고 사랑합니다.

지난번 평화누리공원에서 우리는 한마음 수련대회를 가졌습니다. 그후 우리 500여 지도자들은 더욱 협동정신이 공고해졌습니다.

내빈 여러분!

여러분들께서는 우리 새마을 지도자들을 도와주고 지원하여 주신다면 우리 지도자들은 더욱 힘을 얻어 노력할 것입니다. 그리고 지역사회 발전에도 크게 이바지할 것입니다.

여러분!

그동안 저는 나름대로 우리 새마을 지도자들이 일하는데 보좌하여 주고 도와주는데 최선을 다하였습니다만 그래도 부족한 것 같아 제 나름대로 우리 지도자들의 활동과 노력이 담겨 있고 애환과 사랑이 담겨 있는 글과 저의 진실한 마음을 담아 부끄러움을 무릅쓰고 이 시집을 발간하였습니다.

내빈 여러분!

저는 시인이라고 생각하지 않습니다.

저도 새마을 지도자일 뿐입니다.

이 책이 우리 새마을 지회에 도움이 됐으면 합니다.

여러분, 이 책을 여러분들께서 팔아 주신다면 판매 수익금은 모두 새마을지회를 위해 쓰겠습니다.

여러분!

경기도새마을 회장님께서도 30개 시·군에 이 책을 팔아주시겠답니다.

우리도 회장님께 박수 좀 보내주시죠.

여러분! 여러분들께서 조금만 도와주셔서 우리 새마을지회가 자립할 수 있는 토대가 마련된다면 우리 지도자들은 지역사회에 꼭 필요한 지도자가 되도록 할 것입니다.

여러분!

책 이름이 「들판을 적시는 단비처럼」인데 지도자 여러분 내년에는 우리 새마을지회에도 오랜 가뭄 끝에 단비가 내릴 것 같습니다.

지도자 여러분!

우리 시장님과 의장님, 그리고 도의원, 시의원님들께 큰 박수 보냅시다.

끝으로 시장님을 비롯한 내빈 여러분, 진심으로 감사드리며 저희 출판기념회를 위하여 물심양면으로 도와주신 시인 김하리 님을 비롯, 서울에서 오신 문인 여러분, 그리고 이 자리를 더 빛내주기 해 오신 가수 안수경 양과 연주자 안근학, 김예지 님, 또 대금연주를 맡아주실 분은 우리 고장 출신이며 현재 문예회관 전문위원으로 계신 김현숙 님입니다.

그리고 진행을 맡아주신 한명환 님, 정말 감사합니다.

여러분 감사합니다.

| 제3시집 『오늘도 사랑이라 믿어』 출판기념회

기념사

안녕하십니까?

바쁘신 데도 참석하여 주신 여러분께 진심으로 감사드립니다.

저는 오늘 시인으로서 여러분 앞에 서기가 정말 부끄럽습니다.

오늘 이 자리에 오신 존경하신 오산시장님과 의장님을 비롯, 의원 여러분과 도의원님, 그리고 국회의원님과 멀리까지 오신 경기도 새마을회 회장님, 그리고 내빈 여러분, 머리 숙여 감사드립니다.

저는 오늘 세 번째 시집을 출간하면서 많은 분께 은혜를 입었습니다.

문학박사 조석구 님과 이순이 넘은 나를 글을 쓰게끔 용기와 조언을 아끼지 않은 시인 김하리 님과 항상 묵묵히 내조하여 준 사랑하는 아내와 우리 가족 그리고 우리 새마을 가족 여러분께도 진심으로 감사드립니다.

여러분!

저는 인생에서 가장 중요한 것이라면,

첫째가 탄생이요

둘째가 죽음이요

셋째가 결혼이라고 생각합니다.

왜냐하면 탄생은 나라는 존재를 알리기 때문이고요, 죽음은 새로운 탄생의 씨앗이라고 생각하기 때문이고, 결혼은 인간의 생산을 준비하는 것이라고 생각하기 때문입니다.

우리 민족도 이 탄생, 죽음, 결혼이 윤회하기 때문에 무구한 역사를 이어오고 있지 않습니까?

또한 우리 선조들이 아름답고 소중한 우리만의 글을 만드시어 우리의 글로 저도 이렇게 글을 쓰고 우리의 많은 문인들도 글을 쓰지 않습니까?

여러분!

글이라 하면 일상생활에서 없어서는 안 될 소중한 우리의 문화입니다. 그리고 정신세계가 아닌가 생각합니다.

글은 우리의 마음을 표현하기도 하고 웃기기도 하고 울리기도 하며, 또한 생활의 양식이기도 하지 않습니까?

그리고 우리의 문인들은 자신들이 몸담고 살아온 자연조건과 사회 상황에서의 경험을 추상화하고 체계화해낸 것이 하나의 작품이라면 이것이 바로 우리 민족의 마음과 정신의 세계요, 우리들의 글은 한국 철학의 밑거름이 아닌가 생각합니다.

다시 한 번 바쁘신 와중에도 참석하여 주신 여러분께 진심으로 감사드리며, 여러분 모두 건강하시고 날마다 좋은 날 되시기 바랍니다.

늦은 나이긴 하지만 여러분들의 격려에 힘입어 더욱 정진하겠습니다.

감사합니다.

인연因緣
― 김선우 님에게

우암 윤 신 행
(경기도서화협회장)

돌아보면
만남의 소중함보다
베풂의 빈약함에
늘 아쉬워하는 습성들로
또다시 한 해를 채웠습니다

저마다
이미 모자이크된
한 생의 굴레라지만
그 얼마나 소중한 날들인데
어느덧 세모歲暮의 정점에서
언제나 반복되던
깊은 밤 풍경소리 듣습니다.

'인연'
그 끝 모를 생과 함께 반복되련만
그 연緣의 각질 속에
두고두고 후회 없을
양질의 양분은 언제나 채울는지…

'님이여'
진정 사랑합니다
어느 날 예고 없이 만나
삶을 함께 채워가는 이 길에서
님이 있어 더욱더 짙은
행복의 향기에 젖습니다

'님이여'
우리들의 소중한 내일은
모두 격의 없는 사랑으로 채색되면
더없이 행복하겠습니다

신사년을 보내며 임오년을 맞으며 님의 삶에
사랑이 가득 담긴 희망이 영그는 한 해 되소서

님을 만나 따뜻했습니다
- 김선우 님에게

우암 윤 신 행
(경기도서화협회장)

님을 만날 수 있어 참으로 행복했습니다
어느 날 싹을 움트게 하기 위해
촉 위에 찾아든 봄비처럼
우리는 서로를 의지하며
일월의 동반자가 되었습니다

가녀린 가지 위에 힘찬 성장을 지속하며
님의 체취에 꽃망울은 벙글고
향을 사룬 고운 님의 정성은
두고두고 간직할 연緣의 풍요로운
촉매입니다

다다른 연緣의 가지 끝에
오래 오래 두고픈 만남의 여정이여!
소중한 님과의 고락지정이 발갛게 물들 때

무엇으로 덧칠하여
긴 세월 간직할 각질을 만들꺼나…

인연이여!
세월의 양분으로 퇴적된 사연들…
님의 따뜻한 마음
님의 미소 띤 모습
님과의 아름다운 추억 외엔
이 마음에 더 채울 빈자리는
남겨 놓지 않겠습니다

기묘년을 보내며
경진년을 맞으며

김선우 선배님

김 익
(시인 · 전 충청연합회장)

선배님의 눈은
서글서글하면서 늘 웃고 있습니다
그러나 잘못을 보는 눈은
호랑이 같습니다

선배님의 말씀은
큰 목소리에 단호합니다
그러나 다독거릴 때에는
아주 나긋합니다

선배님의 자세는
아직도 군인다운 꼿꼿함입니다
그러나 세월에는 어쩔 수 없군요
요즈음 뒷모습이 허접해 뵙니다

김선우 선배님, 선배님은

이제 오산에서는 부동의
어른이십니다
보다 건강하시고
앞으로도 변함없이 잘잘못을
다독거리며 질타하십시오

'김선우' 선생님,
'김순자' 사모님 두 분께

김 하 리
(시인·시낭송가)

    2년 전, 12월 31일이었지요(1년 전인 셈이네요).
    인사동 어느 화랑에서 그림 전시회를 하신 '수안스님'께서 제게 그 자리에서 바로 환하게 웃는 돼지 그림 한 점을 그려 주시더군요. 그리고는 또 동그라미 한 점을 그려 주시더군요.
    제가 좋아하는 동그라미와 '참 좋다'라는 글씨와 함께….
    잘 보이는 곳에 올려놓고 매일 봅니다. 돼지 그림을 보며 한 번 웃고, 동그라미를 보며 모난 제 마음을 둥글게 가지려 다짐하지요.
    '참'이라는 글씨 한 자가 그날 이후부터 그렇게 좋을 수가 없어요. 예전엔 그러려니 지나쳤던 말이 스님께 소중하게 받고 난 뒤부터는 좋은 사람, 좋은 것을 보면 '참'이라는 단어를 소중하게 사용하곤 합니다. 무슨 서론이 그리 기냐구요? 네, 그 이유는요, 부처님 때문에 만난 '김선우' 선생님과 사모님, 두 분의 귀한 인연이 너무나 감사하고 좋아서 부연 설명이 길었습니다.

'참'이라는 말을 소중하게 두 분께 드립니다.

전생에 어떤 깊은 인연이 있었기에, 제가 무슨 복이 이리도 많아 이렇듯 귀한, 좋은 두 분을 만나게 되었는지, 진심으로 고맙고 감사하기만 합니다. 지금은 많이 나아졌지만 제 성격이 많이 모가 났었어요. 낯도 많이 가리는 편인데, 이상하게 너무 편한 두 분이라서 그런지 남 같다는 생각이 전혀 안 들고, 심지어 선생님과 연관된 분들마저 다 좋아하는 마음이 들게 되는 묘한 이 느낌을 어떻게 표현해야 좋을지 모르겠습니다.

만나면 괜히 기분이 좋아지고, 언제부터인지 모르게 진심으로 두 분의 만수무강을 기원하는 마음이 생기더군요.

씩씩하신 '김선우' 선생님도 좋으시지만, 천상 여자이신 '김순자' 사모님의 인품에 더 마음이 갑니다. 제가 남자처럼 털털거려서 그런지 차분하시고 조용한 성품이 부러워요. 그리고 존경합니다.

이번 행사 때 고운 한복 입으시고, 올린 머리를 보는 순간 깜짝 놀랐습니다. 정말 기도를 많이 하시는 분이라 그러신지, 관세음보살님이 화현하신 줄 알았습니다. 참 맑은 신심을 가지신 덕분으로 지회장님과 가정이 평탄하신가 보다라는 생각이 들었습니다.

　저는 두 분을 알았다는 자체만으로도 행복합니다.

　그래요. 부처님 가피加被로 두 분 항상 그렇게 사랑하시고, 행복하시고, 강건하시길 두 손 모아 기원 드립니다.

　늘 따뜻한 마음, 진심으로 고맙습니다.

　환절기에 감기 조심하시구요. 저 김하리는 두 분을 사랑합니다!

2008년 11월 6일

김하리 드림

발자국

김 의 식
(시인·오산시문학회장)

하얀 눈이 펑펑 쏟아지는 날
무엇에 홀린 것처럼
눈길을 한 걸음 한 걸음
옮기는 발길
쌓인 눈 속에서 꿈을 꾸고 있는
잡초들의 씨앗은
봄이면 이 길가에 자라나 아우성이겠지
지금은 긴 잠을 자고 있지만
쉽게만 쉽게만 넘어가는 세월
하얀 세상에 혼자 있는 듯
힘겨운 발자국 남긴다
지워질 발자국을

호미

박 민 순
(수필가 · 바른선거 오산시민모임회장)

감자 캐며
눈물 젖도록 이랑 파던 어머니
앞산만큼 수심도 높아
이랑 무너져 내린만큼
닳아진 호미 끝
이지러진 달

콩싹처럼 자그마했던 아이 여럿
황소처럼 먹성 좋던 그 허기 달래느라
자갈에 손톱 긁혀 빠진 줄도 모르고
평생 흘린 땀방울
별빛 총총 흐를 때
흰 옷깃 쑥물 벗고
찔레처럼 가신 어머니

이제야 찾아보는

들꽃마저 외면한 따비밭
악보 음보 없어도 애절한 풀무치 울음
가만히 귀 기울여
옮겨 듣는 발자국
어머니 닮아가는 내 모습

장날도 아닌데 시장에 나가 산
호미 한 자루

부지런함을 존경하며

손 선 아
(시인·오산여류문학회장)

내가 '형님'으로 모시는 김선우 님이 작품집을 내신다고 한다.

첫 시집을 내고는 개점휴업 중인 나와는 달리 부지런하신 우리 형님께서는 그 새 또 새 작품집을 내신단다.

김선우 님은 오산시 새마을지회 회장직을 맡으시며 지지부진했던 새마을지회를 본 궤도에 올려놓으셨고, 뒤늦게 문학의 길로 입문하셔서는 벌써 5집이나 내는 열정을 보이시는 대단히 부지런한 문학인이다.

첫 시집을 내고는 회장직을 맡아서 바쁘다는 이유 같지 않은 이유로 글 한 줄 못 쓰고 있는 나에 비해, 계속 작품을 양산하고 계신 부지런한 형님이 이 아우는 못내 존경스럽기만 하다.

이번 작품집에선 시뿐만 아니라 이곳저곳에 실렸던 작품들을 꼼꼼히 모아 두셨던 것을 망라하여 펴내신다고 하니, 그 의미가 더욱 남다르게 다가오는 느낌이다.

나이가 들어가니 사람과 사람 사이의 관계란 것이 점점 더 힘들게만 여겨지는 때에, 좋은 사람들과의 아름다운 인연을 지속해 가는 것도 각박한 현실을 슬기롭게 헤쳐 나가는 일이라 믿는다.

그런 까닭에 늘 내 뒤에서 든든한 버팀목이 되어 주시는 형님과의 인연이 더욱 소중하게 여겨진다.

우리들이 어려운 일에 봉착하면 언제나 의논 상대가 되어주시고 마음을 열어 함께 해주시는 큰 어른인 형님의 존재에, 아우인 나는 언제나 든든해하며 그 겸손과 성실함을 배우려 애쓰고 있다.

김선우 님의 새로운 책 발간에 이렇게 한 페이지를 차지할 영광을 얻게 되어 너무나 기꺼운 마음이 든다.

또 하나의 아름다운 발자국을 남기게 된 김선우 님께 아낌없는 찬사를 보내며 더욱 건강하시고 건필하시길 기원해 본다.

절차탁마切磋琢磨처럼

배 명 숙
(시인 · 경기&오산시낭송가협회장)

깊은 강은 소리가 요란하지 않다.
고요한 가운데 무서운 힘으로 흘러간다.
담고 있는 것이 많기에 채움이 많기에 흔들어도 깊은 울림의 소리로 다가온다.

김선우 회장님은 그런 분이다. 처음 뵐 때 우직하고 무게감이 느껴져 어려운 분일 거라 짐작했었다.
2007년쯤으로 기억된다.
당시 오산시 새마을지회장님으로 계실 때 뵈었던 인연으로 나는 늘 회장님이랑 호칭으로 부르게 되었다. 그냥 편하게 부르라고 하시지만 나는 이 호칭이 편하고 좋다.
아버지가 돌아가시고 안 계서서인지 어른이 옆에 있는 것처럼 느껴져 든든하다.

감성이 풍부하고 따뜻한 품성을 지닌 분이란 걸 알고부터 회장님이 경영하는 꽃집 앞을 기웃기웃하다가 눈이라도 마주치면 헤죽 웃어보기도 하고 바쁘지 않은 것 같을 때는 변죽 좋게 들어가 차 한 잔과의 이야기로 구겨진 마음을 펴놓게 되면 따뜻한 온기로 마음을 차곡차곡 쓰다듬어 주시기도 한다.

늘 부드럽고 따뜻하게 맞이해 주셔서 이웃집 아저씨처럼, 아버지처럼, 손위 오라버니처럼, 글벗처럼 생각하며 이런저런 겁 없는 수 다를 떨곤 한다. 그러다 보면 나도 모르게 널부러진 마음으로 응석을 부리곤 하는데 나이가 한참 어린데도 불구하고 겸허한 말씨로 대해 주시는 모습을 발견하게 되면 비밀스럽게 마음을 가지런히 모으고 새침떼기처럼 새초롬하게 있다가 꽃집을 나서는 경우도 종종 있다.

글을 사랑하는 분.
펜과 종이를 애인처럼 늘 옆구리에 끼고 사시는 분.
음악을 좋아해서 작고하신 '배호'처럼 노래를 잘하는 분.
난蘭을 소중히 아끼는 분.
낮은 자세로 늘 미소를 잃지 않는 분.
올바른 길이 아닐 때는 회초리를 아끼지 않는 분.
두툼한 마음으로 욕심을 버릴 줄 아는 분.

가끔은 추어탕 한 그릇에 상황버섯물로 끼니를 챙기는 분.
서로가 길이 되어 가는 법을 친절하게 안내해 주는 분.
절차탁마切磋琢磨처럼 부단한 자아완성의 길을 닦아가는 분.

김선우 회장님의 선행을 보면서 '겸손은 땅이다'라는 인상 깊은 말이 떠오른다.
땅은 낮고 밟히면서 생명을 일으키고 열매 맺게 한다는데, 우리는 겸손을 내 몸보다 더 높은 것에 올려놓고 살고 있는 건 아닌가 생각해 본다.
밟히고 눌리고 다져지고 아픈 것이 겸손이었다.
그 속에서 생명을 주고 열매를 맺게 하는 것이었다.
참된 겸손의 모습을 지난 분이라 생각한다.
뒤늦게 글과 벗하는 촌로의 모습은 삶의 뒤안길을 밝게 비춰 주고 있다.
손안의 모래알처럼 빠져나가 버리는 세월을 두고 벌써 시집을 4권이나 엮었다. 명언록집까지 하면 총 5권이나 되는 셈이다.
짧은 기간에 시간과의 놀기를 잘하신 것 같다.

산골 물이 모여 강을 이루고 큰 바다를 이루는 것처럼 티끌 모아 태산을 쌓듯, 조그마한 일에서부터 출발하여 점진적으로 큰 일을 이루어 나가려는 정신을 말하는 이소성대以小成大란 말이 있다.

완장을 차기 위해 여기저기서 자리싸움하는 소리가 들려오고 있다.

김선우 회장님은 아마도 펜과 종이와 싸움을 하고 있지 않을까 하는 생각을 하면서 누구보다도 이소성대 정신으로 문인의 참다운 모습을 지니고 디딤돌로 우리 곁에 오래오래 머물러 있기를 바라는 마음을 가져 본다.

나눔의 미학

공 란 식
(수필가 · 오산시문학회 부회장)

나눔이란 실천을 하지 않았다면 지금이라도 시작해 보세요.

많은 것을 나누지 않아도 남에게 줄 수 있는 마음이 행복한 건지 느껴지니까요.

나이가 들면서 실천하고 싶은 것이 남을 도울 수 있는 기회를 얻고 싶은 거였습니다.

아주 많은 것이 아닙니다.

내가 쓰고 남은 여유도 아니지요.

먼저 생각하며 도움을 주는 겁니다.

받는 기쁨보다는 주는 행복이 더 크다는 걸 느낄 수 있어요.

우리의 이웃이 얼마나 어려움을 겪고 있는지 지금까지 눈길조차 돌리지 않았던 냉정한 가슴이었던 만큼 살면서 후회도 할 것 같습니다.

내 생애가 언제 막을 내릴지는 모르나 조금의 나눔이지만 이웃을 위하여 열심히 살아가겠습니다.

모든 분들이 행복해지도록 파이팅을 외치면서요.

꽃집 오빠 김선우 사장님

채 희 숙
시인 · 고려인삼제조(주) 근무

    세월의 강가, 코흘리개 어린 나를 업어주기도 하셨었다는 꽃집 오빠 김선우 시인님.
    지천명을 넘긴 저에게 시우詩友로써 '영혼의 밥'을 주고 계시니 저에겐 아름다운 인연의 복이며 축복입니다.
    꽃집 오빠 김선우 시인님, 몸은 일터로 향하지만 마음만은 절망에게 빼앗기기 않은 희망으로 항상 좋은 생각과 기쁜 마음으로 시詩 한 편 선물 드립니다.
    꽃집 오빠 김선우 시인님, 사랑합니다. 고맙습니다.

    차디찬 바람
    얼어 붙은 날
    솜사탕처럼 가벼운 내복 두 벌
    복사꽃 두터운 내복 두 벌
    택배로 왔다

    내 마음 속의 별이라는
    그대의 마음 가득 담은

그리움 편지 아래엔
민들레꽃 양말
북극곰 같은 외투까지

매서운 칼바람
외투로
내 목덜미를 감싸고
내복으로
그대의 체온인 듯
나를 감싸안아도
보고 싶은 그리움은
처음 그날처럼
언제나 눈물이 나 눈물이 나
달밤에도 해가 뜬다.
　　　　　　　　－〈연둣빛 선물〉

볼수록 된장맛 나는 김선우 시인

유 미 자
(서양화가)

어느 시골, 이제는 보이지 않는 초가집 처마 끝에 매달려 있는 메주가 생각납니다. 투박하면서도 못생기기도 한 메주는 시간이 되어 된장이 되고 기꺼이 식탁에 올라와 맛있는 저녁을 선사하지요. 바로 이 메주의 된장 같은 분이 김선우 시인입니다.

또한 한가로이 쉬어갈 수 있는 대지와 같은 분입니다. 다시 말해 자연주의의 사고를 갖고 있는 시인입니다.

자연주의의 기본정신은 인간의 생태를 자연현상으로 보려는 사고방식에 있습니다.

작가의 태도도 자연과학자와 같아야 하는 것이 이상적이라 할 수 있으므로 자연현상으로 본 인간은 당연히 본능이나 생리의 필연성에 강력하게 지배된 것으로 그려집니다. 따라서 작가가 원하고자 하는 행위는 내면적으로 강한 빛을 발하며 아름다운 향기를 뿜어냅니다.

나무를 심는 사람의 행위도 인위로 인해 황폐해진 자연을 되돌려 자신의 영원한 안식처인 자연 속에 귀속하려는 본능의 표출이라고 하면 김선우 시인의 글은 우리에게 본능 본연의 자리로 되돌려 놓으려는 아름다움을 가지고 있습니다.

아무것도 없는 공허한 상태, 시간의 흐름, 아무런 옷도 걸치지 않은, 막 태어난 그대로의 인간의 모습의 자연이란 의미로 김선우 시인의 시는 우리를 자연의 아름다움 속에 던져지게 만들고 있습니다.

김선우 작가님의 여섯 번째 저서 출판을 축하드리며 그 순수함을 신화 속에 나오는 미소년으로 만들어 볼까 합니다.

아폴론이 사랑한 히아킨토스, 제우스가 사랑하여 시종으로 둔 가니메데스, 에코가 사랑한 나르키소스, 아프로디테가 사랑한 아도니스, 호수의 요정과 한 몸이 된 헤르마프로디토스 등의 그들과 삶의 형태는 다르지만 아름답고 순수함이 그들과 같다고 생각했습니다.

예술은 감탄사가 나와야 합니다. 김선우 작가님의 시를 읽어 내려가면서 가슴 밑까지 울려 퍼지는 진동을 느낄 수 있었던 그것이 바로 순수함이 아닐까 합니다.

예술은 자연을 능가합니다. 자연은 위대한 화가를 만들고 위대한 시인을 만듭니다. 따라서 자연은 위대한 화가, 시인이 만들어 내는 원천, 무궁무진한 영상이 춤을 추는 샘인 것입니다. 그러한 자연 속에 된장맛이 물씬 풍기는 김선우 시인은 자연입니다.

자연은 느끼고 감쌀수록 감미로움을 느낍니다.

시인의 정서가 담긴 시를 읽어 음미하며 자연 속으로 들어갑니다. 그 자연은 아늑하고 포근하며 마치 어머니의 품속 같은 따뜻함을 느끼며 애절하고도 몸부림치는 처절한 간절함도 느낍니다. 바로 그것이 김선우 시인의 시적 매력인 것 같습니다.

세상이 다이나믹하고 스피드하며 고딕한 느낌을 가져다 주어도 김선우 시인은 한 길을 갑니다. 낙엽이 쌓여 구래길이 보이지 않아도 좋습니다.

길이 있어 내가 가면 그 길이 바로 길인 듯 시인은 석양이 짙은 구불구불한 고개 너머 언덕길을 사랑을 머금고 가고 있습니다. 그래서 김선우 시인의 정신세계는 아름답습니다.

늘 미소년의 가슴을 가진 된장맛이 나는 시인.

그림을 그리는 화가로서 김선우 시인의 책 속에 살짝 끼어들 수 있는 나 자신이 즐겁고 작은 가르침으로 높이 평가해 주는 김선우 시인님께 감사하며 부끄러운 글을 몇 자 써 봅니다.

아무쪼록 시를 읽어가면서 많은 사람들의 가슴 속에서 달콤한 미각적 개념으로 전환됨을 느낄 수 있는 작품이 새록새록 만들어 졌으면 하는 바람입니다.

218 / 서문 : 늙지 않는 청춘의 고뇌
　　　－조석구(문학평론가 · 문학박사)

223 / 시인의 말

225 / 그리움 · 1

226 / 화원에서 · 2

227 / 깨달음

228 / 마등산 · 9 －'청춘을 돌려다오'

229 / 지리봉 가는 길

231 / 작품 해설 : 꿈꾸기 혹은 그리움의 시학
　　　－ 송수권(순천대 문창과 명예교수)

240 / 축하의 글 · 1 : 그리움을 찾는 사람, 김선우 시인
　　　－ 이원규(시인 · 애플북스 에디터)

245 / 축하의 글 · 2 : 고희의 소년, 김선우 선배
　　　－ 박민순(수필가 · (사)바른선거시민모임 오산지회장)

249 / 축하의 글 · 3 : 작은 아버지, 김선우 시인
　　　－ 정미섭(오산 칸벤션웨딩홀 대표)

애플시선 15
Kim Sun-woo's Poetry Book

그리운 江

김선우 6시집

김선우 6시집, 그리운 江 / 도서출판 애플북스
2012년 11월 30일 / 148쪽 / 10,000원

| 서문

늙지 않는 청춘의 고뇌

조 석 구
(문학평론가 · 문학박사)

　김선우 형이 여섯 번째 시집『그리운 강』을 상재한다. 그는 첫 시집『들판을 적시는 단비처럼』을 시작으로『보름달 사랑』,『오늘도 사랑이라 믿어』,『밤하늘 별처럼』,『이 세상에 당신이 있어 행복합니다』와 명언집『그 말을 거울로 삼고』를 편찬하였다. 네 번째 시집『밤하늘 별처럼』은 그에게 경기도문학상을 안겨주었다.
　이번의 시집『그리운 강』의 제목 변화는 그의 시정신의 새로운 영역 개척을 암시하는 듯이 보인다.
　김선우 형은 내일모레 고희를 바라보는 나이이다. 그는 고향을 한 번도 떠난 적이 없는 칸트처럼 고향을 지키는 수문장 토박이다. 다양하게 사회 기관 단체장을 역임하며 꽃집 '고향 화원'을 경영하는 분방 분망한 나날 속에서도 시를 놓지 않았으니 미루어 용지불갈用之不竭의 시심을 짐작할 수 있다.
　나는 그를 볼 때마다 그의 활화산처럼 타오르는 뜨거운 열정에 백기를 들곤 한다. 그는 늙지 않는 영원한 청춘으로 산다.

김선우 형은 내 고장 지역 사회 발전을 위하여 누구보다도 열심히 몸 바쳐 헌신 봉사해 왔다.

그리하여 지난 해 오산시민이 수여하는 가장 영예로운 애향운동 부문의 오산시민대상을 수상하였다.

『그리운 강』은 90여 편의 시가 수록되어 있는데 네 개의 단락으로 나누어져 있다. Ⅰ부 그리운 강 25편, Ⅱ부 나만의 궁전 25편, Ⅲ부 길에서 화두를 줍다 25편, Ⅳ부 지리봉 가는 길 15편이 그것이다.

오늘날 문화 다원주의 시대에 남의 소중한 작품을 함부로 가치 평가해서는 안 된다. 획일적 기준이 붕괴된 현대를 배경으로 하고 있는 만큼, 굳이 용훼한다고 하더라도 백인백색일 수밖에 없다.

시집을 통독한 후 Ⅰ부 그리운 강은 연작시 형태의 연가이고, Ⅱ부 나만의 궁전은 그의 꽃집 화원이 영혼을 치유하는 불교의 무상대도無常大道를 깨우치기 위해 공부하고 명상하는 심우장尋牛莊이고, Ⅲ부 길에서 화두를 줍다는 소시민의 애환과 갈등, 인생무상을, Ⅳ부는 마등산을 오르며 자기 극복과 자기 완성을 통하여 자기 구원을 노래했다고 말해본댔자 그의 전체의 작품들의 용치聳峙에 우열의 순위를 매기기는 어렵다.

그 강변을

그냥 지나칠 수가 없다

새벽에는

은빛으로 깨어나고

한낮엔

햇살을 감고 굽이치다

여울에 떠밀리는

세월처럼

그 강변에서 멀어진 나는

어떻게 그대를

그리워해야 하나

뭉클뭉클

슬픔의 꽃이 환하게 피어난다

「그리운 강 · 1」 전문

한 편의 좋은 시를 읽는다는 것은 영혼의 항아리 속에 향기로운 꽃을 꽂아 두는 것과 같다.

시는 시인의 반성문이며 참회록이다. 시가 있는 세상은 아름답다. 시가 있는 세상은 밝은 양지쪽이다. 소멸 속에서도 생명을 불러내고 이별 속에서도 만남을 주선하고 그 단절과 절망 속에서도 시는 예언의 말이 되어 우리의 꿈을 이루게 한다.

인용된 시 「그리운 강 · 1」은 연가戀歌로 서정성, 이미지,

인생 등이 고루 용해되어 있어서 앞으로 그의 예술적 좌표를 시사하는 것 같다. '살다' 와 '사랑하다' 는 어원이 같다. 사람은 사랑을 떠나서는 살 수가 없다. 사랑은 인생의 태양이기 때문이다. "슬픔의 꽃이 환하게 피어난다"라는 결론의 메시지 즉 인내와 긍정의 구체적 내용이 무엇인지 이러한 결론을 도출해 낸 동기나 배경을 여기서는 언급할 겨를이 없다.

겨우내
안으로 인내하며
관세음보살 자비심이
연분홍
고사리 같은
속살 드러낸 꽃
봄빛
눈부시구나

「관음죽」 전문

아내는 백련암에서 불심으로 밤새워 삼천배를 드리고 시인은 꽃집에서 밤을 새워 시를 쓴다. 시인은 사막의 가시 낙타초를 씹으며 낙타처럼 밤하늘의 별을 헤고 맨발로 사막을 건너간다. 시인은 피를 토하는 난산 끝에 한 편의 시 「관음죽」을 탄생시킨다.

시는 가슴에서 머리로 가는 기나긴 여행이다. 시인은 감성 Pathos으로 느낀 것을 이성logos과 지성으로 표현해야 하기 때문에 그만큼 어려운 작업이라 할 수 있다.

인용된 시는 모든 역경을 뚫고 현실의 부조리와 모순, 고통과 슬픔을 이겨내고 종교적으로 승화하는 구원의 이미지를 내표하고 있다. 겨울이 없으면 봄이 없다. 겨울의 어둠과 추위를 견딘 자만이 환희의 봄을 만끽할 권리와 자유가 있다.

Ⅲ부와 Ⅳ부의 작품도 이러한 논지의 맥락에서 분석해 보고 싶었으나 이 글의 성격상 이 정도로 줄인다.

시인은 언어의 암반을 기어오르는 고행자이다.

아득한 성자聖者가 되기 위하여 백지의 공포를 안고 하염없이 붉은 말로 시 쓰기를 기대한다.

시는 존재의 개명開明인 것이다.

| 시인의 말

나는
나의 시로 인하여
나를 여러분 앞에 내 보이는 것 같아
참 부끄럽게 생각한다
그래도
용기를 내어
또 한 권의 시집을 내놓는다

시는 본질적으로
인간에 대하여 말한다
한 시인의 내면에 존재하는
내밀한 세계를 드러내기 위한 장치가 바로 시다

나는 시를 통해
인간 내면의 세계를 이야기하고
자연에 대하여 이야기하고
나 자신을 둘러싼 모든 것에 대하여 이야기하고
인간에게 존재하는 수많은
갈등과 증오, 모순된 현실

연인의 사랑

동기간의 사랑

이웃에 대한 사랑

그렇게

내가 가지고 있는 대상과

내가 사랑하고자 하는 대상을

내가 사랑하는 방식으로

시를 통해

나는 이야기한다

나는

시를 통해 남은 생을

그렇게

그물에 걸리지 않는 바람처럼 살고 싶다.

김선우

그리움 · 1

그리워 그리워
애가 타게 그리워
세월의 뒤안길에 선
이름마저 잊혀질까
두려워

춥고 애잔한 마음
따스하게 녹이는
어머니 같은
그대가
그리워

부풀어 터질 듯한
모진 고통을 참아가며
새봄을 기다리는
목련의 꽃망울처럼
그대를
기다리리

화원에서 · 2

어느 가을날
온종일 화원에 앉아
흘러가는 구름을 보고
외롭게 반짝이는 별을 보니
문득
바람에 스치듯
수많은 날들이 떠오른다
봄이 와도 꽃씨 하나 심을 땅도 없고
죽어서도
이 몸 하나 묻힐 땅 한 평 없는데
시와 정치를 말하다가
늙었다는 죄명으로
뜨거운 불길 속에서
한줌의 유골이 되어
산이나 강물에 뿌려지겠지
설사 그렇더라도 나는
지금의 내가 그러했듯
저세상에서도 시를 쓰겠다

깨달음

하늘은 높고 청명한데
긴 세월
태우다 태우다가
늙어서야
생애를 달랜다
일찌감치
시는
그 뜻을 알아챘다

마등산 · 9
― '청춘을 돌려다오'

가쁜 숨 헐떡이며
지팡이 짚고
그리움 한가득 짊어지고
올라가는 지리봉 비단길
햇빛이 나무들 사이로 반짝인다
차디찬 바람이
앙상한 나뭇가지를 흔들자
마지막 잎새

나무에 걸려있는
'청춘을 돌려다오'

통나무 의자에 앉아
푸르기만 했던
내 젊음의 노트를 꺼내본다

지리봉 가는 길

길가로 늘어진 나무 한 가지
지팡이 사정없이 후려쳐
처참하게 잘려나갔다
그렇게 부러진 나뭇가지는
영원히 이어지지 못 한다
지팡이로 후려치지 않았다면
시원한 바람에 덩실덩실 춤도 추고
비 오는 날이면 목욕도 하고
아침이슬과 입맞춤도 했겠지
그 나뭇가지
모진 바람에 꺾이는 것이야
어쩔 수 없다 하지만
나로 인해 무참히 잘려 나갔다는
생각을 하니 미안하다, 미안하다
내가 후려친 나뭇가지는
땅에 떨어져
오고 가는 등산객들에게 짓밟힌다

그 나뭇가지는 누구도 원망하지 않는다
조금 불편해도
부러뜨리지 않았더라면 좋았을 것을

못 생긴 나뭇가지가 나무를 지킨다는 사실을
진즉에 알았더라면 좋았을 것을

| 작품 해설

꿈꾸기 혹은 그리움의 시학

송 수 권
(순천대 문창과 명예교수)

그동안 우리 시는 양가정신 그러니깐 에코토피아eco-topia의 테크노피아techono-pia의 이중적 삶이나 그 차이성에서 벌어진 정신적 편력으로 볼 수 있겠다. 시도 한 시대의 산물이라면 시대성에 따른 삶의 고뇌와 방황 또는 상실감의 극복이 현대성의 불모지 위에 존재한다고 할 수 있다.

고백컨대, 김선우의 시는 상실감에 따른 에코 다시 말하면 힐링 포엠heeling poem으로서의 마음을 움직이고 몸을 일으켜 영혼을 치유하는 토포필리아topophilia, 즉 귀환의식에 따른 장소애場所愛를 충분히 작동하면서 따뜻한 정서를 갈무리하는 데서 나름대로의 감동을 받지 않았나 싶다. 이순을 넘기면서 상재하는 여섯 번 째의 시집 표제가 시사하듯《그리운 강》이 시상을 모으면서 '그리움'이라는 가치정서가 '강물'처럼 전편의 시들을 관류하고 있다.

　새로 뜨고 있는 '힐링'이라는 말은 그래서 락 어법이나 락 사운드와는 차이성을 두고 있는데, 그의 시편들은 과거의 시에 대한 부정으로 언어파괴, 형식파괴, 내용파괴 등으로 폭력적 또는 광기의 언어를 수반하지 않고 있다는 점이다. 이는 퓨전 식탁에 차려내는 잡식성의 언어가 아니라 파탄이 오지 않은 순수한 감정의 발로라는 점에서 '힐링'이라는 말을 떠올릴 수 있게 한다.

　우선 시로 쓰는 '그리움'이라는 힐링의 언어를 그의 시적 고백으로 들어도 좋을 것 같다.

　　아련히 떠오르는
　　강가의 추억을 안고
　　행복에 젖어 있는 이가 있다

　　늘

　　다가갈 수 없는
　　꿈의 나라
　　그리워

　　늘

가슴 조여드는 아픔이
한 마리 나비가 되어
너에게로 날아간다
　　　　　– 늘, 전문

번잡한 수사가 있기는 해도 「늘」이란 말이 거멀못으로 박혀서 겨울강 밑의 미나리처럼 풋풋하게 살아나는 시다. '항상'이나 '영원히'등의 부사 즉 한자어보다는 순수한 우리 말모이 중에 그리움이 겹쳐지는 '늘' 이라는 말은 우리 탯말을 골라 쓰는 시인의 감각이 돋보인다. '시집간다'라는 말보다 '시집온다'라는 말이 시적 친근성에서는 훨씬 돋보이는 이치와 같다. 때로는 토씨 하나 부사어 하나로 밤을 새우는 것이 시인에게 주어진 말의 정언명령이다. 명령어 "님" 하나로 88편의 명사를 빚어낸 것이 만해 한용운의 시라면 더 이상 할 말이 없을 듯하다. 그래서 제1부의 강 시편들은 이 그리움 하나로 회감懷感의 정서를 드러내 보여주고 있다.

오늘 하루도
강변에
쌓이는 건
그리움이라는 은빛 모래
　　　　　–그리운 강 · 8.4 연

시인이 추구하고 꿈꾸는 이상적인 세계 즉 장소애로서 토포필리아가 드러난 부분이다. 이는 인간의 본연지성이며 동시에 기질지성이기도 하다. 소월의 시가 아직도 유효한 것은 시 전편에 이 본연지성을 담고 있기 때문이다. 이는 인간의 원초적인 원형 이미지로서 본능적 감각이며 토포필리아로서의 회귀본능에 해당된다. 메트릭스의 3차원 세계에서 벌어진 메시지 전달은 그래서 현대성을 지향하는 난폭한 시들은 '은빛 모래'를 꿈꿀 수조차 없는 삭막한 언어들로 조작되는 시다. '엄마야 누나야'를 들먹일 필요도 없이 김선우의 시를 읽고 있으면 절로 영혼이 편안해지는 것도 아마 이 때문일 것이다.

따라서 그의 시들은 머리를 쥐어짜고 흔들거나 뚜껑 열리는 드라마틱한 긴장감이 아니라 누구에게나 그냥 부담 없이 읽힐 수 있는 시들로 채워져 있다.

한 평도 채 안되는 나만의 자리
책과 우편물 원고지와 볼펜들이
어지럽게 흩어져 있는
그런 것들의 편안함이 좋다
책들을 베개 삼아 누워
꿈처럼 잠들기도 하고
그리운 이를 그리워하며
나만의 시를 짓고

나만의 탑을 쌓아 올리는 곳
나도 모르는 새
흩어져 있는 것들의 편안함에
길들여져 있는데
어디에서 이만한 즐거운을 찾을까
나만의 궁전에서
아무런 아픔도 슬픔도 없는
한 마리 나비가 된다.
- 나만의 궁전, 전문

제2부 제시題詩가 되는 「나만의 궁전」이다. "나만의 시를 짓고/나만의 탑을 쌓아 올리는 곳/나도 모르는 새/흩어져 있는 것들의 편안함에/길들여져 있는데/어디에서 이만한 즐거움을 찾을까" 혹자는 위의 시를 읽고 시인이 이렇게 나태하고 시대에 대하여 현실세계에 대해 이렇게 무책임하단 말인가, 라고 의문을 제기할 수도 있겠다. 도대체 교단 강의식으로 말한다면 트라우마(trauma, 상처)가 없으니 시인이 일어선 자리에선 된바람이 불지 않는다고…, 그러나 나의 견해는 약간 다르다.

왜냐하면 시인에겐 두 가지 길이 있기 때문이다. 그 하나는 시의 특수성이요 다른 하나는 보편성이다. 30년대 초현실주의 시로 건축공학적인 숫자를 짜 올려 시를 쓴 이상李箱은 대중을 외면했다. 그래서 비평가들 사이에선 '이상은 이상이고 이상은 이상이 아니다'라는 평을 얻게 되었다.

   마등산 나뭇잎 지는 소리가
   사무치게 그리운 날

   구름의 집은 바람 부는 쪽에 있고
   사람의 집은 마음 머무는 곳에 있다고
   누가 일러준다

   또 하루가 그냥 지나간다
                    - 백 년, 전문

   제4부 「지리봉 가는 길」의 마등산 연작 시리즈로 쓴 시다. 은유체계가 완성되어 있어 독자에겐 낯설게 다가올지도 모르겠다. 아마 마등산 연작 시리즈인 것으로 보아 화원(시인의 가게)에 앉아 등산을 가지 못한 날 쓴 시가 아닌가 싶다. 이 쯤 되면 너무 많은 사실을 감추기 기법으로 써서 압축했기 때문에 독자와는 거리가 상거한다고 볼 수 있겠다. 이런 경우는 인문학적 해석이 필요하고 작가의 발언이 필요하므로 특수성에 든다. 현대시가 독자를 멀리하고 자주 멀어진 것도 '시는 학문이다' 라는 인문학(문, 사, 철)이 그 배경을 이루기 때문이다. 이런 경우 이상李箱처럼 천 사람의 독자보다는 한 사람의 수준 높은 독자가 필요하게 된다.

바람아
화창한 봄날
날 찾아 왔다가
화원에
내가 없거들랑
예쁜 여자와 손잡고
따뜻한
남쪽으로
봄나들이 간 줄 알거라
- 질투, 전문

「백 년」에 비하면 훨씬 쉽게 읽히는 시다. '화원'이라는 봄날의 한 풍경만을 생각하면 이 시는 누구나 쉽게 이해할 수 있을 것이다. 이른바 시의 보편성 즉 대중에게 어필하는 시다.

그러니까 시인에게 주어진 두 가지의 길은 이 보편성의 저널리즘이요, 다른 하나는 학문으로 강단비평이 되는 아카데미즘의 시들이다. 저널리즘은 대중의 피를 먹고 살기에 자칫하면 쇼비즘(상업성)이거나 스노우비즘(속물주의 근성) 으로 전력할 위험성도 고려하지 않을 수 없다.

그러나 김선우의 경우는 시의 보편성에 기대고 있는 것으로 판단된다. 보편적인 소재인 삶, 사랑, 인생 등의 반복구가 그것을 의미한다.

통나무 의자

나비가 날아 앉듯
낙엽 한 잎 앉았다

숲의 고요를 깨는
풀벌레 울음소리

그 날은
가을비가 밤새 내렸다

— 마등산 · 6, 전문

「마등산」 연작 6이다. 시는 메시지 전달이 아니라 정서치환의 산물이라면 위의 시는 시선일미詩禪一味에 값하는 시다. 1차 정서를 감성설사(emotion)라 한다면 2차 정서는 이미지(feeling)로 남는 시다. 시의 보편성과 특수성, 현대시의 문법과 고전어법의 문법성 기준도 여기에서 갈린다.

이순을 넘어
칠순이 다가오는데
아직도
그리운 사람이 있냐구요

그래요
그리운 사람이 있어 시를 쓰고

보고 싶은 사람이 있어
늘
행복하지만

마음은
늘
휑하니 비어 있어

겨울바람처럼
춥습니다
　　　　　-마음, 전문

　　제3부「길에서 화두를 줍다」에 실려 있는 시다. 소제목이 시사하듯 김선우는 그냥 '길에서 화두를 줍'듯 시를 쓰는 시인이다.
　　한마디로 그가 추구하는 시세계는 토포필리아topophilia로써 꿈꾸기 혹은 그리움의 시편들로 결론 지을 수 있을 것이다.
　　시집 제목이 시사하듯《그리운 강》이 그렇고 마등산 정상을 오르내리면서 화두를 풀어가듯 쓴 시편들이 그렇다. 이순을 넘기고 칠순을 바라보는 산마루 고개턱 통나무 의자에 앉은 그의 모습이 선하게 떠오른다. 서정택 시인이 말했듯 오산 시문학의 텃밭을 일구는 정정한 소나무가 되어 쉼 없는 솔바람을 쳐내기를 간절히 바란다.

| 축하의 글 · 1

그리움을 찾는 사람, 김선우 시인

이 원 규
(시인 · 애플북스 에디터)

불비불명不飛不鳴이라는 고사성어가 요즘 정치판에서 흔하게 쓰이고 있다. 직역하면 '날지도 않고 울지도 않았다'겠지만 목표와 꿈을 실현하기 위해 오랫동안 때를 기다리고 있었다는 뜻이 더 어울린다. '오랫동안' 이라면 대략 삼십 년 이상의 기간은 넘어야 한다. 그런 사람이 오산시에 있다. 정말 지금도 살아 있다. 우리 또래들에게는 '중대장님'으로 통했다.

요즘 방방 뜬 월드 스타 싸이가 '두 번 군대 간 사나이' 라는 별칭을 갖고 있지만, 이 분은 공군과 육군을 본인이 지원하여 각각 입대하여 두 번 제대했다. 그 후 고향에서 예비군 '중대장'으로 고향 땅에서 봉사를 시작한 분이다

그 당시 예비군중대장 하면 젊은 층이라면 누구나 안다. 그

야말로 인지도는 상당히 높았다는 얘기다. 그래서 오산烏山에서는 그 인지도를 오산誤算하여 중대장하다가 정치판으로 뛰어들었다가 쓴맛을 본 분들도 있다. 그런데 이 분은 그 정치판에서 어서 오라고 손짓해도 '글쎄! 글쎄!' 하다가 그 판에 끼지 않았다. 오직 꽃과 나비, 하늘과 별 그리고 바람을 벗 삼아 흐르는 세월을 탓하지 않았다.

지금은 '글 잘 쓰는' 시인으로 오산 땅에서 고향을 철통같이 지키며 사신다. 그래서 그 또래 중에는 지금까지도 온전하게 잘 살고 계신다. 그뿐만 아니라 자신의 인생관이 담긴 저서로 판版을 짜는 데 열심이시니, 참으로 멋지고 살판나게 인생을 즐기시는 분이시다.

세상에 태어나 살아남기가 빡빡하다. 그만큼 세상살이가 어렵다는 말이다. 글쟁이들이 집단을 이룬 '문단'에서도 살아가기란 쉽지 않다. 작품 1편 발표할 기회도 어지간해서는 잘 오지 않는다. 어찌 되었든 노벨No bell이다. 골든 벨이 울리기에는 벼락 맞을 확률보다도 낮나니 이래저래 애만 탄다. 그래도 이 분은 세계를 겨냥해 영문 번역 시 몇 편도 이 시집에 수록했다.

대단하다. 이 분은 늦깎이로 (이순耳順이 넘은 나이에) 문단에 들어와 야단법석이다. 산전수전 공중전 다 겪었으니 두려울 게 없을 것은 뻔하다. 2007년 8월에 첫 시집 『들판을 적시는 단비처럼』, 2008년에는 『보름달 사랑』과 『오늘도 사랑이라 믿어』

를 출간했다. 월간 문예지와 계간 문예지에서 신인상을 받으며 문단에 데뷔한 2009년 한 해 동안을 푹 쉬더니, 한국문인협회 회원이 된 2010년에 『밤하늘 별처럼』과 시와 산문집 『이 세상 당신이 있어 행복합니다』를 출간했다. 놀랍게도 등단 5년 차인데 이번에는 여섯 번째의 시집을 세상에 내놓은 것이다. 보통사람들은 편지글 몇 장도 남기지 못하고 등단 시인도 3년 정도에 한 번쯤 내는 것이 당연한데, 참 부지런하고 정력 하나만큼은 알아주어야 할 분이다.

여기에서 말하는 정력은 '정력精力'이 아닌 '정력定力'을 말한다. 사전적 의미로 정력定力은 '(1) 확정된 학문의 힘. 또는 일정한 힘. (2) [불교] 오력五力의 하나로 어지러운 생각을 없애고 마음을 한 곳에만 쏟는 힘'을 말한다.

이 분은 책머리에 다음과 같이 써놓고 시작詩作을 시작始作하신다.

    내가 사랑하고자 하는 대상을
    내가 사랑하는 방식으로
    시를 통해
    나는 이야기한다.

글은 (시와 소설은 물론 다른 분야도 마찬가지겠지만) 무엇에 대한 '그리움'에서부터 비롯된다. 그 그리움을 이 분은 평범하고 편한 일상어로 독백하듯이 술술 쉽게도 풀어낸다. 문학적 수사법인 은유나 상징도 억지로 구사하지 않는다. 그냥 있는 그대로 자신의 속마음을 훤히 보여준다. 웬만큼 도道에 도달하지 않았다면 불가능한 시작법이다. 그래도 감칠맛이 있어 맛깔스럽다. 전철 타고 오산에서 출발하여 안양쯤 가면 끝까지 다 읽고 시집을 덮을 수 있다.

지금 당장 시집의 아무 쪽이나 펼치고 아무 작품이나 읽어보시라. 그리고 조금 깊이 잠시만 생각하시면 알게 된다. 시인은 자신의 이야기를 하지만 내 이야기며 우리 모두의 이야기가 아니던가? 그것은 모든 작품이 '오직 시詩'만을 사랑하는 데로 닿아 있기 때문이다. 곧이곧대로 뜻을 이해한다면 그야말로 오산이다. 이제 이 분도 시인의 경지에 도달했음을 증명하고도 남는다. 이처럼 인생에 달관해야만 옛날이야기처럼 시를 쓸 수 있다. 그 때문에 시는 60을 넘겨야 써진다고 했는가 보다.

진실로 '살아가는 것은 사랑하는 것이다'는 일념으로 오늘도 꽃집에서 '그리움'을 그리고 찾으며 시를 짓는 분이 오산烏山에 살고 계신다.

그리워 그리워
애가 타게 그리워
세월의 뒤안길에 선

이름마저 잊힐까
　　두려워

　　그리움이 곧바로 '두려움'으로 연결된다. 그야말로 사는 게 두려워서 이 분은 쓴다. 시는 곧 이 분의 생명과 연결되기 때문이다. 그처럼 절박하게 세상살이를 하시는 분이 바로 이 분이다. 만나 대화하면 빈틈이 없다. 도리와 이치에 어긋남이 없다.
　　이 분은 지금도 세상살이에 대해서는 조금도 걱정하지 않는다. 걱정 안 해도 지금처럼 그냥 잘 사실 분이다. 확실하다. 분명히 무슨 수가 있을 것이다.
　　'시를 통해 남은 생을 그물에 걸리지 않는 바람처럼 살고 싶다.' 하셨으니, 우리가 아무리 촘촘하게 엮은 그물로 당신의 그리움을 어찌 잡을 수 있으리오. 붕정만리鵬程萬里보다 더 크고 힘찬 날갯짓만 기다릴 뿐….

| 축하의 글 · 2

고희의 소년, 김선우 선배

박 민 순
(수필가 · (사)바른선거시민모임 오산지회장)

인생을 한 마디로 정의한다면 만남과 헤어짐이다.

80년대 초부터 오산에서 30년 가까이 문학 활동을 해온 나에게 3년 전 어느 날, 뵌 적이 없는 김선우 시인께서 호출을 해왔다. 한 번 만나자는 것이다. 그렇게 60대 중반, 50대 중반의 소년은 형과 아우로, 인생의 선배와 후배(물론 문학 활동으로는 내가 선배지만)로 만났다.

며칠 전, 광주로 내려간 김선우 선배님을 처음 만난 우리나라의 대표 중견 시인 송수권 교수께서도 첫 마디가 '소년 같다'라고 표현했듯이 우리는 자타가 인정하는 문학에 미친 두 명의 소년이다.

첫 만남에서 선배님은, 내가 들려주는 30년 오산문학의 역사를 경청하면서 행정적으로는 시市이지만 좁은 오산 바닥에서 몇 명 안 되는 문인들이 강한 개성과 고집과 아집 때문에 화합을 이루지 못하고 흩어져 이합집산을 이루고 있음을 안타까워했다.

오산의 문인들을 하나하나 만나 호주머니를 털어 밥과 술을 사주면서 많은 대화를 통하여 하소연도 해보고 대단결, 대통합의 길을 모색했지만 선배님에게 날아온 것은 공허한 메아리였다.

문학의 길도 세상사의 하나이고, 문학인도 감정의 동물이기에 오산문학인들에게 패인 깊은 골은 쉽게 메울 수 없다는 오늘의 현실을 차츰 깨닫게 된 것이다.

우리는 김선우 시인을 형 또는 선배님이라고 부른다. 김선우 선배님 자신이 그렇게 불러달라는 부탁을 하지만, 시인이나 아저씨라는 호칭보다는 형 또는 선배님이 친근하기 때문이다.

살다보면 자주 만나고 싶은 부담 없는 사람이 있는가 하면, 만나고 싶지도 않지만 어쩌다 만났을 때 빨리 헤어지고 싶은 그런 사람도 있다. 김선우 선배님이야말로 부담 없이 자주 만나고 싶은 분이다.

나무의 그늘은 산소와 쉼터이듯이 사람의 그늘은 배려와 나눔과 베풂이다. 선배님 주위에 친척과 친구는 물론이거니와 동호인, 선후배, 지인들이 많다는 것은 그만큼 덕을 많이 쌓았다는 결론일 것이다.

사람이 이 아름다운 세상을 살아볼 가치가 있는 것은 사랑과 열정이 있기 때문이다.

이순(60세)이 넘은 나이에 늦깎이로 문단에 나와 내일모레면 고희(70세)인데 아직도 누군가를 사랑하고 기다리면서, 인생을 관조하고 자신을 성찰하면서, 많은 독서와 고향 인근의 산행을 계속하면서 시를 쓰고, 90편의 신작 시를 모아 여섯 번째 시집을 출간하는 열정에 문학이라는 주변을 서성이는 게으른 나는 반성과 함께 백기를 들 수밖에 없다.

때로는 사람들의 정서를 어루만지는 성자가 되어, 때로는 눈물 흘리는 불효자가 되어, 때로는 사랑에 목마른 갈증을 풀어주는 메시아가 되어, 때로는 사회현실을 직시하는 시사비평가가 되어, 때로는 지역사회단체의 한 일꾼이 되어, 때로는 인생의 우여곡절, 내리막과 오르막(산전수전)을 다 겪은 노인으로, 뼈를 깎는 고통으로 시를 쓰고, 또 읽고 교정하고, 그래도 흡족하지 않아 아쉬움을 토로하는 선배님을 뵐 때마다 하늘이 내린 천성을 지닌 시인이라는 결론을 내리게 된다.

이제 선우 형과 아우가 된 나는 서로의 일상을 꿰뚫는 사이가 되었다. 눈을 감고 있어도 선우 형의 일상이 그려진다. 오늘도 그리운 사람을 가슴에 품고 속옷이 흠뻑 젖도록 땀을 흘리며 마등산을 오르내릴 것이고, 샤워를 하고, 책과 우편물과 원고지와 볼펜들이 어지럽게 흩어져 있는 '나만의 궁전'이라는 꽃집에서 독서를 하거나, 한 편의 시를 붙들고 씨름하다가 지인들이 찾아오면 어느 식당에 가서 점심식사를 할 것이고, 또 시를 쓰다가 졸리면 낮잠도 한숨 자는 즐거움과 행복을 만끽할 것이 뻔하다.

세상에는 꼭 있어야 할 사람, 있으나마나한 사람, 있어서는 안 될 사람이 있다.
날마다 자신이 갈고 닦는 불제자처럼 수행자의 마음과 행동으로 살아가는 김선우 선배님이야말로 이 아름다운 세상에 꼭 있어야 할 사람이라고 강조하고 싶다.

-2012년 10월 28일

| 축하의 글 · 3

작은 아버지, 김선우 시인

정 미 섭
(오산 컨벤션웨딩홀 대표)

　늘 어려워만 했던 김선우 회장님을 가까이 뵙게 된 것은 오산시 새마을회 회장을 맡고 계실 때였고, 나는 그 단체의 이사직을 맡고 있을 때였습니다.
　회장님을 가까이서 지켜보니 어렵게 생각했던 그런 분만은 아니셨습니다.
　남다른 리더십과 추진력, 그리고 정의 앞에서는 서슴없이 행동으로 실천하는 모습을 보이지만 반면엔 다정다감하면서도 마음이 너무나 여린 분이신 걸 알았습니다.
　투철한 봉사정신과 사람 사는 정을 느낄 수 있도록 따뜻한 세상을 만드는데 솔선수범하심에 나는 존경심마저 들었습니다.

그래서인지 회장님 주변엔 늘 사람들이 많습니다.

6년 전, 오산 새마을회만 해도 부녀회·지도자협의회·새마을문고·교통봉사대 등 4개 단체 회원, 200여 명으로 출발했지만 김 회장님이 맡고 부터는 450여 명이 넘는 단체가 되었습니다.

내가 회장님과 가까이 지내게 된 것은 몇 년 전, 몸과 마음이 많이 아파 병원에 입원해 있을 때, 회장님은 '빠른 쾌유를 빈다'며 예쁜 꽃바구니와 그 속에 편지 한 장을 넣어 보내주셨습니다.

위로와 함께 좋은 글로 살아갈 힘을 주셔서 그때 받은 감동과 은혜는 평생 잊지 못할 것 같습니다.

　　세상에 태어나면
　　가는 길은 누구에게나 한 길
　　가는 길에는
　　좋은 길도 있을 것이요,
　　험난한 길도 있을 것이니
　　앞도 보고 가고
　　좌우를 살펴보고 가기도 한다.
　　아무리 반듯한 길도
　　옆으로 가면 옆길이요
　　뒤로 가면 뒷길이다.

휘어진 길을 간다 해도
내가 바르지 못하면
바르지 못한 길을 가는 것이다.
내가 없으면
길도 없는 것이니
무슨 길인들 소용이 있겠느냐?

 이 글을 받아보고 나는 눈물을 흘렸으며, 용기를 갖고 병을 이겨내어 나의 길을 찾아 나설 수 있게 되었습니다.
 사람이 가장 소중히 느껴질 때는, 몸이 아프거나 시련을 겪을 때 옆에서 손잡아주고 감싸 안아 줄 때입니다.
 나는 늘 딸처럼, 친구처럼 아껴주고 염려하여 주는 아버지 같은 우리 회장님!
 나는 회장님을 작은 아버지라 존칭합니다.
 내가 자포자기 상태일 때, 희망을 주셔서 마음을 굳게 먹고 건강도 되찾고, 하고 있는 웨딩홀 뷔페 사업에 더욱 열중할 수 있었습니다.

 회장님의 정신과 혼이 담겨있는 여섯 번째 시집 출간을 진심으로 축하드립니다. 그리고 존경하고 사랑합니다.
 늘 곁에 두고 읽고 또 읽겠습니다.

회장님의 시는 일상의 삶과 현실을 일깨워주고 사랑이 듬뿍 담겨있어 때로는 아름답게, 때로는 부드럽게 잔잔한 감동을 줍니다.

자상한 아버지 같은 우리 회장님의 여섯 번째 시집 출간을 다시 한 번 축하드리며 늘 건강하시기를 기원합니다.

— 2012년 10월

제3막

치시治詩, 마음씀씀이
– 중반기 초기 시 2013년 – 2016년

시간 위에 / 요철지, 수간채색, 혼합재료 / 2009

254 / 시혼詩魂 창간호 (2013년 11월 11일)

304 / 제7시집 겸 제1시선집 길에서 화두를 줍다 (2014년 3월 25일)

339 / 어린이 시혼 창간호 (2014년 12월 29일)

357 / 제8시집 송암 김선우의 작은 시집 (2014년 12월 20일)

365 / 제9시집 낡은 가방 속의 연가 (2016년 4월 5일)

373 / 제2문집 삶의 지혜 (2016년 4월 5일)

256 / 권두언 : 『詩魂』 창간호 발간에 즈음하여
           － 조석구(시인 · 문학박사)

258 / 발간사 : 『詩魂』 창간호 발간에 즈음하여 /김선우

260 / 오산시인협회 창립총회 인사말 : 비를 맞는다는 것에 대하여
             － 김선우(초대 이사장)

263 / 석남문학상 선정 경위 및 배경

265 / 제1회 석남문학상 심사평
      이름 모를 행복을 위한 달빛 소나타 － 김선우

272 / 기획특집 좌담회 : 잊을사 나의 고향을 고이 적어서 나빌레라
       일시 : 2013. 10. 19.
       장소 : 고향화원
       참석 : 김선우, 이원규, 서정택 시인
       정리 : 고일영(문화기획자)

289 / 창간호 특집 : 시를 읽다, 오산을 읽다
       － 서정택 / 시라는 껍질 속에서 찾아 낸 내 고향의 에세이

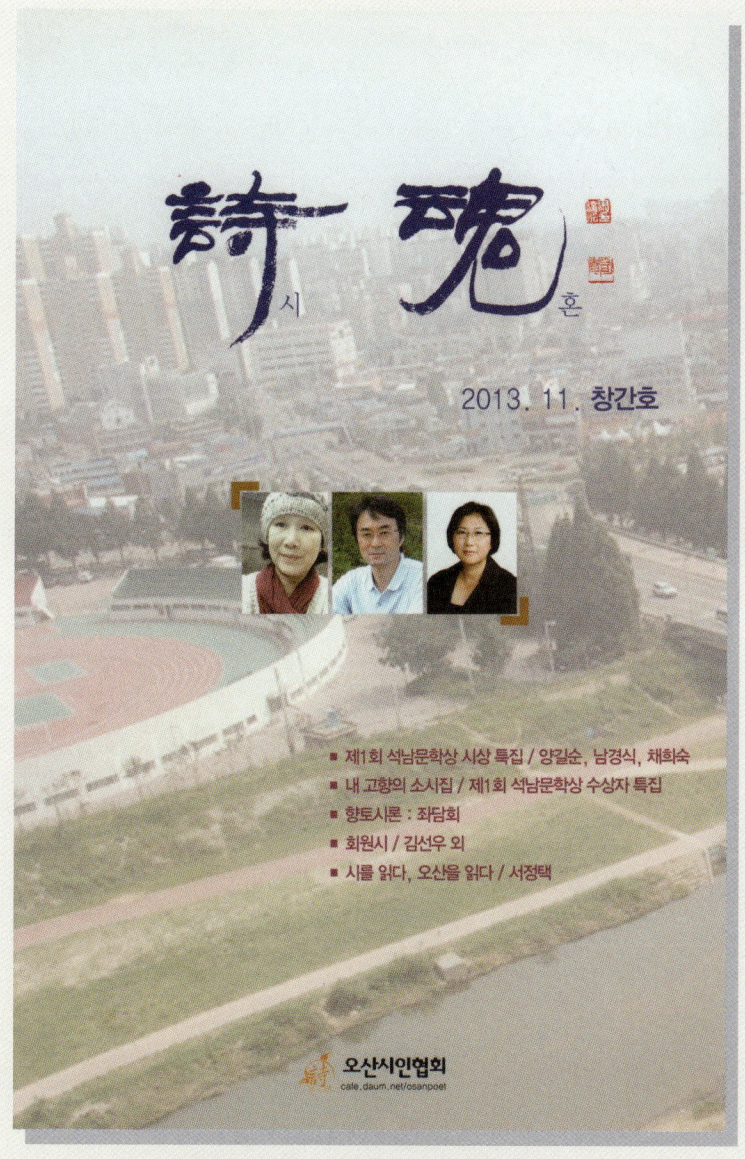

시혼 창간호, 오산시인협회/도서출판 책과 나무
2013년 11월 11일/216쪽/10,000원

| 권두언

『詩魂시혼』 창간호 발간에 즈음하여

조 석 구
(시인 · 문학박사)

　우리는 지금 혼돈의 시대에 살고 있습니다.
　무질서와 퇴폐의 시대, 가치에 대한 기준이 무너지고 진실을 올바르게 측정하는 잣대가 없습니다. 의식은 찰나적으로 감각화, 기능화, 관능화 되어가는 세상 속에서 보다 나은 내일을 위하여 고뇌하고 사색하기보다는 순간적 순발력으로 임시방편으로 그때그때를 모면하는 삶을 영위해 갑니다.

　우리는 지금 서정을 잃어버린 신문시대에 살고 있습니다. 서정이 없는 시대는 감동이 없는 시대이고, 감동이 없는 시대는 눈물이 없는 시대이고, 눈물이 없는 시대는 불행한 시대입니다.

　우리는 지금 옛날에 비하면 참으로 잘 삽니다. 못살 때는 우리 모두 그냥 잘살고 싶었습니다. 그러나 막상 옛날보다 잘살게 되니까 너무나 소중한 것들을 많이도 잃어버렸습니다. 겉만 허식으로 번지르르 푸짐할 뿐 속은 텅 빈 속 빈 강정입니다.

이 시점에서 영혼의 새벽을 위하여, 영혼의 르네상스를 위하여 시혼詩魂을 창간하게 된 것은 참으로 다행스러운 일이 아닐 수 없습니다. 시혼 창간을 진심으로 축하드리며 앞날의 무궁한 발전을 기원합니다. 감사합니다.

| 발간사

『詩魂시혼』 창간호 발간에 즈음하여

김 선 우

문학인 여러분 안녕 하십니까? 우리 시인들은 자신의 내면세계를 다지고 가꾸면서 그 자긍심으로 이 시대를 치열하게 살고 있습니다. 일찍이 경험하지 못했던 급변하는 시대적 상황은 미처 적응하지 못한 우리의 정신세계를 공황상태에 빠뜨리고 있으며 눈만 뜨면 새로운 현실이 앞을 막아서고 있습니다.

이러한 것들에게서 파생된 어리둥절함을 미처 소화시키고 정리하지도 못한 채 연속적으로 일어나는 괴리적 현상은 어쩔 수가 없습니다만, 그렇다고 그대로 방치한 채 자신도 모르게 그냥 지나쳤다고 하소연해봤자 긍휼하게 여겨줄 사람들은 아무도 없습니다.

글로벌 시대라 칭하는 21세기에 우리 문학인의 긍지는 어떤 식으로 화합해야 할 것인지 우리의 정체성을 어떻게 확립해 나가야 할 것인지를 고민해 봐야 할 것입니다. 이렇게 다양한 시대적, 사회적 가치의 변화와 상황에 편승하여 나설 곳 안 나설 때를 가리지 못하고 꼴사납게 드러내는 철부지 모습은 낯간지러운 일이 아닐 수 없습니다. 문학인은 언제 어디서나 어느 사람들보다도 더 진솔한 자세로 문학의 세계를 통찰하지 않으면 안 될 일입니다.

예측할 수도 규정할 수도 없는 변화무쌍한 이 시대를 살아가는 우리의 문학적 설계가 후세에 어떻게 평가될지는 모르겠지만 지금 우리에게 주어진 문학적 몫은 진솔하고 성실하게 개인의 내면을 통해 사회와 시대를 재조명하여 문학적으로 올곧게 형상화 하고 문학을 통해 향토의 역사와 이 시대의 역사를 올바르게 기록해야 하는 것입니다.

본회의 회지인 『詩魂시혼』 창간호 발간에 즈음하여 그동안의 역경을 딛고 무사히 창간호를 발간하게 되었음을 더없이 자랑스럽게 생각합니다. 누가 무슨 소리를 했더라도 묵묵하게 우리의 일을 해온 모든 회원들의 노고를 진심으로 감사드리며 회원 여러분의 문운과 건필을 빕니다.

2013년 11월

| 사단법인 오산시인협회 창립총회 인사말

비를 맞는다는 것에 대하여

김 선 우

(초대 이사장)

　세상에는 수많은 즐거움이 있습니다. 산을 좋아해 등산을 자주하는 사람들이 있고 스포츠를 좋아해 축구나 야구 또는 탁구와 수영을 즐기는 사람도 있습니다. 어떤 사람들은 도박을 좋아해서 패가망신하는 사람도 있지 않습니까? 그러나 육체적 건강이나 정신적 건강을 위해 무엇인가에 몰두하는 일은 참으로 큰 즐거움이며 값진 삶이 아닐까 생각합니다. 시인들이 한 편의 좋은 시를 써놓고 하루 종일 읽고 또 읽어 보는 것 또한 이와 다르지 않다고 봅니다. 그러한 시 한 편을 쓰기 위해 시인들은 몇 날 며칠을 고뇌하며 상상 속에서지만 수많은 그림을 그리고 또 지웁니다.
　그 과정이 고통스럽지만 즐거운 시간이지 않습니까? 그렇게 해서 마음에 드는 시를 써내면 아무리 배가 고파도 정신적인 배는 한없이 부르지 않습니까?

여러분!

시인에게 시인이라는 호칭은 저는 허울뿐인 계급장이며 명함이라고 생각합니다. 모름지기 진정한 시인이라면 이 세상을 보다 아름답게 바라보기도 하고 연민과 측은지심의 눈으로 바라보기도 해야 한다고 생각합니다. 이 세상 어딘가에 누군가는 깊은 슬픔으로 울고 있을 것입니다. 또 어딘가에서는 큰 상처에 피를 흘리며 마음 아파하고 있을 것입니다. 그들이 아파할 때 그들과 같이 울어주고 그들과 같이 아파할 줄 알아야 합니다. 그렇게 되었을 때라야만 시는 이 세상에서 가장 아름다운 언어요 가장 아름다운 노래가 될 것입니다.

어느 시인이 말하기를 산문이 직선이면 시는 곡선이라고 합니다. 예를 들어 "나는 당신을 사랑합니다." 라고 하는 것이 산문이라면 말 한마디 못하고 사랑하는 사람이 버스를 타고 떠나는데 버스가 보이지 않을 때까지 물끄러미 바라만 보는 그 안타까움이 바로 시라고 합니다. 장대 같이 쏟아지는 빗속에 서 있는 님에게 우산을 받쳐주는 것이 산문이라면 나란히 함께 비를 맞아 주는 것이 바로 시라는 뜻이라고 합니다.

여러분!
우리 오산시인협회는 비가 오면 우산도 받쳐주고 비도 함께 맞는 협회가 되도록 노력하겠습니다.

우리 시인협회는 떠나가는 님을 바라만 보지 않고 남들에게 사랑한다고 말하는 협회가 되겠습니다.

그리고 우리 오산시인협회는 여러분들이 몸담고 살아온 자연조건과 사회생활에서의 경험들을 구체화하고 체계화해내며 우리의 마음을 표현하기도 하고 웃기기도 하고 울리기도 하며 생활의 양식이 되는 여러분들의 작품을 널리 알리는 일도 하겠습니다.

바쁘신 데도 불구하고 참석해 주신 여러분! 감사합니다.

2013년 11월 11일

| 석남문학상 선정 경위 및 배경

1. 석남문학상이란?

현대시의 본령은 작품의 의미, 곧 주제가 명징하게 투영되고 우리들에게 정확한 메시지로 전달되어 공감을 얻었을 때 나타나는 감탄이나 환희라고 할 수 있다. 이러한 정서 발현에는 작품을 구상하고 주제 설정을 위한 대상물이 있게 되는 데 대체로 일반적인 사물이거나 가슴속에 간직한 깊은 성찰의 개념이 많이 현현되고 있다 볼 수 있을 것이다. 이러한 결과물로 나타난 작품에 윤을 내는 작업이 문학상의 본질이라고 할 수 있는데, 문학상이란 훌륭한 문학작품에 대해서 수여하는 상이며 목적이나 대상은 상에 따라서 각각 다르다고 정의할 수 있다. 제1회 석남문학상을 제정함에 있어 먼저 석남 선생님을 이야기하지 않고 넘어 갈 수 없겠다. 석남 조석구 선생님은 경기도 오산 출생으로써 척박한 오산의 시문학 토양을 개간하여 씨를 뿌리고 그 열매를 맺는 과정에서 선구자적 역할을 수행해 왔는데. 이에 그의 업적을 기려 오산의 후배 시인들에 의해 제정된 문학상이며 오산시인협회가 주최하고 석남문학상운영위원회에서 주관하게 된다. 본 상은 석남 선생님의 뒤를 이어 배출될 수많은 문인들을 격려하고 시문학의 왕성한 발전에 그 밑거름이 될 것이라 단언할 수 있다.

2. 제1회 석남문학상 선정 경위 및 심사평

  석남문학상의 심사는 수백 편의 후보작을 가지고 예심과 본심으로 나누어 시행하였으며 남경식, 양길순, 채희숙 시인의 작품을 최종 선정하여 본심에 올렸다. 이후 본심 심사위원이 다시 검토하여 좋은 작품이 누락되는 일이 없도록 이중 장치를 두었으며 수상작은 심사위원들이 몇 시간동안 만장일치가 될 때까지 토론하여 선정하였다. 심사기준은 문학상인 만큼 문학적 완성도와 깊이를 우선시하였다.

(예심위원 : 손선아, 서정택)

| 제1회 석남문학상 심사평

이름 모를 행복을 위한 달빛 소나타

김 선 우

나이가 들면 세월의 흐름을 더욱 빨리 느낀다는 옛 어른들의 말씀이 생각난다. 시 부문에서 본심에 오른 작품은 응모자 10인에 의한 100여 편 이었다. 석남문학상 첫 공모인데도 불구하고 수준은 매우 높았다. 10인의 작품 중 아무것이나 잡고 당선작으로 하고 의미를 붙이면 그대로 이해될 수 있겠다는 생각이 들 정도였다.

그 작품들 중에서 남경식, 양길순, 채희숙 시인의 작품을 우선 선하였는데, 심사위원이 집어든 작품들은 묘하게도 지향점이 일치했다. 아무리 자별난 묘사를 하고 내면 풍경 추적에 열심이어도 시인이 말하고자 하는 점이 무엇인가, 그 말하고자 하는 점을 시인이 통제하면서 마침내 말하고자 하는 바에 이르렀는가 하는 데 초점이 주어져 있었다. 그런 쪽에서 남경식의 〈도시의 밤〉, 양길순의 〈달〉, 채희숙의 〈한계령에서〉가 관심의 표적이 되었다.

　　해질녘 노을도 빌딩 안으로 빨려들어 사라졌다
　　네온 빛으로 환해지는 도시에
　　안개가 화선지에 물감 스미듯 밀려든다
　　슬며시 시간은 흘러 더욱 깊어가는 밤
　　가로등 밑 보도는 보행자의 삶의 무게에 눌려 잠 못 이루고
　　간혹, 바람에 날리는 자동차 엔진 소리
　　횡단보도 앞 신호등 시그널만 규칙적으로 점멸한다

　　가로수로 심어진 은행나무 잎이 밤바람에 가벼이 몸 비틀고
　　환절기 독감의 몸살처럼 뜨겁고 혼미하게 지쳐가는 네온사인
　　늦은 시간 분주히 귀가하는 몇몇 직장인과
　　잠을 잊은 취객의 비틀거리는 발걸음만
　　힘겹게 안개 속으로 침잠하는 텅 빈 도시의 밤

　　도시는 행복한가?
　　그 안에 사는 우리는?
　　　　　　　　　　　　　－남경식 시인의 〈도시의 밤〉 전문

　〈도시의 밤〉은 갈앉은 갈색톤으로 방황하는 영혼의 한 장면을 들춰내어 직장인들의 고뇌와 힘겨워함을 차분한 어조로 풀

어갔다. 떠도는 의식, 이미지, 급박한 삶의 사연이나 단편들이 시인의 언술에 엮여져 그 도정이 밝혀지고 있다. 시를 말함에 있어 열린 문학이냐 닫힌 문학이냐 하는 말이 있는데, 열린 문학이라 함은 시의 해답을 시인이 말하지 않고 독자에게 묻는 방식이며 반대로 닫힌 문학은 시인이 독자를 배제한 후 스스로 그 해답을 적는 것이라고 보았을 때 〈도시의 밤〉은 열린 문학 쪽에 가깝다 할 수 있다. 정말로 우리의 도시는 행복한가? 도시의 빌딩이 어울려 그려내는 삶이 행복한가?

어쩌면 시 속의 시인은 각박하지만 한 도시 생활에서 탈피하여 순수한 귀농을 꿈꾸고 있는 것인지도 모른다. 그러나 그렇더라도 밤낮으로 고뇌와 고통 속에서 살아야 하는 만년 직장인들은 궁극적으로 현재 도시의 밤 그 끝에 매달려 있는 이름 모를 행복이란 꿈을 찾기 위해 한 걸음 한 걸음 걷고 있다는 사실을 잊어서는 안 될 것이다.

치킨호프집 옥상에
그가 냉큼 앉았다
점점 어두워지는 네온을 따라
사람들은 저마다
집을 향해 늦은 걸음을 재촉하고
술 취한 사내 하나
담벼락을 향해 통사정 하다, 하다,

가뜩이나 비틀어진 골목을
더욱 구부리더니
피아노 집 앞 하수구를 향해
쉰내 나는 호프를 쏟아 붓는다
편도선이 부어오른 계절은
방향감각을 잃어
자정 속을 헤매고 다니는데
그 사정 딱해 보였는지
쯧, 쯧,
혀를 차던 그는
치킨처럼
제 살 먹어치우고
흰 뼈만 남은 달빛을
밤새워 뱉고 있다

-양길순 시인의 〈달〉 전문

    남경식 시인이 암갈색의 톤으로 그림을 시작했다면 양길순 시인은

    남경식 지인의 도시의 남자를 텔레포트Teleport시켜 자신의 작품에서 여성다운 섬세한 필체로 조곤조곤 녹여 내고 있다. 절대로 두 시인의 작품을 비교하는 것은 아니다. 양길순의 시 안으로 텔레포트된 그 직장인은 궁극의 이름 모를 행복을 위해 하루를 25시간 삼아 분골쇄신했으리.

    그 뼈 아픈 고통과 현대인만의 스트레스 해소를 위해 희미한

전등불 하나가 졸고 있는 어느 치킨집에서 호프에 소주를 섞은 폭탄주로 자신을 취하게 했으리. 그 취한 몸으로 고단한 하루를 멀리 밀어 냈으리. 그러나 그 망각도 잠시…, 그 망각의 시간을 다시 토해 냄으로써 그 직장인은 또 다음 날을 맞아 이름 모를 행복에게 자신을 시위시켜야 할 것이리. 구부정해진 그 직장인의 등 뒤로 말없이 내려온 달빛의 눈이 오늘따라 애잔함이 더하다.

하늘은 맑은 호수
그 길을 따라 나섰다
얼마나 지났을까
안개 강이 앞을 가려
미로 속에 던져졌다
높은 산자락에 새하얀 이불을 덮고
아래 산자락은 푸르디푸른
수채화를 그리고 있었다

흰눈이 말없이 창문을 두드렸다
이 아름다움을 마음 가득가득 담아
언제나 꺼내볼 수 있을까
한계령에서 차 한 잔을 마시며
서러운 고통을 털어내고 있었다

애잔한 초겨울 하늘에

온몸으로 떨고 있는 은사시나무
눈 오는 겨울바다가 보고 싶어
마흔의 나이에 떠나온 길 끝엔
비 내리는 겨울바다가 기다리고 있었고
한 마리의 갈매기도 날지 않았다
바다가 내 발목을 적시고
겨울비가 내 가슴을 적시고.

-채희숙 시인의 〈한계령에서〉 전문

    남경식 시인과 양길순 시인이 암갈색, 혹은 애잔함의 단일색으로 고단한 직장인의 고뇌와 번민을 채색했다면 채희숙 시인은 〈한계령에서〉라는 시에서 맑디맑은 물의 요정의 색깔과 목소리로 남경식의 고뇌와 양길순의 번민을 다독이고 있다. 한 치의 여유도 없이 빡빡한 일정을 소화하며 생활해 온 몇 날 혹은 몇 달의 그 간극 사이에서 잠시 잠깐의 짬을 내어 찾아 나선 여행길에서 직장인들은 한계령을 만나게 된다. 산이 있어 산이 좋고 삶의 굴곡 같은 높다란 오르막길이 있어 감회가 새롭다. 자아에게 한계를 둔 자들은 한계령을 한계령이라 할 것이고 자신의 행복으로 가는 길을 막는 걸림돌로 볼 것이다. 그 한계를 극복하여 행복이라는 이름 모를 봉우리에 발을 딛게 될 것인지를 결정하는 것은 순전히 자기의 몫이다.

    바닷물과 겨울비가 적시고 있는 우리네의 발목과 가슴 그리고 삶이라는 존재! 그렇다. 이름 모를 행복에게 이름표를 달아 주기 위해서는 현실의 각박함과 척박함을 극복하여 종래에는 한적하고 고즈넉한 어느 이름 모를 찻집에서 차 한 잔을 나누며 행복을 위해 치열하게 달려온 과정을 즐겁게 반추해 볼 수 있는 그런 날이 반드시 올 것이라고 본다.

이상, 위에서 살펴본 제1회 석남문학상을 수상한 세 명의 시인을 위주로 그 작품을 살펴보았으며 이로써 본심 심사평을 갈음하고자 한다. 부디 남경식, 양길순, 채희숙 시인은 제1회에 빛나는 석남문학상 수상을 통해 끊임없이 정진하고 치열한 시혼에서 행복을 찾는 그런 일정의 나날들이기를 새삼 당부드린다. 그리고 축하드린다.

| 기획특집 좌담회

잊을사 나의 고향을
고이 적어서 나빌레라

일시 : 2013. 10. 19.
장소 : 고향화원
참석 : 김선우, 이원규, 서정택 시인
정리 : 고일영(문화기획자)

1. 향토와 문학과의 상관관계

　만추의 서정이 예고 없이 오산의 운암뜰을 뒤흔들고 있을 때 그 서정의 한켠에 기대어 우리의 고향을 그저 바라만 본다는 것은 미안하기도 하고 죄스러운 일이기도 하다. 만 리를 걸어 도착했건 아니면 기껏 몇 걸음을 걸어 도착했건 황금의 들판 사이로 건 듯 보이는 억새꽃이 너무도 하얗게 만발에 있던 어느 날! 개인적으로 만나고 싶었던 시인들, 쟁여둔 이야기가 무척 많을 것 같은 시인들, 오산을 향한 끊임없는 애정을 그리움처럼 품고 사는 시인들을 만났다.

서정택 : 선배님 반갑습니다.

이원규 : 아, 오랜만입니다.

김선우 : 이 사람아! 그동안 참으로 격조했던 것 같네.

이원규 : 이러저러한 사정으로 그렇게 되었습니다. 죄송합니다.

그동안의 공백이라야 겨우 며칠 혹은, 몇 날이 지났을 뿐인데도 그들은 마치 수십 년을 떨어져 있었던 것처럼 서로가 서로를 반기고 있다. 약속되어 있지 않았던 만남이지만 주고받는 눈빛만으로도 수십 권의 소설을 써낼 것 같은 기세들이다.

김선우 : 어이, 모두들 식사 전이지? 우리 밥 먹으러 가자고.

서정택 : 불감청不敢請이언정 고소원固所願입니다.

또 혀 짧은 지식으로 서정택 시인이 변죽을 울리고 있다. 어찌되었던 내가 운전대를 잡고 김선우, 이원규, 서정택 시인과 함께 장지리에 있는 식당에 도착했다. 〈양푼이 동태탕〉을 시켜놓고 얼큰한 국물을 정신없이 떠먹고 있었다. 이러저러한 이야기를 하고 있었는데 그 중에서도 가장 주된 대화가 애국심에 관한 내용이었다. 김선우 시인의 애국관이 적나라하게 펼쳐지고 있었다. 그 요인을 직접적으로 제공하게 된 제공자는 서정택 시인이었는데 피부에 직접 와 닿지 않는 조국은 조국이 아니라는 발언이 시발점이었다.

김선우 : 아니, 이 사람아! 국유연후유신이라고! 나라가 존재한 다음에야 내가 있고 부모가 있고 고향이 있는 것이 아닌가.

서정택 : 무슨 말씀이세요. 내가 있어야 부모가 있고 고향이 있고 조국이 있게 되는 것이 아닌가요?

　　가치관의 차이 때문이었는지는 몰라도 서로의 주장이 사뭇 팽팽하다. 너무 팽팽하다 못해 금방 끊어져 버릴 것 같은 분위기다. 그 위기의 찰나,

　　이원규 : 두 분의 의견이 모두 맞는 것 같습니다. 굳이 따진다면 닭이 먼저냐, 달걀이 먼저냐 하는 것이겠지요.

　　세기의 발명품도 모두가 사소한 사고思考, 또는 가벼운 의문점과 언쟁에서 비롯되었다고 한다. 애국심과 애향심이라는 단어가 나오기가 무섭게 내 입에서 튀어 나온 한 마디!

　　고일영 : 그러지들 마시고 오늘 애향심, 다른 말로 자기 향토에 대해 평소에 가지고 있던 견해들을 밝혀보는 게 어떨까요? 모두 문학하시는 분들이니 〈향토와 문학과의 상관관계〉라는 명제를 두고 말이지요.

　　문인들이라면 필히 애국심, 애향심 등에 대해 평소에 자신들이 지니고 있는 지론이 있을 것이라는 생각에서였다. 근사한 토론이 될 것 같다.

　　김선우 : 이런! 사전 준비도 없이 그런 거창한 명제를 주면 어떻게 답하란 말인가?

　　서정택 : 그러게 말입니다.

언제 논쟁을 벌였냐는 듯 김선우 시인과 서정택 시인의 의견이 투합된다. 여기에서 밀릴 것 같으면 아예 저런 명제를 내지 않았지, 이 고일영의 사전에 포기란 없다.

고일영 : 무슨 말씀들이세요? 적어도 문인이라면 어느 장소에서 어떤 명제가 주어지더라도 그 명제에 맞춰 의견을 개진할 수 있는 소양 정도는 갖추고 있어야 되는 것 아닌가요?

문인들의 장점이자 가장 큰 단점은 자존심이 대단히 강하다는 사실이다. 그 자존심을 뒷받침할 만한 소양을 갖추지 못했다면…, 말지 뭐!

이원규 : 그러게요! 그거 참 좋은 생각인 걸요. 여기서 이럴 게 아니라 장소를 옮겨서 정식으로 토론해보는 것도 괜찮을 것 같네요.

하여 배도 든든하게 채웠겠다. 입씨름을 거하게 할 장소를 향해 다시 운전대를 잡았다. 〈고향화원〉에 도착하여 자리를 잡은 다음 일단 사회는 서정택 시인이 보기로 하고 나는 녹취 및 정리를 하기로 했다. 물론, 녹취하는 중간 중간에 변죽을 넣어주는 역할을 내가 맡기로 했다. 이 나른한 오후에 이 짓도 못해 먹을 짓이지만 어쩌겠는가! 내가 내 입으로 먼저 문제를 제기하여 그들의 자존심을 긁어 놓았으니 기꺼이 변사의 역할을 감수하기로 한다.

서정택 : 발의된 명제에 의해 토론을 시작하고자 합니다. 우선 토론의 단계를 3단계로 구분할 것인데요, 첫 번째가 주어진 명제인〈향토와 문학과의 상관관계〉이고, 두 번째가 〈나의 시론〉, 마지막으로 세 번째가 첫 번째와 두 번째 주제가 결합된 〈향토문학 시론〉으로 정리하도록 하겠습니다.

아따따 시론씩이나? 어디까지 확장시키려고 하는 것이야? 겁나 뽈구마이!

서정택 : 먼저 토론하기 전에 향토라는 단어의 정확한 의미를 짚어 보고 나서 시작하는 것이 좋을 것 같은데, 어떻게 생각들 하시는지요?

김선우, 이원규 : 좋은 생각입니다.

서정택 : 그러면 김선우 선생님부터 향토란 무엇인가를 말씀해주시지요

김선우 : 자기가 태어나서 자란 땅이 향토가 아닌가.

서정택 : 태생적인 의미를 말씀하시는 건지요?

김선우 : 그렇지, 태생적 의미로 한정짓는다면 그런 뜻이 되겠네.

서정택 : 이원규 시인은 어떻게 생각하시는지요?

이원규 : 협의적인 의미로 보았을 때 김선우 선생님의 말씀이 맞습니다. 그러나 광의적 해석을 곁들이게 된다면 태어나서 자랐을 뿐만이 아니고 현재 뿌리를 박고 사는 땅 모두를 의미한다

고 볼 수 있습니다. 한 예로 오산을 들었을 때 오산에서 태어나 오산에서 살고 있다면 오산이 향토인 것이요, 비록 오산이 본향이 아니더라도 현재 오산에 뿌리를 박고 산다든지, 비록 오산을 떠나 타지에 둥지를 틀었지만 태생이 오산이라면 오산을 향토라고 정의할 수 있겠지요.

서정택 : 현주소 또는 본적이 오산이라면 오산을 향토라고 할 수 있다는 말씀인지요?

이원규 : 그렇습니다.

서정택 : 그럼 이런 경우는 어떻게 정의해야 할까요?

이원규 : 어떤 경우를 말하는 건지요.

서정택 : 위에서 이야기했던 오산 태생도 아니고 오산에 적을 두고 있는 것도 아닌데 직장을 오산에 두고 있는 경우라든지 필요에 의해 오산의 주소를 사용하고 있는 경우는 무엇이라 정의해야 합니까?

이원규 : 그럴 경우에는 오산이라는 지역에 얼마만큼의 애정을 가지고 오산을 이야기 하느냐에 따라 달라진다고 볼 수 있겠지요.

김선우 : 나는 아니라고 봅니다. 그럴 경우 그 주체가 사람이라면 오산의 조력자라고 봐야지 향토인은 아닌 것입니다. 또는 한시적 정착민이라 해야겠지요.

서정택 : 그것을 뒷받침할 만한 근거가 있는지요?

김선우 : 근거라기보다는 직장 또는 주소지를 옮겨 타지역으로 가게 된다면 오산과는 끝이지요. 오산을 떠난 그들은 오산을 이야기 하지 않고 또 다시 머물게 될 그 고장을 말하게 될 것입니다.

서정택 : 쉽게 납득이 되는 말씀이기는 합니다. 그러니까 비유를 한다면 철새가 잠시 머물렀다 해서 그 철새를 텃새라 부르지 않는다는 것과 일맥상통이 된다고 봐도 무방하다는 말씀이시죠?

김선우 : 단언해서 그렇다고 봅니다.

서정택 : 이원규 시인님도 위의 의견에 동의하십니까?

이원규 : 네, 동의합니다.

서정택 : 그럼 이쯤에서 향토에 대한 정의를 마치도록 하겠습니다. 여담이지만 철새가 텃새를 잡아먹고 텃새인 척하는 경우가 있을까요? 그런 경우가 있다면 그것은 철새를 탓해야 할까요? 아니면 철새에게 잡아먹힌 텃새의 무능함을 탓해야 할까요?

그것 참! 갑자기 철새론은 또 왜 나온다냐? 저거 상당히 위험한 발언인데…

서정택 : 다시 주제를 확장해서 향토에 문학을 접목해 보기로 하겠습니다. 과연 향토와 문학은 어떤 상관관계가 있는 것입니까?

이원규 : 향토와 문학을 결합해서 말하기 전 문학과 역사와의 상관관계를 먼저 이야기하는 것이 좋을 것 같습니다.

김선우, 서정택 : ??????

이원규 : 다들 알고 계시겠지만, 역사보다 먼저 등장한 것이 문학이라고 볼 수 있지요. 역사란 문자로 기록되기 시작한 이후의 시점을 말합니다. 역사가 문자로 기록되기 전에 벌써 문학은 존재했지요. 입에서 입으로 구전되던 문학! 그것을 우리는 구비문학이라고 부릅니다.

김선우 : 그렇다라는 것은 역사를 기록하기 시작한 문자의 발견은 위의 구비문학을 기록하기 위해 발견되었다고 보아도 무방합니까?

이원규 : 그렇다고 볼 수 있습니다. 말이란 전달될수록 애초에 전하고자 했던 의미의 왜곡을 상당 부분 불러오기 때문에 본질에서 멀어질 위험성을 항상 내포하고 있습니다. 그것을 문자화해서 기록하게 되면 그런 오류의 폭이 없어지겠지요.

서정택 : 말씀 도중에 죄송한데요. 오직 문학만을 기록하기 위해 문자가 사용되었던 것인가요?

이원규 : 아니지요, 구비문학이라는, 굳이 구분해서 이야기한다면 역사 이전의 구비문학은 시의 형태로 계승되었습니다. 그 시의 형태를 서사시라 불렀는데, 그 서사시 안에 역사적 사실이 포함되어 있었던 것입니다.

서정택 : 예를 들자면 고구려의 시조인 동명성왕의 이야기도 서사시의 형태에서 입에서 입으로 전해져오고 있던 것을 문자로 기록하게 됨으로써 비로소 역사로 편입되게 될 수 있었다는 뭐 그런 말씀입니까?

이원규 : 바로 그렇습니다.

김선우 : 그게 사실이라면 향토의 역사를 기록함에 있어서 문학의 힘이 더해진다면 금상첨화라 볼 수도 있겠네요.

이원규 : 그렇지요. 역사를 기록함에 문학적 소양이 더해진다면 그야말로 금상첨화라 할 수 있지요.

서정택 : 상관관계라기보다는 역학적으로 서로 보완관계라 하는 게 더 적당할 거라는 생각이 듭니다.

이원규 : 위의 이야기를 토대로 김선우 선생님이 정리를 한 번 해 보시지요.

김선우 : 향토의 역사는 정확하게 기록되어야 합니다. 어떻게 보면 문학과는 별개로 놓고 볼 수도 있는데 문학적 소양을 갖추고 있다면 글자 하나를 사용하더라도 좀 더 쉽고 정확하게 기록되리라고 봅니다. 아울러 향토에 대한 역사를 기록함에 있어서 그 향토의 색깔을 적확하게 표현할 수 있다면 더욱 좋겠지요.

서정택 : 이쯤에서 문학은 문인에게, 역사의 기록은 역사가에게 맡기는 게 좋을 것 같다는 생각입니다.

이원규 : 맞습니다. 문인들은 현재의 향토 이야기를 후대에

역사로 물려주기 위해서는 문인의 시선에 의해 포착된 오산의 이야기를 문학적 성취로 남겨두는 게 좋을 것 같습니다. 그것에 대한 기록은 역사를 기록하는 이들에게 맡기자는 말입니다.

2. 나의 시론

서정택 : 첫 번째 주제에 대한 토론이 상당히 길었는데요. 그럼 다음으로 〈나의 시론〉에 대해 간단하게 소개하는 시간을 갖도록 하겠습니다. 먼저 김선우 선생님부터 말씀해 주시죠.

김선우 : 나는 시론이라는 말을 잘 몰라요. 시를 쓸 때 어떤 마음으로 어떤 기준을 가지고 쓰느냐를 말하는 것 같은데, 그렇다면 저는 조국, 또는 고향을 말함에 있어 한 점 부끄럼이나 망설임이 없어야 한다는 생각입니다. 부족한 솜씨지만, 저는 습작 기간 틈틈이 조국을 말하려 무진장 애를 썼습니다. 제 초창기 시집에서 보인 〈사랑〉이라던가, 〈님〉, 〈그리움〉은 생리학적으로의 대상인 이성을 말한 것이 아니고 내 조국 내 강토를 은유했던 것입니다. 저는 〈임〉을 〈임〉이라 쓰지 않고 고집스럽게도 〈님〉이라 쓰고 있습니다 . 말 그대로 〈임〉은 이성을 지칭할 때 쓰이고 〈님〉은 하늘이라든지 조국 등 이성과는 그 궤를 달리하는 경우에 사용한다고 생각합니다. 만해 한용운의 〈님〉이 그렇듯 말이지요. 최근에 저는 내 고향에 대한 시를 쓰고 있습니다. 오산에서 태어나 오산에서 늙었으니 오산 이외에 고향

을 말할 수 없기 때문이지요. 내게는 조국과 내 고향밖에 없습니다. 그것을 배제하고 한다면 〈조국〉과 〈고향〉 그 자체가 제 시론이라고 말하고 싶습니다.

　서정택 : 상당히 가슴 벅찬 시론을 갖고 계십니다. 조국과 고향 자체가 시론이라니! 갑자기 숙연해집니다. 이원규 시인의 시론은 무엇입니까?

　이원규 : 저 역시 시론이라고 거창하게 말씀드릴 게 없습니다. 다만, 내 시와 글의 시작은 계몽에서 비롯되었으니 어떻게 보면 배타적이라 할 수 있겠습니다. 같은 시기에 오산에서 함께 했던 시인과 문인을 든다면 고 이규황 시인, 진길장 시인, 그리고 고 심인섭 작가를 들 수 있겠네요. 이규황 시인과는 문학적 패러다임에서 충돌하는 그런 관계였었는데, 오히려 그들이 내 시론의 정립과 나아가서 초창기 오산 문학의 초석이 될 수 있었다고 자부합니다. 도보와 자전거를 통해 오산 곳곳을 탐방하고 그것을 글로 옮겼으니 제 시론 역시 〈고향〉이라고 말씀드리고 싶습니다.

　김선우 : 서정택 시인은 어떠한 시론을 가지고 있나?

　서정택 : 저요? 저 시론 없어요.

　이원규 : 농담하지 말고 말해봐요.

　서정택 : 정말 없다니까요. (또 웃음) 다만, 제가 말씀드릴 수 있는 것은 고향으로의 회귀를 절실히 바라고 있다는 것이지요.

물론 제 고향도 분명 오산입니다. 비록 지금 동탄에 살고 있지만 불과 5년 전까지는 오산에 살았어요. 지금도 저를 제외한 제 아버지와 형제자매, 사촌들 모두가 오산에 살고 있습니다. 저도 시론이라기보다는 근본을 잊지 않고 제 근본을 갖게 해 준 곳에 대해 끊임없이 고민하는 여우적인 생각을 가지고 있으니 제 시의 본질, 바꾸어 말씀드리면 제 시론 역시 고향이라고 할 수 있습니다. 왜 이런 경우 있잖습니까. 글을 쓸 때 글이 술술 잘 풀린다든지, 꽉 막혀 더 이상 진척이 되지 않는다던지 하는 경우 말입니다. 전자의 경우 고향과 어머니 아버지를 말할 때 그렇게 되더군요. 그냥 포근하고 따스한 감정이 생깁니다. 그 따스한 감정을 근간으로 한 리얼리즘을 제 시론이라고 우기고 싶네요. (웃음)

3. 향토문학 시론

김선우 : 지금까지 두 가지의 주제를 가지고 토론을 진행했는데요. 어떻게 보면 오늘의 토론에 있어 가장 백미라고 할 수 있는 부분입니다. 내 향토를 이야기함에 있어 그 이야기를 시론이라 하고 향토를 문학과 결부시켜 〈향토문학 시론〉이라 했을 때 그것을 정립시키기 위해서는 어떤 일을 선행하는 게 좋을지 허심탄회하게 이야기할 시간을 갖도록 합시다.

서정택 : 그러기 전에 우선 오산의 문단사를 대략적으로나마

정리해 본 후 시작하는 게 좋을 것 같은데, 이원규 시인님은 어떻게 생각하십니까?

　이 부분부터는 모자이크 처리를 하겠습니다.

　이원규 : 1990년 이전 오산의 문학은 구심점이 없이 각자 따로 움직이는 아주 원시적인 체계를 가지고 있었습니다. 그런 관계로 문학이랍시고 하던 분들이 오산이 아닌 안양, 수원, 평택 등지에서 활동할 수밖에 없었지요. 그러다가 1990년대 초 조석구 선생님에 의해 〈오산문인협회〉가 발족이 되었으며 제가 초대 사무국장을 역임했습니다. 이 시기에 위에서 이야기했던 고 이규황 시인, 이성희 시인, 진길장 시인 등에 의해 그 기초를 닦을 수 있었으며 주도적인 역할을 수행할 수 있었습니다. 무한한 잠재력과 가능성을 가지고 시작했던 것이지요. 오산의 문학이 순수문학을 지향하며 향토의 노래를 끊임없이 부를 토대로 마련했던 것을 아무도 부인할 수 없을 것입니다. 본래의 순수성이 변질되기 시작한 것은 3대 지부장님이 작고하신 이후부터였는데. 2000년대 이후 본래의 목적이 완전히 변질되어 지금에 이르고 있습니다.

　서정택 : 참으로 개탄할 노릇인데요. 그렇게 될 수밖에 없었던 직접적인 요인은 무엇이었다고 생각하십니까?

　이원규 : 글쎄요! 이 말을 해야 할지 말아야 할지 모르겠는데, 두 가지 요인으로 집약할 수 있습니다.

서정택 : 무엇과 무엇입니까?

이원규 : 향토적이지 못했습니다.

김선우 : 그 다음으로는요?

이원규 : 어른이 없어졌다는 것입니다.

서정택 : 향토적이지 못했다는 것과 어른이 없어졌다는 것은 구체적으로 무엇을 의미하는지요?

이원규 : 우선 향토적이지 못했다는 것은 처음에 토론된 내용 중 향토인이 주축이 되지 못했기 때문이지요. 향토를 노래해도 부족할 판에 그와는 동떨어진 사랑타령이라든지 음풍농월하는 것에 그치는 글들만….

서정택 : 그렇다면 어른이 없어졌다는 것은요?

이원규 : 우리나라는 자고로 조상을 잘 모시는 것을 큰 미덕으로 치고 있었습니다. 그러함으로써 같은 혈연관계에 있는 혈족의 유대관계가 더욱 끈끈해질 수 있었는데, 그 근본이 사라져 버렸으니 따로국밥처럼 각자의 이익을 위해 이전투구하는 형상을 띠게 되었던 것이지요. 문학보다는 감투에 눈이 어두워 본래의 목적을 상실하게 되었던 것입니다. 그럼으로써 외형은 커졌을 수 있겠으나 속을 들여다보면 본래의 순수성은 한 알도 남아 있지 않았다고 볼 수 있습니다.

서정택 : 요약하여 이야기한다면 근본을 부정하고서는 지속적인 발전을 이룰 수 없다고 말 할 수도 있겠네요.

이원규 : 그렇지요!

서정택 : 다른 것은 뒤에 두고 오늘은 향토적이지 못했다는 것을 필두로 해서 이야기를 마무리하는 게 어떨까 합니다. 향토적이 되려면 어떤 것이 선행이 되어야 할까요?

이원규 : 우선적으로 향토인이 향토의 정서를 가지고 향토의 서정을 노래해야 합니다. 얼마 전 서울역 광장에서 시화전이 개최되었는데 그 작품들 속에 김선우 선생님의 「마등산」이 전시되어 있었습니다. 오산에서 왔다 하니, 오산의 마등산에 가면 정말로 시처럼 그런 것을 보고 느낄 수 있습니까? 라는 질문들이 많이 쏟아져 들어왔습니다. 오산을 노래한 시인은 1인에 불과했는데 그 오산을 묻는 사람들은 수십이었던 것이지요.

김선우 : 마찬가지로 제 시 중 「지리봉 가는 길」이란 시가 있었는데, 영광스럽게도 문학상이란 걸 받게 되었습니다. 그 일로 인해 오산의 「지리봉」이 많이 알려졌습니다.

서정택 : 극히 향토적인 글이 그 글을 대하는 사람들의 뇌리에 깊이 남았던 모양입니다. 가장 오산적인 게 가장 전국적이 될 수도 있겠네요.

이원규 : 가장 오산적인 게 전국뿐만이 아니고 가장 세계적인 것이 될 수도 있겠지요. 한 예로 이른바 로스트 제너레이션 Lost Generation을 이은 30년대의 사회주의 리얼리즘을 대표하는 작가로 알려진 미국 존스타인 백의 「분노의 포도」라는 작

품에 어느 곳에서나 볼 수 있는 〈살리나스〉가 아주 유명하게 되었지요. 그는 1962년 노벨문학상을 받기도 했는데, 향토색 짙은 글을 쓴 한 작가에 의해 보잘 것 없는 언덕 하나가 세계적으로 알려지게 된 것이죠.

김선우 : 허허! 분명히 그럴 수 있다는 생각입니다. 내가 가장 잘 알고 가장 자신 있는 것을 쓰는 게 정말로 세계적이 될 수 있는 요인이 충분하다고 봐요. 그런 면에서 내가 가장 잘 안다고 자부할 수 있는 게 내 고향이니, 나도 노벨상에 한 번 도전해 볼까?

서정택 : 하하! 그 전에 향토문학상을 먼저 받아 보시는 게 순서가 되지 않겠어요?

엄하게 평한다면 결론다운 결론을 제대로 내지 못한 수박 겉핥기식의 토론이었다. 그러나 그런 명제를 가지고 오랜 시간을 토론했다는 것은 어떻게 보면 향토문학의 새로운 지평을 연 것이라 볼 수 있다. 소수에 의해 토론된 소수의 결과로써 그 한계를 분명히 드러낸 오늘의 토론은 문제제기를 함으로써 그 역할을 충분히 해냈다고 보고 제기된 문제를 해결하기 위해서는 향토의 모든 문인들이 서로를 배척하지 않고 머리를 맞댄 후라야 가능하지 않을까라는 생각을 했다. 오는 길에 이원규 시인으로부터 들었던 겨울비 내리는 어느 날 시인의 쓸쓸함과 고향땅의 비감이 잘 직조되어 표현된 고 이규황 시인의 「지산동 겨울비」
를 끝으로 오늘의 이야기를 접을까 한다.

당신은 그 날도 기지촌 정문 앞
휘황한 등불 아래서 비에 젖었지요
미처 다 떨어내지 못한
국화꽃잎이 젖고
깨금발로 콩콩 뛰며 추위에 떨던
당신도 하염없이 비에 비에 젖었지요
폐쇄된 철도 건널목
침목 밑 자갈 틈새 명아주꽃이
몇 송이 고개를 꺾고
들어주는 이 없어도 노랠 불렀지요

당신의 그 탐스럽던 젖무덤이
꿈속에 그려보던 신천지 아메리카
아아 그땐 황홀한 눈물에 젖었지요
명아주꽃이 몇 번 더 지고 나서

당신은
쓸쓸한 웃음만 남은 겨울비를 흘리네요
떠난 제임스 일등병 다시 돌아오지 않고
톰슨 중사마저 당신을 멀리할 때
영원히 떠나갈 이 불임의 땅
겨울비에 촉촉이 젖네요

| 창간호 특집 |

시라는 껍질 속에서 찾아낸 내 고향의 에세이

서 정 택
(시인, 오산시인협회 기획이사)

1. 수신제향치시평문학(修身齊鄉治詩平文學)

(사) 오산시인협회가 발족한 지도 벌써 1년이 되었다. 처녀가 임신해도 그 이유가 있다는데 구구절절하게 그간의 내부 사정을 아뢰기보다는 차라리 몇 편의 시로 지지부진했던 1년을 반추해 보는 게 오히려 더 올바른 처사일 것이라 사료된다. 난다 긴다 하며 자신의 재능을 뽐내는 비범한 시인들은 많다. 그러나 그들이 최종적으로 머리를 두어야 하는 곳이 자신의 고향 오산이라면 그 고향색을 뚜렷이 하여 시에 대입시켜야 하지 않을까! 그렇게 하는 시인들은 과연 얼마나 될까! 나는 또 얼마나 내 고향 오산을 노래하기 위해 노력했을까! 수신제가치국평천하修身齊家治國平天下라는 말은 먼저 내 몸을 닦고 집안을 다

스린 연후에 국가와 천하에 그 뜻을 두라함이니 바꾸어 말하면 내부 단속이 제대로 되어 있지 않은 상태에서 그 밖을 엿보는 것은 사상누각처럼 대단히 위험한 짓이라는 말일 것이다. 수신제가치국평천하修身齊家治國平天下라는 말을 수신제향치시평문학修身齊鄕治詩平文學으로 바꾸어 놓고 보게 된다면 시인이 시를 짓고 노래하는 이유가 뚜렷해진다.

　시를 쓰는 사람이건 시를 지망하는 사람이건 가장 먼저 노래하게 되는 것이 고향과 어머니일 것이다. 이는 자아의 형상을 처음으로 만들어 준 곳이 그곳임에 그것으로 말미암아 비롯된 것이며 그 과정에서 각인된 고향과 어머니는 비록 잊고 살았다 하나 무의식은 끊임없이 그것을 노래하기 때문이다.

　석남문학상은 척박한 오산의 시문학이라는 황무지를 일구어 씨를 뿌리고 열매를 맺게 한 조석구 선생님을 기리기 위해 오산에서 출생하였거나 오산을 그 근거로 하는 후배 문인들에 의해 제정된 문학상이다. 비록 아직 널리 알려지진 않았으나 우리 오산에는 고향과 어머니가 있음으로 해서 수신제향修身齊鄕은 갖추고 있었거니 남은 것은 오로지 치시治詩 이후의 평문학平文學일 뿐이다.

　협의적 측면에서 바라본 시와 광의적 측면에서 바라본 문학이라는 카테고리에 속한 오산의 모든 이들은 그 문학을 무기로

하여 문학 이외의 것과 결탁하여 이전투구에 신경을 쓰고 있는 것은 아닌지 되돌아볼 일이며 그렇다면 이는 분명히 오산지역 문학의 퇴보를 가져오게 되는 결과를 초래하게 될 것이며 문학의 퇴보는 앞으로 내 고향 오산이 써나가게 될 역사를 부정하는 결과를 만들어 내게 될 수도 있다. 역사는 문학에 따라 그 실체가 기록되어 온 것이기 때문에 문학의 퇴보는 곧 역사의 소실로 이어지게 되는 것이다.

이러한 생각을 가져감에 있어 고향의 시인을 돌아보지 않는다고 함은 오산시인협회의 이념과 오산에 적을 두고 있는 문인의 입장에서 환영할 일이 결코 아니므로 지향해 나갈 일이다. 이런 사유로 (사)오산시인협회 사업의 일환인 고향의 문인을 조명하기 위한 그 첫걸음을 내딛는다.

2. 몽환적 리얼리즘의 속사정 / 조석구 시인

    대문을 두드렸지만 집주인은 간 곳 없고
    잡초 무성한 앞마당에 적막만 쓸쓸하다
    삼거리 이발소에는 아직도 고달픈
    밀레의 그림이 걸려 있고
    목이 잔뜩 쉰 푸시킨의 시는
    까마득히 먼지 속에 서글프다

한 번 가고 돌아올 줄 모르는 강물처럼
일방통행으로 먼 길을 걸으며
지름길도 질러갈 줄 모르던
그 보수적인 깐깐한 성깔이여
긴 순례의 길에서 돌아온 오래된 시간은
성자처럼 고단한 신발을 벗는다
풍경의 기억 저 편에서
어린 시간들이 펄럭일 때
피곤한 풀잎들이 다리를 뻗고 깊숙이 눕는다

구름의 표정을 읽으며 바람이 속삭인다
외로운 아나키스트여, 괴로워하지 마라
잃어버린 시간을 찾아서 길을 나서면
후회하지 않는 삶이 어디 있으랴
부끄럼 없는 삶이 어디 있으랴
깎아지른 절벽 하나를 가슴 속에 세웠으니
　　　　　　　－조석구 시인의「시간의 성채」전문

　위의 시는 말 그대로 옛 고향에 대한 향수를 그대로 담았으며 이에 그치지 않고 '깎아지른 절벽 하나를 가슴 속에' 세웠음직한 잊혀진 혹은, 잃어버린 것들에 대한 진한 향수를 노래하고 있다. '밀레의 그림이 걸려 있고', '목이 잔뜩 쉰' 푸시킨의 시가 걸려 있었던 낡은 풍경의 이발소! 불과 이삼십 년 전 일이지만 오산이 이러했다. 아니 오산의 외곽지역에 이런 풍경들이 있었다. 필자가 기억하고 있는 탑리와 벌음리에 이발소가 있었는데, 벌음리에 있던 이발소보다는 탑리 입구에 위치했던 이발소가 더 기억에 뚜렷하다. 〈덕순이발소〉라는 이름의 그 이발소 안에 걸려 있던 밀레의 만종과 '삶이 그대를 속일지라도 슬퍼하거나 노하지 말'고 살라했던 푸시킨의 절규가 선명하다.

도시개발이라는 미명 하에 먼지 풀풀 날리던 신작로 위에는 콘크리트가 흙을 대신하고 있으며 꽃가지 꺾어 들고 어린 시절을 걸었던 그 길과 허물어진 이발소 담벼락에는 이념이 다르다는 이유로 누군가를 비방하거나 비하하는 발언의 낙서가 보이지 않게 적혀 있다. 그것들은 어찌 보면 혜택과 관심에서 소외되어 무언가를 잃어버린 소수민들의 탄식과 한숨의 소리일 수도 있다. 그러나 그렇더라도 시인은 그 목소리에 귀 기울여 큰 소리로 현실의 부조리를 고발할 의무가 있는 것이다. '성자의 고단한 신발처럼' 놓여진 현재의 상황에서 시인으로서의 조석구가 추구하고 있는 바는 아나키스트적인 무분별한 방치 또는 방관이 아니라 백척간두에 선 절실함을 가지고 옛것을 바탕으로 하여 황금만능주의에 빠져 본래 우리 고향의 것을 잃어버린 현대인들에 대해 매운 경종을 울리고 있는 것이 아닐까!

아득한 옛날 우리 동네 곰보할매 살았제

산 밑 외딴집 오막살이 외딴집
외롭고 외롭게 혼자 살았제
살짝 곰보가 아닌 왕창곰보인 곰보할매는
콩명석에 왕창 넘어졌다고 어른들은 말했제
옛날엔 너무 가난해서 소고깃국 먹는 날이 드물었제
명절이나 생일날이나 잔칫날이 아니면
산신제 우물고사 있는 날이 고작이었제
소고깃국 끓이는 날엔 곰보할매 불쌍타고
엄니는 아무도 모르게 부엌 뒷문 샛문으로
뚝배기에 소고깃국 담아서 함지박 머리에 이고
산 밑 외딴집 오막살이 외딴집

외롭게 혼자 사는 곰보할매 찾아갔제
한 많은 이 세상 버리고 곰보할매 저승갈 때
엄니는 착해빠진 곰보할매 극락왕생 빌었제
금빛 내리는 이 가을 그의 무덤가에
하늘빛 쑥부쟁이꽃 하늘하늘 가득 피어
하느적 하느적 흔들리는 열반송을 들었제

　　　　　　　　　　－조석구 시인의「아름다운 비밀」전문

　　이발소와 연결된 구불텅한 흙길을 따라 발안 방향으로 걷다 보면 벌음리라는 동네가 있었고 벌음리에서 세 방향으로 갈라진 길 중 발안 방향을 기준으로 하여 보았을 때 우측으로 돌아 들어 가는 곳에 서리와 가장리가 위치해 있었다. 조석구 시인의 본가가 바로 그곳에 있었는데 이 시에서 그는 고향의 문을 열고 과거로 걸어 들어가며 가장 먼저 본 곰보할매를 그리고 있다. 곰보할매의 얽은 얼굴처럼 정겨운 풍경이 있을까! 얽어 있다는 것은 단아하지 않고 여기저기 숱한 구멍이 있어 누구라도 어려워하지 않고 쉽게 접근할 수 있는 사물에 대한 이중적 은유체계이다. 이를 현대시에는 〈중의법〉이라 말하고 있는데 한 개의 단어에 두 개 세 개의 의미를 내포하고 있는 것을 말한다. 곰보할매는 곰보할매인 동시에 고향으로 읽히게 되는 것이다. 이 시의 정서 또한 「시간의 성채」와 연계해서 읽게 되면 고향의 의미가 더욱 가슴 깊게 파고들 것이다. 과연 조석구 시인의 고향은 어떤 것일까? 〈중의법〉을 극도로 활용한 아래의 시 「명자꽃」에서 그 해답을 얻고자 한다.

앞뜰에 명자꽃 화사하게 피었다
연분홍과 흰색의 작은 꽃이 앙증맞다
꽃나무의 사나운 가시가 심술궂다
명자꽃을 가만히 들여다보면 옛날이 생각난다
까마득히 흘러간 초등학교 시절
읍내 기름집 골목 얼른 지나
싸전마당 솜틀집 딸
곱슬머리 옴팡눈 주근깨의 명자가 떠오른다
명자는 성질이 표독해서 남자애들도 오금을 못폈다

입동 무렵 보리밭 밟기 하는 날
순식이와 명자가 싸움이 붙었는데
몸뻬의 고무줄이 끊어져
그날은 명자가 처음으로 판정패했다
보리밭 둔덕에 명자는 두 다리 뻗고 울다가 웃었다
울다가 웃으면 똥구멍에 털 난다고 모두들 놀려댔다
혼자서 봄날 뜰에 앉아 명자꽃을 바라보며
초등학생이 되어 실없이 쓴웃음을 지어본다

　　　　　　　　　　 －조석구 시인의 「명자꽃」 전문

몸뻬의 고무줄이 끊어져 처음으로 판정패했다는 명자의 표정을 상상하며 슬며시 웃음을 웃었던 시 중의 한 편이다. 이 시를 읽으며 명자라는 여아가 김유정의 「동백꽃」에 등장하는 점순이와 닮아 있다는 것을 느꼈는데, 이는 조석구 시인의 유년기 시절 흔하게 볼 수 있었던 남아선호사상에 전면으로 위배되는 사항이다. 그러나 이는 명자를 여아로 놓고 보았을 때 그러하다는 것이지 명자가 의미하는 바가 그 당시의 체제 또는 우리 역사의 한 측면을 장식했던 독제체제에 대응하는 참여적 성격이 본질이라면 이 시는 바로 이해가 된다. 김수영의 「풀」은 독제체제에 강력하게 대응함으로써 유명해진 참여시의 대표작인데 묘하게도 「명자꽃」은 참여적 성격을 지녔으면서도 참여시로 읽히지 않는다.

이는 참여시에서 피력하고 있는 극단적 사상을 고향에서 피곤했던 명자꽃의 향기로 중화하고 있기 때문이다. 이 부분에서 조석구 시인의 능수능란한 시작법을 엿볼 수 있게 된다. 위에서 이야기했던 조석구 시인의 고향은 이처럼 외세에 굴복하지 않고 명자꽃 본연의 향기를 지닌 채 안마당에 살아 숨 쉬는 꼿꼿한 솟대였다고 할 수 있다. 조석구 시인의 시에서 전반적으로 보여주고 있는 '보일 듯 보이지 않'는 따오기식의 작법이 시작법의 모범적 답안이며 조석구 시의 기조가 되는 시의 본질은 유럽풍의 몽환적 리얼리즘에 근거한다고 볼 수 있다.

3. 누렁이 엽신葉信 김선우 시인

조석구의 시에서 나타났던 고차원적인 중의법이나 은유 또는 몽환적 리얼리즘까지는 아니더라도 잔잔하게 자기 할 말을 다하고 있는 달의 후광 같은 시를 쓰는 시인이 오산에 산다. 어머니의 '어'자만 꺼내도 침침해 이젠 잘 보이지도 않는 눈에 금방 눈물이 가득 고이는 시인이다. 그는 눈물로 시를 쓰며 눈물로 사랑을 한다. 그의 눈에 비친 고향 또한 눈물이었음에 온종일 매연에 시달리고 소음에 고생했을 눈과 귀를 그의 시에 고여 있는 눈물로 한 번쯤 박박 닦아내 주는 일도 오늘을 사는 지친 영혼들에 보약이 될 것으로 생각을 해보며….

영마루 한가로이 구름 쉬어가는
어느 날 가을 오후
소슬한 바람 부니
가슴도 쓸쓸하다
물소리
산새 소리
모두 고향 같은데
코스모스 꽃길 가꾸던
울 엄마는 어디 갔나

달은 밝아 는실난실
달빛 꼬고 앉아 있는데
어디 어느 풀숲에서
들국처럼 환히 피는
이름 모를 풀벌레 소리

지금도 고향 밭에선
청고추 붉게 익어
흰 수건을 동여매신 울 엄마
뙤약볕에 앉아 있겠네

-김선우 시인의 「고향 생각」 전문

시의 본바탕은 서정에 있다 할 수 있겠다. 흔히들 시에 사랑이나 그 그리움이 들어있다고 해서 연시라고 정의하는데 큰 의미에서 보았을 때 연시 또한 서정을 그 밑바탕으로 두고 있으니 역시 시의 본령은 서정이라 할 수 있다. 위의 시는 특별한 기교도 말부림도 없이 머릿속에 살아 있는 고향을 통해 어머니를 그리고 있다. '영마루 흰구름'도 한가롭고 '소슬바람'부는 '코스모스 꽃길'또한 조요로운데 그 조요로운 한복판에 커다란 슬픔처럼 어머니가 어리고 있다. 가을이 의미하는 풍요 속에서 다들 배불러 여유롭기만 하다. 우리 어머니는 밀머리 어디쯤에 있는 뙤약볕 아래에서 왜 붉게 익은 고추를 따고 계신지…,

　　살아서나 죽어서나 어머니는 어머니인 것이며 그 어머니는 육신의 고향이 아닌 영혼의 고향을 뜻하고 있는 것임에 김선우 시인의 시에서 엿볼 수 있는 불가사상 중 윤회의 틀에 시를 앉혀 보게 된다면 죽음은 소멸이 아니라 또 다른 소생에 의한 생명활동이라는 것을 엿볼 수 있다. 그 생명을 부채질하고 있는 것은 고향이며 그 고향은 곧 어머니이다. '고향 = 어머니'라는 등식은 은유법인데 쉽게 읽히고 쉽게 이해되는 그런 은유의 활용을 잘하는 시인 중의 한 사람이 김선우 시인이다. 죽은 자와 산 자의 모호한 경계조차도 김선우 시인은 어눌한 말투로 곧잘 허물어내곤 한다. 그러나 그 죽음을 허무는 것이 인간에게만 국한된 것이었다면 더 두고볼 것이 없겠으나 그 우려를 아래의 시들을 통해 말끔하게 불식시키고 있다는 점에서 안도감이 든다.

> 학교에 갔다 돌아오면 고요만이 적적하게
> 앉아 있던 우리 집
> 그 고요를 열고 나온
> 누렁이가 나를 반기곤 했다
> 누렁이는
> 가족들이 과수원에 나가 일을 하면
> 집을 지키고
> 가족들이 집에 들어오면
> 과수원으로 달려가 과수원을 지켰다
> 어느 날
> 친척 아저씨가 우리 자전거를 빌려
> 끌고 가려고 하니 집을 지키던 누렁이가
> 자전거 앞바퀴를 물고 놓아주질 않는 것이다
> 아저씨는 자기를 몰라본다며 술김에
> 외양간 두엄을 치우던 쇠스랑으로
> 누렁이를 찍어 죽이고 말았다
> 세상 모든 부처님은 돌을 입고 앉았지만
> 그 돌 틈 골짜기마다 쑥잎처럼 자비가 돋고
> 그 쑥잎을 볼 때마다 우리는
> 지금도 저 세상에서 한 조각 쑥개떡을 물고
> 내 유년의 집을 지키고 서 있을
> 누렁이를 생각한다.
> ―김선우 시인의 「누렁이」 전문

역시 이 시에도 죽음을 죽음으로 보지 않고 또 다른 삶을 영위하고 있는 것처럼 말하고 있다. 죽은 개가 쑥개떡을 물고 있을 이유가 없으니 결과적으로 누렁이 역시 시인의 가슴에 살아 숨을 쉬고 있는 것이다. 만약에 아저씨가 술김에 누렁이를 찍어 죽이지 않고 '세상 모든 부처님'이 입고 앉은 '돌 틈의 골짜기에서 피는 쑥잎처럼' 자비를 보였다면 이 시는 탄생이 될 수 없었을 것이다.

아이러니하게도 아저씨의 잔인함이 이 시를 꽃피게 했으니 누렁이에게는 나쁜 아저씨였을 수 있겠으나 시인에게는 고마운 존재일 수도 있다. 그러나 이렇게 말하고 있다 해서 오해는 하지 마시길…, 미운 것은 미운 것이며 자비는 자비인 것이다. 그래서 시인은 그 미움을 '돌 틈에서 피는 쑥잎 같은 자비'로 쓰라린 기억을 다독이고 있는 것이다. 이 역시 고향에서 벌어진 일이니 고향을 떠나서는 김선우 시인의 시를 생각할 수 없겠다. 김선우 시인의 고향 또한 오산이다.

길가로 늘어선 나무 한 가지
지팡이로 사정없이 후려쳐
처참하게 잘려나갔다
그렇게 부러진 나뭇가지는
영원히 이어지지 못 한다
지팡이로 후려치지 않았다면

시원한 바람에 덩실덩실 춤도 추고
비 오는 날이면 목욕도 하고
아침이슬과 입맞춤도 했겠지
그 나뭇가지
모진 바람에 꺾이는 것이야
어쩔 수 없다 하지만
나로 인해 무참히 잘려나갔다는
생각을 하니 미안하다, 미안하다
내가 후려친 나뭇가지는
땅에 떨어져
오고 가는 등산객들에게 짓밟힌다
그 나뭇가지는 누구도 원망하지 않는다
조금 불편해도
부러뜨리지 않았더라면 좋았을 것을

못 생긴 나뭇가지가 나무를 지킨다는 사실을
진즉에 알았더라면 좋았을 것을
　　　　　　　　　　－김선우 시인의「지리봉 가는 길」전문

　　김선우 시인은 제1시집과 제2시집에서는 사랑과 그리움의 감정을 절절하게 토해 놓더니 최근에 창작되고 있는 작품들에서는 죽음과 삶을 연계하고 있는 형태의 움직임을 보이고 있다. 이는 그의 나이가 나이인 만큼 죽음을 염두에 두고 있는 것이 아닌가 라는 생각에 서글픔을 숨길 수 없으나 다행하게도 그런 쓸쓸함과 회오의 감정을 인간뿐만이 아니라 축생과 식물에게까지 미치는 광역의 소재 활용을 통해 또 다른 죽음에서 피는 삶을 이야기하고 있다. 나무에게 조차 미안함을 느끼는 마음! 이는 죽음을 죽음이라 생각지 않고 또 다른 생명활동의 연장을 이야기하는 것임에 새삼 반복하는 이야기이지만 그의 시에서는 윤희라는 물고기가 파닥파닥거리며 그 은비늘을 반짝이고 있는 것이다. 이 모든 것은 필자의 생각이 아니라 누렁이가 보내온 엽신葉信에 근거한 것임으로 나는 그저 받아쓰기만 했을 뿐이다. 모쪼록 노년의 풍부한 경험과 열정을 가지고 제 2의 청춘을 시인으로써 활짝 꽃 피우기를 소망해 보며 이만 글을 마친다.

306 / 자서自序 : 길에서 화두를 줍다   – 김선우
308 / 책머리에 : 아름다운 미래를 설계
       – 김건중(前 한국문인협회 부이사장)
311 / 여는 시 : 흙이 되어
312 / 들어가는 말 : 살아가며 사랑하며 또 살아 사랑하며
               김선우의 시세계 : 시평설   – 이원규

제1부 십신十信
317 / 나의 숨결 속에는   318 / 제1신 믿음 신信

제2부 십주十住
321 / 느껴보세요   322 / 제1주 발심주發心住

제3부 십행十行
325 / 첫사랑·1   326 / 제1행 환희행歡喜行

제4부 십회향十廻向
329 / 당신은·2
330 / 제10회향 등법계무량회향等法界無量回向

제5부 십지十地
332 / 내 마음은   333 / 제1지 환희지歡喜地

제6부 등각等覺
336 / 나만의 궁전
337 / 행복은 지금 이 자리에 있습니다

송암 김선우 시선집, 길에서 화두를 줍다/도서출판 지성의샘
2014년 3월 25일/620쪽/20,000원

| 자서自序

길에서 화두를 줍다

김선우

나는
이순이 넘는 나이에
시 쓰기를 했다
이제는 늙고 병든 몸
더 늙기 전에 그동안 쓴 시들을
책 한 권으로 묶을 생각으로
정리하다 보니
절반이 사랑시일세
평생을 연애 한 번 못하고
어여쁜 여인 하나 꿰차지 못하고
아내밖에 모르던 내가
웬 사랑 타령을 그렇게 했는지…
겉으로는 굳센 척 카리스마가 있는 척하면서
속으론 애를 태워 가며
소심하고 여린 마음으로

누구를 그렇게 사랑하였는지….
그러다 보니
바람 따라 구름 따라
세월만 깎아 먹고
세상 탓만 하는 시인이 된 건 아닌지…

한때는
예비군 중대장이었네
재향군인회 회장이었네
청와대로 들어가서
대통령과 악수하며
통일을 위하여
대한민국을 위한 축배도 들었다네
아!
누가 이 시인을 가난하다 하겠는가?

| 책머리에

아름다운 미래를 설계

김 건 중
(전 한국문인협회 부이사장)

   글을 쓴다는 것은 자신의 내면을 내보이는 일이다. 결국 그 내보인 의식은 성찰이라는 과정을 통해 자신을 구원하고 타인을 구원하는 예술이다. 이처럼 문학은 인간이 창조한 심원한 예술이며 아름다운 영혼이 존재하게 하는 진실한 것으로 인간을 순수한 마음으로 되돌아갈 수 있게 하는 원동력이고 모든 예술의 기조인 셈이다. 따라서 시 속에 담겨있는 시인의 의식은 잠들지 않고 늘 푸르게 빛나야 하는 것이다.
   이러한 맥락에서 김선우 시인의 창작 잣대는 살아온 날들에 대한 철저한 성찰에서 비롯된 삶의 수레바퀴이며 그런 의식이 살아있는 시를 쓰고 있다는 생각이다.
   얼마만큼의 시는 숙달된 창작습관으로 써낼 수 있다. 하지만 영혼을 울리는 시, 누구에게나 보편적 공감대가 형성되는 아름다운 시, 나아가 그 시를 사랑하고 싶은 충동을 일으키는 시를 쓴다는 것은 결코 쉬운 일이 아니다.

그런 시는 진솔한 삶 속에서 아름다운 인생을 살아갈 때 비로소 가능하다는 생각인데 늦깎이 시인이지만 김선우 시인은 이를 가능케 하는 개연성을 지니고 있으며 삶 또한 지역사회를 위해 헌신하는 일꾼으로 일관된 삶을 살아온 사람이다. 결국 그런 삶이 승화되어 문학이 되고 시가 된 흔치 않은 삶의 이력을 지닌 시인이다.

이러한 삶의 바탕이 시집을 여섯 권이나 상재하고 명언집까지 엮어냈으니 늦깎이라고 해도 다만 그것은 시간문제에 불과했던 것이다.

고희를 맞은 연세라 해도 작품 속에 나타난 감성은 젊은이 못지않은 순수성과 예민성이 흐르고 있음을 발견할 수 있다. 그리고 삶에서 일어난 체험들이 다양한 소재를 가능케 했으며, 이를 바탕으로 했기에 형상화는 잔잔하면서도 더욱 큰 울림으로 다가오는 것이다. 아울러 그 울림은 시적 구원과 인간적 구원을 가능케 하고 있는 셈이다. 이 구원 작업은 문학을 향한 큰 수확으로서 문학인 누구나 꿈꾸는 세계이기도 하다.

고희기념 시선집을 통해 살아온 날들을 정리하는 의미와 함께 앞으로 살아가는 날들의 아름다운 미래를 설계하는 기회가 되었으면 한다.

    이런 모든 것들이 사람이 사람답게 살기 위한 몸부림이며 세상에 태어난 보람을 느끼고자 하는 일이라 생각된다.

    끝으로 고희기념 시선집 『길에서 화두를 줍다』 발간을 진심으로 축하드리고 싶다.

| 여는 시

새파란 나뭇잎
어느새 낙엽 되더니
밟히고 밟혀
흙이 되어
새싹들의 거름되듯

나의 젊음도
어느덧 백발이 되어
인생 낙엽 황혼길인가
이 몸도
밟히고 밟혀
흙이 되어
어린 새싹들에
밑거름이 된다면
살아온 삶
후회는 없으리라.

-김선우 시인의 〈흙이 되어〉 전문

| 들어가는 말

살아가며 사랑하며 또 살아 사랑하며
― 김선우의 시세계詩世界/시평설詩評說

이 원 규

　매우 쌀쌀했던 2012년 연말이었습니다. 김선우 시인님이 저를 호출했습니다. 일단 오산으로 내려와서 얘기 좀 하자는 거였습니다. 점심이라도 함께할 요량으로 오산으로 내려갔습니다.

　원동 복개천 774-20번지, 아주 오래된 낡은 간판의 흐릿한 '고향꽃집'이 김선우 시인의 아지트입니다. 꽃과 꽃나무를 가꾸고 또 파는 것이 그의 일입니다. 그의 말을 빌리자면 집사람이 하던 것을 도와주다 보니 이렇게 됐다고 하지만, 어찌되었든 아름다운 직업임은 분명합니다.

　유리 미닫이문을 열고 내가 들어서자 환한, 꽃보다 더 환하게 웃으며 그는 나를 맞이했습니다. 전기난로를 끌어당기고 의자 위 방석을 툭툭 털면서 '와줘서 고마워!' 하시며 마치 군대 갔던 넷째 동생이 고된 훈련을 마치고 첫 휴가를 나왔을 때 집안의 맏형이 반겨주는 듯 살갑게 대합니다.

나는 그러거나 말거나 내부를 휘둘러보면서 다짜고짜 첫 마디를 떼었습니다.

"관음죽이 어떤 거예요?"

"요건데, 지난번에 고사리 같은 꽃대를 밀어 올리더니 연한 연분홍 꽃을 한참 동안 피웠지. 그때는 집사람이 백련암으로 삼천배를 드리러 갔을 때였고…"

겨우내
안으로 인내하며
관세음보살 자비심이
연분홍
고사리 같은
속살 드러낸 꽃
봄빛

눈부시구나
　　　－〈관음죽〉 전문

관음죽. 그것도 절창으로 뽑아낸 작품의 주인공이기에 특별하게 잘 모셔놓은 줄 알았는데, 다른 화분들과 마찬가지로 원래 있던 그 자리 그 바닥에 그대로 놓아두었던 것입니다.

아하! 그랬습니다. 풍요와 호사를 마다한 석가모니처럼 이 화원에 귀하지 않은 꽃이 어디 있겠습니까? 모두가 나름대로 귀한 생명을 타고났으니 귀하게 여길 사람과 만남을 기다리는 거죠.

이 '관음죽'은 형수님(김 순자 자자)이 삼천배를 드리고 있을 때에 그 꽃을 피웠다고 합니다. 그래서 고귀하고 존엄한 이름인 '관음죽'이라 했던 겁니다.

'시詩'가 뭐 그리 대단하냐? 하시는 분도 계시겠지만 시는 시시한 게 아닙니다. 이처럼 시는 이름도 없었던 하찮은 사물에 새로운 이름을 붙여주고 거기에다 의미까지 더해 주고 있지 않습니까? 이보다 더 확실한 시에 대한 정의가 있다면 알려주십시오. 30년 고급 백수로 살면서 오로지 시밖에 모르고 푼수짓만 하면서 살아온 제가 한 수 더 배우겠습니다.

시는 심심풀이 말장난이나 희한한 글자놀음이 아닌 진심眞心이 있는 곳에서 오순도순 산답니다. 그래서 오산誤算이 아닌 오산烏山에서 꽃가게를 차려놓고 뒤늦게 시를 짓는 시인이 있습니다. '시인詩人'이란 시詩와 사람[人]이 이처럼 '무촌'으로 살 때에 붙이는 호칭입니다.

사실 김선우 시인님은 문단에 입문하신 지는 몇 해 되지 않은 신출내깁니다. 그것은 우리나라에만 있는 '등단'이라는 특별한 관문을 통과하셨다니, 그 기준으로 말씀드리자면 그러하다는 말씀이지요. 하지만 결코 얼치기 시인은 아닙니다. 또한, 삶의 연륜이나 사회적 경륜으로 따져도 작은 도시 오산시에서는 큰 어른이시고 어느 자리에 계실지라도 품위에 걸맞게 그 풍모를 유지하시며 대접받는 분이십니다. 맑고 밝은 모습 그대로 향기로운 사람으로 사랑받고 존경받는 원로입니다. 올해가 칠순이지만 활화산처럼 끓어오르는 열정으로 시를 짓습니다.

  시집은 며느리가 몸 풀 듯 발가락이라도 닮은 건강한 아이, 즉 건실한 시를 쑥쑥 낳듯이 시인의 당연한 의무가 아니겠습니까? 기왕지사 가슴에 품고 있는 사연이 있다면 세상으로 내보내야 할 권리도 있는 겁니다. 제때에 제대로 마음을 풀어줘야 하듯 자신을 쏙 빼닮은 혹은 집안의 뼈대를 이어받은 새로운 생명이 태어났다면 어찌 기쁘지 아니하겠습니까? 동네방네 그 아이를 품에 안고 다니면서 자랑한다 해도 조금도 흉이 되지 않는 법입니다. 생명이 귀중한 것처럼 시도 고귀한 생명이니까요.

  김선우 시인으로부터 받아온 시집 6권과 산문집까지 일독을 마치니, 맹자의 군자삼락君子三樂 가운데 한 말씀인 '하늘과 사람에게 부끄러움이 없다'는 그 말씀도 문득 떠오릅니다. '천하의 영재를 얻어서 가르치는 사업'을 하시겠다며 '오산시인협회'를 사단법인으로 발족하셨으니 참 대단하십니다.

김선우 시인은 어언 70년 삶을 살아오시면서 적지 않은 굴곡도 겪으신 것으로 압니다. 필자는 김선우 시인의 시를 '대승보살의 52계위'에 따라 그 궤적을 더듬기 위해 금강경, 법화경, 능엄경 등 경전과 불교 관련 서적을 일독一讀하면서 시평설의 구상을 마치고 비로소 실행으로 옮기게 되었습니다.

문득 만해, 미당, 월하 김달진 선생은 물론 백석, 조지훈, 이형기, 신경림, 정현종, 고은, 김구용, 이성선, 박희진 그리고 송수권 시인 등등, 별처럼 빛나는 이름들이 떠오릅니다. 그 큰 별들은 지금까지도 사랑받으며 별처럼 빛나고 있습니다. 지면 관계상 더 호명하지도 못했지만, 그 외에도 별처럼 빛나는 이름들이 많습니다. 나름대로 시를 통해서 공덕을 쌓은 '김선우 시인의 신비한 시 세계'로 독자 여러분을 정중히 초대합니다.

2013년 불기 2558년 한여름날
필봉산 평평한 바위 위에 걸터앉아서
경암鏡巖 이원규 쓰다

제1부 십신十信

나의 숨결 속에는

나의 숨결 속에는
당신의 숨결이 배어 있음을 잊지 마소서.

온화하고 상냥한
당신의 한결같은 숨결 소리는
항상 나를 따뜻하게 맞이해줍니다.
당신의 미소는 신비로웠습니다.
지긋한 눈길 속에 스미어 있는
당신의 미소는 언제 어디서나
당신을 생각하게끔 하니까요.
당신은 그 향기로운 숨결로
언제나 나를 행복하게 하여줍니다.
가슴속 깊이 스민
당신의 향기로운 숨결
내 영원히 꼭 간직하렵니다.
그대여
나의 숨결 속에는
당신의 숨결이
그대로 배어 있음을 잊지 마소서.

제1부 십신十信
제1시집 『들판을 적시는 단비처럼』

제1신 믿음 신信

　김선우 시인의 시 〈나의 숨결 속에는〉에서는 깊은 믿음[信]의 마음이 보입니다.
　성직자가 아닌 일반 신도에게 종교를 갖게 된 이유를 물으면 대부분 '마음의 평화를 얻기 위해서'라 대답합니다. 그만큼 세상살이가 힘들고 어려울수록 절대자에게 의지한다면 당연히 마음의 평화를 얻을 것라 기대하기 때문입니다. 하지만 그러한 첫 믿음의 마음가짐도 차츰 시들해지면 자신이 바라던 바와는 달리 절대자는 점점 멀리 가있는 것처럼 느껴지면서 심적 갈등이 생기게 됩니다.
　또한, 그렇게 컸던 기대감이 무너지면 의심은 더욱 증폭돼 믿음의 장소에 한 번 빠지고 두 번 빠지면서 도중에 포기하는 것이 믿음을 믿지 못하는 일반 신도들의 보편적인 모습입니다.
　신앙생활은 마치 달빛도 없는 캄캄한 산길을 홀로 걷는 것과 같다고 했습니다. 그래서 '마음의 평화'는 누구에게 묻지도 따지지도 말고 스스로 용맹정진할 때 오는 결과물입니다. 처음부터 종교는 신도 한 사람 한 사람을 목표로 만들어지지 않았기 때문입니다.

시는 세상밖에 있지 않습니다. 늘 가까이에 있습니다. 그렇다고 머리를 쓰지 않는다면 시는 나오지 않는 법입니다. 그런데 김선우 시인은 머리보다는 마음을 써서 시를 씁니다. 자신이 누구이고 어디로 가야 하는지, 지난날은 잘 살아왔는지 등에 대한 시인의 마음이 닿는 곳마다 그의 시가 있습니다. 이처럼 내면의 소리가 꾸밈없이 문자로 형상화되었을 때, 그 울림의 진폭은 깊고 또 높아서 감동이 오래갑니다.

시인은 이제 일심동체가 된 '석가모니 부처님'을 모시면서 마치 수행자처럼 살 것임을 이 시에서 다짐하고 있습니다.

그렇습니다. 김선우 시인은 인간적으로도 결코 허술한 사람이 아닙니다. 모름지기 후진들에게 본보기가 되기에 마땅합니다. 그가 살아온 삶을 제대로 알아야 시를 이해할 수 있습니다. 시인은 자신이 숨결까지도 부처님 전에 맡긴 성실한 불자입니다. 이처럼 좋은 불자가 되는 길은 거짓[假]을 버리고 진실[眞]만을 추구해야 하든 시인의 삶도 그와 다를 바가 없는 겁니다.

불교의 최고의 경지는 해탈解脫이며 해解란 모든 번뇌와 망상에서 헤어나는 것이며, 탈脫이란 생사윤회生死輪廻에서 자유를 얻는 것입니다. 이처럼 윤회輪廻와 순례巡禮의 길에서 끊임없이 변신과 반복을 계속하면서 해탈이 이루어지는 그날까지 거듭남을 되풀이해야 하듯이 시 창작도 마찬가지라는 말입니다.

아무리 유명한 시인이라도 그의 모든 작품이 독자의 심금을 울리는 명작이 아닙니다. 진심을 제대로 담은 작품 중 몇 편이 독자에게 사랑받고 읽히면서 살아남아 사랑받는 것입니다.

이 책에 실린 시편들은 기왕지사 평자로 나선 김에 제 개인의 속좁은 취향으로 불교적 해석이 가능한 작품들을 시집마다 10편씩만 가려 뽑았습니다. 오히려 제가 선택하지 않은 작품이 더 좋을 수도 있다는 얘깁니다. 그러한 작품들은 다음 기회에 다른 평자를 통해서 제대로 평가될 것으로 믿습니다.

제2부 십주十住
제2시집 『보름달 사랑』

느껴보세요

발걸음을 멈추고
잠시 생각에 잠겨보세요
님은
참 바쁘게 살고 있지 않습니까?
님이여
아무런 방해 없이 잠시 쉬어가는 것도
괜찮지 않겠습니까?

그리고
살며시 눈을 감고
잠시 마음을 비우는 시간을 가져보셔요

아마도 자유를 느끼실 것입니다
사랑을 느끼실 것입니다

그리고
사랑한다고 속삭여보셔요
그러면 기쁨을 더할 것입니다

제2부 십주十住

제1주 발심주發心住

　석가모니 부처님은 왕이 될 수 있는 한 나라의 태자이셨으나 자신이 누릴 수 있는 모든 권한과 장래, 재산, 심지어는 사랑하는 부모와 처자까지도 버리고 29세에 '선善을 구하여 출가했다.'라고 전합니다.

　고행자가 되어 남쪽 마가다 왕국의 수도인 라자그리하에 도착합니다. 마가다의 국왕은 자신의 왕국을 분배하여 함께 지내자고 제안하지만 거절합니다. 가르침을 구하기 위해 처음 만난 알라라 칼라마AlaraKalama라는 선인은 아집을 버리는 '무소유처無所有處'의 명상에 전념하는 수행자였습니다. 석가모니 부처님은 얼마 가지 않아 그가 말하는 경지에 도달하여 그로부터 대등한 취급을 받아 그의 곁을 떠납니다.

　그 다음은 '비상비비상처非想非非想處' 즉 의식意識도 아니고 의식이 아닌 것도 아님의 무한함의 상태라는 깨달음의 마지막 단계 수행자인 우다카 라마푸타Uddaka Ramaputta의 곁에서 이전보다 더 높은 신비적 경지를 배웠으나, 이것에도 만족하지 않고 그 이상의 것을 추구하며 고행길을 떠납니다.

　드디어 깨달음을 얻은 석가모니 부처님은 세제世諦와 진제

眞諦라는 두 가지로 설법하십니다.

　세제는 속제俗諦라고도 표현하는 이 세상이 돌아갈 때의 그 진리지만, 진제眞諦를 깨우치지 못하면 오로지 생각이 세제에만 머물러 도저히 불법을 이해할 수 없다고 합니다.

　진제眞諦는 절대적인 제1의 진리, 절대 근원이라는 의미입니다. 굳이 종교적 발상을 빌리지 않더라도 진리는 번뇌의 산물이며 진리에의 길은 또한 번뇌의 길이기도 합니다.

　이 시를 이해하기 위해 조금만 더 부연하겠습니다.

　연기緣起와 공空은 불교의 밑바탕입니다. 석가모니 부처님은 '이것이 있으므로 저것이 있고, 이것이 생기므로, 저것이 생긴다. 이것이 없으므로 저것이 없으며, 이것이 멸하므로 저것이 멸한다'는 연기의 진리성을 깨치셨고 또 대승불교는 근원이 텅 비어 없는 곳[空]에서부터 업장이 걸려 사물이 생성되었다고 보았으므로 진리 또한 없게 됩니다. 하여 다 부질없으니 버리라는 공의 사상으로 발전하니, 이것만 제대로 알고 깨달아도 성불成佛한 거나 다름없다는 겁니다.

　우리는 신앙을 통해 내세는 물론 현세의 복을 기원하는 기복신앙을 갖고 있습니다. 하지만 모든 신앙의 기본은 감사와 찬양입니다. 바쁘게 살아가는 세상살이에서 잠시 '마음을 비우는 시간'을 갖는 것은 그래서 중요합니다. 마음을 비우고 진심으로 '사랑한다고 속삭인다'면 '기쁨은 더할 것'입니다. 진실로 행복한 삶을 위해 잠시 쉬면서 마음을 비우고 살아가는 김선우 시인은 우리에게도 발심發心을 강권하는 중입니다.

이러한 시는 대자대비의 불교적 상상력에서 연유한 것입니다. 이처럼 시인의 작품들은 우리가 생각하는 생각들이 아닌 전혀 다른 곳에서 소재를 끌어와 새롭게 복원하고 있습니다. 그래서 시인의 인생관이 담긴 이러한 시는 읽으면 읽을수록 평생 가슴에 묻어 두고 싶은 마음이 생깁니다. 정말 놀라운 자유입니다.

하루에 한 번씩 잠들기 전에 사랑한다고 속삭여 보세요. 일상사에서 잠깐 벗어나서 마음을 가다듬는 그런 시간을 가져보셔요. 소박한 꿈을 가진 이가 하나둘 늘어나고 그것이 하나둘 이루어진다면 우리 사는 세상은 작은 희망의 빛들이 모여 밝게 더 밝게 빛나겠지요.

제3부 십행十行

제3시집 『오늘도 사랑이라 믿어』

첫사랑 · 1

님을 처음 보았을 때
님의 따뜻한 눈빛에서
나를
포근히 감싸 안을 듯한
눈빛에
가슴이 설레었습니다

님을 두 번째 보았을 때
님의 눈빛에서
사랑스러운 눈빛을 보았으며
이 세상에서
둘도 없는
내 사랑임을 느껴
내 가슴에 님을 담아 소중히
감직하고 싶어졌습니다.

님을 세 번째 보았을 때
님의 눈빛은
근심과 걱정으로 가득하여
나는
하늘이 무너지고
땅이 꺼지는 아픔에
마음이 아려와
한없이 울고 말았습니다.

제3부 십행+行

제1행 환희행歡喜行

　벌써 세 권 째의 시집을 읽고 있습니다. 그런데 한편으로 답답한 느낌을 금할 수 없었습니다. 왜, 갑자기 어불성설로 스리슬쩍 눙치느냐 하겠지만, 하나같이 사랑이란 소재밖에 취할 수 없는가, 왜 혼자만의 사랑인가?

　혹자는 "제목이야 무엇이라 하든 상관없는 것 아닌가?"라고 하겠지만, 제목은 작가가 작품에서 상징적으로 나타내고자 하는 주제를 담는 것이 대부분이기 때문입니다.

　이 시는 행자의 길을 가듯 출가한 마음으로 글쓰기를 했던 지난날을 시집을 낸 것에 비유하여 회고하고 있습니다. 첫 시집을 내고 두 번째 시집을 채 6개월이 지나기도 전에 냈습니다. 세 번째 시집도 마찬가지로 채 1년도 되기 전에 연거푸 낸 것입니다.

　'님을 처음 보았을 때'의 마음이 두 번, 세 번 거듭할수록 흔들리고 있습니다. 급기야는 '님의 눈빛은/근심과 걱정으로 가득'하여 울고 말았던 겁니다.

　십행의 첫 단계는 삿된 명예나 이익 따위에 움직이지 않는 환희행입니다. 그런데 시인은 스스로 자신을 만들어 가는 행복한 인간이 아니고, 자기 형성에도 실패하여 좌절감에 사로잡힌 것으로 인식하고 있는 것입니다. 진실로 두려운 것은 시집을 낸 것이 실패라서가 아니라 비로소 시를 이해하다 보니 앞으로 따라갈 길이 까마득히 겁에 질린 겁니다.

'남의 눈빛'이 늘 시인의 마음속까지 꿰뚫고 있음에 몸 둘 바를 모르고 있는 겁니다. 일상적 삶 속에 안주한 자신의 나약함을 한탄하며 자신에게 삶의 의의가 있게 한 그 님이 '첫사랑'이었기에 더욱 부담스럽습니다.

이처럼 시를 알고 시를 쓰면 진실과 아름다움에 대한 인식이 변하여 자신도 모르는 새 삶이 변화됩니다. 이를테면 시적 대상에 대해 막연한 사랑의 감정만을 가졌던 것이 자신의 상상력 내부에서 은밀하게 미적 질서화 작업이 수행되기 때문에 점점 시에 다가서거나 쓰기가 어렵게 되는 겁니다.

이름을 내세우거나 어떤 이익을 탐하지도 않고 다만 일체중생을 구제하고 이롭게 하려고, 부처님들이 닦으신 행을 배우고 부처님들이 닦으신 행을 좇아 환희하고 즐겁고자 함인데, 님의 눈빛을 세 번째 보았을 때 '님의 눈빛은 근심과 걱정으로 가득하여' 그만 울고 말았습니다.

문학의 중요한 기능 중 하나가 정서를 표현함으로써 그러한 정서의 압박이나 고통에서 벗어나기 위함인데 반대급부로 고통이 가중되고 있는 겁니다. 이는 청소년기에 경험했던 성장

통과도 비슷합니다. 누구나 한 번쯤은 으레 겪는 통과의례와 같습니다.

　누구나 젊을 때는 잊지 못할 일들로 괴로워하지만, 나이가 들었지만 옛일이나 추억조차 되새길 것도 없이 사는 건지 죽은 건지 모르게 사는 사람들도 생각보다 참 많습니다. 하지만 석가모니 부처님이 이 세상에 살았던 생애는 팔십 년에 불과하지만, 그가 끼친 영향은 세월이 지날수록 빛을 더하고 있습니다.

제4부 십회향+廻向

제4시집 『밤하늘 별처럼』

당신은 · 2

울지도 마세요
아프지도 마세요
당신이 울면 내 마음이 아파요

당신은
나에게 소중한 사람이고
당신은
내가 믿고 싶은 사람이고
그리워하는 사람입니다

당신은
늘
내 가슴에 간직하고 싶은 사람이고
나는
당신이 있어
시를 씁니다

당신은 나에게
물이고
공기이고
땅이고 하늘입니다

제4부 십회향十廻向

제10회향 등법계무량회향等法界無量回向

'당신은 나에게/물이고/공기이고/땅이고 하늘입니다'

김선우의 시에서 두드러지는 점 중 하나는 그의 시가 마음에서 일어나는 욕망의 안팎을 둘러보며 이를 자연의 무연한 모습과 연결해 나가는 사유의 간단찮은 넓이와 깊이가 있다는 데 있습니다. 그리고 그 넓이와 깊이는 마음에서 생성되는 온갖 번뇌들의 뿌리와 눈앞에 펼쳐지는 현상들의 뿌리에 담긴 이치를 관통합니다. 이것은 우주 만물은 항상 생사生死와 인과因果가 끊임없이 윤회하는 '제행무상諸行無常'이라는 원리에 입각한 것입니다.

그래서 다른 분들의 작품평을 수차례 반복해서 읽었더니, 주례사처럼 힘과 용기를 북돋아 주는 데 많은 지면이 할애되고 있음을 알았습니다. 하지만 김선우 시인의 시는 무엇을 썼으며, 이러한 창작행위가 도대체 어떤 의미가 있는가 하는 점에 대해서는 언급하지 않았기에 평자는 급히 방향을 수정하기에 이르렀습니다.

김선우 시인의 매력은 화려한 미사여구를 배제한 소담스러운 언어에서 발휘되고 있습니다. 일상에서 대면한 자연의 어느

한 대상물을 생멸의 과정 전체의 맥락에서 판단하고 있고, 작품의 곳곳에는 시간의 흐름과 한정된 공간이지만 대상물의 섬세한 관찰을 통해서 현상[색色]과 본질[공空]을 통찰하려는 서사적 모습까지도 발견할 수 있었습니다.

  무엇보다도 그의 열정이 정말 대단했습니다. 앞으로도 지금처럼 청정한 마음으로 고된 삶의 내밀한 상처를 스스로 다스리며 시 쓰기에 매진하실 것으로 믿습니다.

제5부 십지十地

제5시집
『이 세상에 당신이 있어 행복합니다』

내 마음은

내 마음은
크고 작음도 아니요
모나고 둥근 것도 아닙니다
그렇다고
억지로 만든 마음도 아닙니다
더러는
미운 사람 미워할 줄 알고
좋은 사람 좋아할 줄 알고
슬프면
슬퍼하고
기쁘면
웃을 줄 아는
아주 평범한
진실하고 마음 따뜻한 사람입니다

제5부 십지十地

제1지 환희지歡喜地

　이번에는 기쁨에 넘치는 환희지歡喜地의 문집「이 세상에 당신이 있어 행복합니다」에서 가려 뽑았습니다. 60여 편의 시 외에도 지역신문에 투고했던 칼럼과 동화, 새마을지회장을 하면서 느꼈던 생각과 지역 문우들이 쓴 축하 글까지 망라하여 제법 두툼합니다.

　책의 첫 들머리 시인의 말에 의하면, '나는 가방끈이 짧다.'라고 밝히고 있습니다. 전문적으로 문학이란 학문을 체계적으로 전공하지 않았고, 교육부(예전에 문교부)가 인정하는 학력도 미천하다고 하지만, 필자의 생각으로는 글만큼은 최고학부를 마친 수준보다 낫다고 말씀드리고 싶습니다.

　공식적으로 '등단'의 관문을 거쳐 문학단체에 들어와 글을 쓰는 행위도 종교와 별반 다름이 없습니다.

　선배라고 후배들 앞에서 권위만 앞세우라는 말은 아닙니다만 요즘 후배들은 어른이나 원로에 대한 공경심이 옅어졌으니 당연히 선·후배 따윈 안중에도 없습니다.

　사회가 국가를 이루는 요소라면 우리가 소속된 문단도 좁게는 하나의 사회입니다. 그 속에서 선배님들이 남긴 아름다운 전

통과 면면히 이어온 문학사를 우러르며 오늘도 손끝에 힘을 가하며 글로 자신의 속마음을 담아냅니다. 근본을 무시하면 설령 글이라고 내놓아도 작가의 사상이 녹아 있지 않았기 때문이 말장난으로 그칠 수밖에 없습니다.

문학은 자신을 치장하기 위한 겉치레 장식품이 아닙니다. 그러므로 문학을 액세서리로 착각하고 명예욕을 앞세웠던 적은 없었는지 반성부터 하고 볼 일입니다.

이름 석 자 언론에 보도되었다고 마치 대단한 작가라도 된 양 착각해서 패거리에 휩쓸려 이리저리 다니며 방향과 줏대를 잃고 허둥댄다면 이미 작가이기를 포기한 것입니다. 지금의 그 마음 그대로 변하지 않고 계속 쓰신다면 시인으로 성공한 삶이라 하겠습니다.

지금 행복하지 않으면 행복은 너무 먼 곳에 있거나 아직 오지 않은 것입니다. 마치 어린아이처럼 오늘이 행복하면 그게 세상에서 가장 행복한 삶입니다.

김선우 시인의 경험적 자아는 다른 시적 자아가 되거나 극단적으로 인간성이 배제되지 않고 추상화되지도 않습니다. 있는 그대로 꾸밈없이 보여줍니다.

〈내 마음은〉이라는 시는 김선우 시인의 특징이 유감없이 발휘되고 있습니다. 요즘 시를 쓰는 행위는 시치미를 떼는 행위와 유사합니다. 할 말을 요리조리 돌려 말함으로써 낯설게 하는 게 일반적이지만 김선우 시인은 할 말을 감추지 않고 쉽게 전달합니다. 시인의 기질과 개성이 그대로 드러난 자화상 같다는 말씀입니다.

진실하고 따뜻한 마음으로 가정과 사회를 위해 열심히 사셨으니까 많은 시가 줄줄 나오는 것도 당연한 이치입니다. 솔직하고 거침없는 어조로 자신의 내면의 풍경을 그려내기 때문에 시인의 개인사가 때로는 '우리' 이야기가 됩니다. 숨어 있는 깊은 뜻을 발견하고 못하고는 독자의 몫일뿐입니다.

제6부 등각等覺

제6시집 『그리운 江』

나만의 궁전

한 평도 채 안 되는 나만의 자리
책과 우편물, 원고지와 볼펜들이
어지럽게 흩어져 있는
그런 것들의 편안함이 좋다
책들을 베개 삼아 누워
꿈처럼 잠들기도 하고
그리운 이를 그리워하며
나만의 시를 짓고
나만의 탑을 쌓아 올리는 곳
나도 모르는 새
흩어져 있는 것들의 편안함에
길들어 있는데
어디에서 이만한 즐거움을 찾을까
나만의 궁전에서
아무런 아픔도 슬픔도 없는
한 마리 나비가 된다

제6부 등각等覺

행복은 지금 이 자리에 있습니다

꽃집 안 풍경을 세밀하게 묘사하여 그곳에 가보지 않았어도 속이 훤히 보입니다. 그곳이 궁전이라니 그렇다면 왕이 사는 곳 아닙니까? 맞습니다. 시적 상상력이 절로 솟고 마음 편한 곳이니 시인 스스로 '나만의 궁전'이라 이름 지은 것이 이해가 됩니다.

그곳에서 지금까지의 삶을 반추하면서 시를 짓는 일은 힘든 줄도 모를 겁니다. 밖에서 보면 갇힌 공간으로 보이겠지만 자신의 마음으로는 열린 공간이며 편안한 궁전이 되었으니 말입니다.

행복은 과거나 미래에 있는 것이 아니라 지금 이 자리에 있습니다. 나이가 들어 사회의 공직에서도 모두 물러나 아내가 운영하던 꽃집으로 돌아왔지만, 그래도 시를 쓸 수 있는 여유와 공간이 있으니 더 바랄 것도 없습니다. 시를 통해서 오늘의 삶을 즐기고, 과거와 미래를 되새김질하며 '늙은 할아버지가 아닌 신인 시인'이 된 것으로도 충분히 인생을 새롭게 시작하는 계기가 된 것입니다.

시를 써서 시집으로 펴내는 것은 혼자만 보고, 혼자만 간직하고자 하는 것이 아닙니다. 자신만이 보고 느꼈던 일이나 생각이지만, 그것을 시라는 양식에 맞춰 객관적으로 표현했다면 강렬하고도 효과적으로 불특정 다수의 공감을 얻을 수 있습니다.

삶의 모습이 고통스럽고 외로울지라도 아픔도 슬픔도 없다고 긍정적으로 낙관적으로 나날의 삶을 살아가고 있다는 점이 안도감이 들게 합니다.

'그리운 이를 그리워하며/나만의 시를 짓고/나만의 탑을 쌓아 올리는' 궁전이여! 영원무궁하라.

어린이 시혼 창간호/우리동네사람들
2014년 12월 29일/84쪽/8,000원

340 / 발간사 : 어린이 시혼을 발간하며   - 김선우
342 / 교육을 마치며   - 이숙영
345 / 꿈두레 도서관   - 손세민(필봉초 4학년)
346 / 해바라기   - 한아인(양산초 4학년)
347 / 나도 강아지였으면 좋겠어   - 정은재(운천초 1학년)
348 / 아파트   - 정현태(운천초 3학년)
349 / 감자   - 정지성(원일초 3학년)
350 / 동화책,『의좋은 형제』   - 정지우(원일초 2학년)
351 / 잠자리   - 한태인(필봉초 2학년)
352 / 명절   - 이승예(양산초 4학년)
353 / 액자로 꽃을 보니   - 박규민(문시초 4학년)
354 / 털신   - 장혜솔(운산초 1학년)
355 / 백조   - 장혜윤(운산초 3학년)
356 / 2015년 2회 어린이문학아카데미 수강생 모집   - 오산시인협회

| 발간사

어린이 시혼을 발간하며

저는 올해 우리 문학의 새싹을 보았습니다.

저는 이 어린이들을 보았을 때, 가슴이 쿵쾅쿵쾅 마구 뛰었습니다. 그리고 이 새싹들이 두려웠습니다.

왜냐하면, 이 예쁜 새싹들 앞에서 어른들의 추한 모습을 보일까봐 서지요. 이 작은 시인들이 보고 듣고 배우는 것으로 성장하면서 인격형성이 되기 때문이지요.

우리는 이제 새싹들을 잘 키워야 할 사명감을 가져야 할 것입니다. 어린이 시인들의 부모님들과 함께 시도 가르치고 어린이들의 참 모습을 보며 훌륭한 시인이 되도록 노력해야 될 것입니다.

여러분 우리나라가 국난이 있을 때 만해 한용운 시인을 비롯 많은 시인들이 국민들의 마음을 위로하고 국민들의 나아갈 길의 길잡이가 되지 않았습니까?

우리 어린이 시인들이야말로 우리나라의 미래요 문학의 밝은 희망이기 때문입니다. 그리고 어린이 시인들에겐 우리 어른들은 보고 배울 수 있는 스승이라 합니다.

　금년 한해 우리 어린이 시인들과 함께 해 온 이숙영, 배명숙, 서정택 선생님 그리고 회원 여러분 수고 많이 하셨습니다. 그리고 어린이 시인 여러분도 수고하셨습니다.

　감사합니다.

2014. 12. 29

오산시인협회 김선우 회장

| 교육을 마치며

시로 아이들에게 힘을 주면서
응원해주웠던 시간

이 숙 영

아이들은 어른들보다 앞서간다. 생각도 그렇고 행동도 그렇다. 시를 쓰는 아이들 옆에 있으면 이 말이 맞아떨어진다는 것을 알 수 있다. 생각이 앞서가는 아이들 옆에서 시를 가르치는 내가 할 수 있는 것은 그리 많지 않았다. 아이들이 쓴 시를 애정을 가지고 진심으로 읽어주는 일을 했을 뿐이다.

그동안 이미 시인인 아이들인데 집중해서 읽어주고 잘 쓴다고 박수쳐 줄 사람이 없었던 것이다. 15회 동안 박수치면서 아이들의 감정을 만나는 일을 했으니 아이들도 성장의 나이테를 넓혔으리라고 본다. 아이들은 상처 난 마음을 시로 쓰면서 세상과 만나는 길을 찾고 있었다.

도서관이나 서점에 가면 동시집에 손이 가도록 만드는 것은 우리 같은 시인이 해야 할 일인데도 그렇지 못했다. 그래서 이번에 어린이문학아카데미 강좌 목표를 시를 좋아하는 아이들로 만들자는 것이었다. 아이들 대부분 혼자 있으면 스마트폰 게임이나 컴퓨터를 한다. 그것은 외롭다는 것이고 위로가 되기 때문이다. 하지만 이번에 혼자 있거나 심심할 때 책을 보거나 시를 생각하는 아이를 만날 수 있었다. 엄마에게 혼나거나 친구와 다투었을 때 들었던 자신의 감정을 소중하게 어루만질 수 있는 아이가 써낸 시들은 계속 읽어도 지루하지 않았다. 직접 경험한 것이므로 살아있는 시 쓰기가 되기 때문이다.

시를 쓸 때 머릿속에서 생각으로 아름답게만 쓰는 시보다 생활에서 경험한 것을 쓰도록 요구했다. 그래야 아이들만의 표현을 발견하는 기쁨이 있으니까 말이다. 아이들이 시적인 표현을 하는 것을 보았을 때의 기쁨은 다른 어떤 것보다도 컸다. 우리 주변에 있는 온갖 사물에 대해 아이들은 어른들과 다른 프레임을 가지고 세상을 본다. 더구나 이미 어른들에 의해서 만든 프레임은 낡은 것이므로 아이들은 스스로 거부할 권리가 있다. 주변의 사물에게 말걸기를 통해 새로운 정의를 내리는 연습을 하면서 어른들은 너무 재미없게 산다는 것을 다시 느끼게 되었다. 나에게는 아이들이 만든 프레임 속에 자신들을 드러내는 글귀를 발견하도록 힘을 주면서 아이들 하나하나 응원해주었던 시간이었다. 주변의 사물을 새롭게 보는 것. 한번쯤 의심해보는 것을 훈련하면서 시와 가까워지기 위해 꿈두레도서관을 찾아주었던 지성, 현태, 은재, 승예, 아인, 태인, 지우, 혜솔, 혜인, 규민, 세민이를 만나면 두 팔을 벌려 안아줄 것이다.

꿈두레 도서관

손 세 민
(필봉초 4학년)

꿈을 꾸고
두리번두리번 궁금해 하고
도레미파솔 도레미파솔
한 단계 한 단계 배워가는 도서관 아이들
책과 추억이 있는 아이들
서쪽에도 동쪽에도 공원에도
책 읽는 아이 가득가득
관심을 가지고 공부해요

해바라기

한 아 인
(양산초 4학년)

해바라기는
사람들을 보고 있습니다

마당에 있는
해바라기가

햇빛을 보려고
쑥쑥 크고 있습니다

사람들을 보고
웃고 있습니다

나도 강아지였으면 좋겠어

정 은 재
(운천초 1학년)

나도 강아지였으면 좋겠어

숙제도 시험도 없이
아무 걱정도 없이
따사로운 엄마 등에 폴짝 뛰어들어
복슬복슬한 털을 묻혀 잠만 자고

얼마나 좋을까?
보슬보슬 비 내리듯
부슬부슬 오는 잠 속에
파묻히고 싶어

아파트

정 현 태
(운천초 3학년)

키 큰
시멘트 덩어리

사람들이 옹기종기
모여 사는 중요한 장소

불쑥불쑥 키가 크고
우락부락 눈이 많은 아파트

나의 집이 된 아파트

감자

정 지 성
(원일초 3학년)

감자를 생각하니
학교 담임선생님의 이야기가 생각난다
어렸을 때 이야기
남동생이 감자 먹다 방귀 뀐 이야기

'아뿌악!'
담임선생님의 아빠가 달려가네
다다다다다닥

아빠가 말씀하시네
'누가 나 불렀냐?'

'아뿌악!'이 아빠에겐 '아빠'로 들렸네

그래서 선생님 남동생의 별명 '아뿌악!'이네

동화책, 『의좋은 형제』

정 지 우
(원일초 2학년)

형은 결혼했고
아우도 이쁜이랑 결혼했대요
얼씨구 절씨구

모내기를 한다 얼씨구~
풍년이 들었다 절씨구~
허수아비를 세우자
참새가
'아이고 무서워라'

벼를 벤다 사각사각
볏단을 지고
형은 아우 집에
아우는 형 집에
영차 영차

달님은 알고 있다

잠자리

한 태 인
(필봉초 2학년)

안 잡히던 잠자리가
지금 제철이다

으이구 이놈의 잠자리
나를 골탕 먹인다

한번만 더 그러면
확 잡아버릴 테다

명절

이 승 예
(양산초 4학년)

온 가족이 한자리에 모여
웃고 떠든다

아이들은 동태전을
몰래몰래 갖다 먹는다

아빠들은 텔레비전만 본다

우린 할 게 없어
동생 괴롭히기,
누나 괴롭히기 재밌다

세배를 하고 세뱃돈을 모으니
엄마가 알까봐 걱정이다

엄마께 드리기 싫다

액자로 꽃을 보니

박 규 민
(문시초 4학년)

액자로 꽃을 보니
꽃이 더 예쁘게 보였다

우리 엄마도 얼굴에
액자를 달고 다니라고
해야겠다

액자로 자작나무를 보니
너무 아름다웠다

내 방에 걸어놓았으면

털신

장 혜 솔
(운산초 1학년)

털신아! 난 네가 불쌍해
냄새나는 내 발에 밟히고

학교 갈 땐
신발주머니에서 숨 막히고
미안해 털신아

백조

장 혜 윤
(운산초 3학년)

아름다운 백조가
촌스럽게 발버둥치는 건
안 보여줘도 되잖아

친구끼리 비밀을
소곤소곤 알려주는 건
부끄러우면 안 알려줘도 되잖아

2015년 2회 어린이문학아카데미 수강생 모집

오산시인협회(회장 김선우)는 2015년 제2회 어린이문학아카데미 강좌를 개설, 초등학교 어린이 30명을 대상으로 수강생을 모집한다.

어린이들에게 건강하고 참된 삶을 이끄는 문학수업을 통해 지역 어린이 시인을 발굴하고자 7월부터 10월 까지 매주 토요일 오전 10시부터 2시간에 걸쳐 오산중앙도서관에서 열린다.

아동문학아카데미를 수료한 후에는 일정 수준의 문학적 성취가 인정될 경우 '어린이 시인'이라는 칭호를 부여하고 어린이들의 자신감을 고취시켜 오산을 이끌 수 있는 문학인으로서 동기를 부여한다는 취지를 담고 있다.

수료식 이후에는 아동문학에 길잡이가 될 수 있는 교재 및 작품집을 발간한다. 강사로는 오산시인협회 회원인 서정택, 양길순, 손선아, 이숙영 시인이 참여해 시 쓰기의 즐거움과 시 창작에 관한 내용을 강의한다.

장 소 : 오산중앙도서관
일 시 : 2015년 5월 ~10월 토요일 오전10시~12시
문 의 : 010-5141-2384

오 산 시 인 협 회

제8시집, 송암 김선우의 작은 시집/우리동네사람들
2014년 12월 20일/48쪽/3,000원

358 / 서시 : 사랑 하나

359 / 들꽃이라도

360 / 마음의 집

361 / 편지 – 시집가는 딸에게

363 / 푸르렀던 날을 그리며

364 / 백년

| 서시序詩

사랑 하나

나에겐 애틋한
사랑 하나 있습니다
나의 사랑은
처음도 없고
끝도 없습니다

나에겐
담아도 담아도
넘치지 않고
주어도 주어도
아깝지 않은
그런
사랑 하나 있습니다

손잡아 보면
코스모스 같은

나의 조국이여!

들꽃이라도

그대여 꽃을 사랑한다면
꺾지 말고
가꾸어 주어요

꽃은 꺾으면
손에 쥐고 볼 수 있으나
오래 두고 볼 수는 없답니다
진정 꽃을 사랑한다면
꽃이 자연스럽게 질 때까지
꺾지 말고
가꾸어 주어요
저 꽃 다 질 때쯤이면
떫은 감도 붉게 익어
호롱불을 당기겠지요

마음의 집

작은 집에
사는 사람일수록
이웃에
나누어 주는 것을 좋아하는
그들은
그
마음이
큰 집이기 때문이다
아무리
넓은 집에 살아도
마음의
집이 작으면
그들은
늘
외로움을 느낄 것이다

편지
―시집가는 딸에게

사랑하는 윤서야!
남편 하나만 믿고 시집가는 너에게
아비의 마음 전한다
더구나 낯선 타국에서 몇 년 보낸다 하니
아비의 가슴이 아려온다

윤서야!
결혼생활에서
네가 남편을 왕처럼 존경한다면
네 남편은
너를 여왕처럼 생각할 것이다
또한 네가 노예처럼 행동한다면
남편은 너를 노예처럼 다룰 것이다.
네가 만약
자존심이 강해서 남편을 존중하지 않는다면
남편은
자기의 힘을 이용하여 너를
하녀로 만들어 버릴 것이다

그리고 남편이
친구를 방문하거나 외출할 때에는
남편을 목욕하게 하고
옷차림도 단정하게 하여 주면 남편은
너를 아주
소중하게 여길 것이다

사랑하는 내 딸아!
항상
가정에 마음 쓰고
남편의 작은 소지품까지도
소중하게 한다면
남편은 늘 기뻐서 너를 볼 때마다
행복을 느끼며
너의 머리 위에 여왕의 관을 바칠 것이다
사랑하는 윤서야!
아비는 윤서가 행복하길 기도하겠다

2009. 12. 12 아비 김선우

푸르렀던 날을 그리며

지난날은 아득하나 꿈만 같고
내 모습은
패인 주름살에
얼룩진 검버섯이 선명하다
화원에 홀로 앉아
물끄러미 저녁노을 바라보니
보고 싶은 이들이 눈에 밟히고…
인생은 어차피
홀로 가는 것이라 했던가
구름이 살짝 노을에 앉아 있는 시간에
옛 노래에 마음을 맡겨보며
서글픈 나를 달랜다
아,
세월이 나를 밀어냈구나
쉬지 않고 밀어냈구나
나의 세월을
밀어내고 싶다

백년

마등산 나뭇잎 지는 소리가
사무치게 그리운 날

구름의 집은 바람 부는 쪽에 있고
사람의 집은 마음 머무는 곳에 있다고
누가 일러준다

또 하루가 그냥 지나간다

제9시집, 낡은 가방 속의 연가/한국작가출판부 지성의샘
2016년 4월 5일/144쪽/10,000원

366 / 시인의 말

367 / 서시序詩

368 / 낡은 가방 속의 연가

369 / 낙엽 한 잎의 연가

370 / 오산역에서

371 / 용주사에서

372 / 아내의 기도

| 詩人의 말

시는 나에게

이 세상에 마지막 남은

삶의 보약이며

내 마음을 위로하는

최고의

예술이며 찬가이다

하여

시에는 감히

욕심과 거짓이 없어야 한다고

나는

생각한다.

서시序詩

가게와 집을 오가며
늘 메고 다니는 내 가방 속엔
완성하지 못한 시가 들어 있다
가끔은 꺼내 놓고
세상 이야기 하며
읽어보고는 다시 쓰고
그러다간
가방 속에 다시 넣고
그렇게 하루도 빠짐없이
완성하지 못한 시를
무슨 보물인 양
메고 다닌다
마음이 울적한 날은
꽃 잃은 난초를
물끄러미 바라보다
그 앞에 쪼그리고 앉아
물티슈로 닦아 주며
난초와
지난날을 이야기하며
가방 속을 걷곤 한다

낡은 가방 속의 연가

운암뜰에 비닐하우스를 짓고
나만의 궁전이라 하며
반성문을 써온 지 몇 해이던가
무슨 보물단지인 양
낡은 가방 등에 메고
비가 오나 눈이 오나 오고간 세월 속에
어느새
고희의 고개를 넘어
이만치서
지난날 돌아보니
눈물 마르지 않네
모르긴 해도
이 지상 위에 사는 날까지
반성문을 쓰며 살겠지
스쳐간 사람들을 그리워하며

낙엽 한 잎의 연가

입동이 가고
다가오는 동지를 맞이하기 위해
마등산을 오른다
숱한 마음의 부침을 예감하고
진눈깨비는 오락가락
온몸을 두드린다
수척해진 바람 남기고
멀리 떠나버린, 차마 부르지 못했던
누군가의 뒷모습처럼
아득하게 자리 잡은 봄날과
애잔하게 울음 울던 풀벌레
두 계절의 사이로 번지는 뜨거운 여름이 그립다
한 우주가 온전히 돌고 돌 듯
내 삶의 그리움도 맞물려 돌아가는데
무엇을 그리워하나
또 무엇을 애석해 하나
앙상한 나뭇가지에 낙엽 한 잎
대롱대롱 매달려
그리움을 울고 있는
아침 한나절

오산역에서

대합실에 앉아
오가는 이들을 바라본다
남길 것도 미련 둘 것도 없는지
숨 가쁘게
개찰구를 빠지는 행렬
그들이 남겨 놓은 발자국 속에서
수많은 이름들이 걸어 나온다
지금은
떠돌다 사라지는
구름의 뒷모습처럼 아득하지만
아득한 만큼 아득해서
더욱 그립다
서지도 앉지도 못하고
흔들리고 있는 나는 누구인가
사무치게 그리운 이름들
쟁여놓은
나의 짐보따리가 무겁다.

용주사에서

매는
네가 맞는데
왜
내 마음이 서러운가

아내의 기도

어머니는
여든아홉의 나이에도
끝내 이 아들이
염려스러웠는지
베갯머리에 눈물을 떨구시다
물끄러미 아내를 바라보시며
'애야, 이젠 너밖에 없구나'
하시며
아내의 손을 꼭 잡으신 채
눈을 감으셨다
아내는
그날 이후 지금까지
하안거와 동안거 때면
백련암으로 달려가
삼천배와 기도로
마음 다스리며
어머니의 성불을 빌곤 한다.

삶의 지혜/한국작가출판부 지성의샘
2016년 4월 5일/116쪽/10,000원

374 / 책머리에   376 / 마음의 길 · 1

377 / 사람의 혀   378 / 사랑과 우정

379 / 좋은 친구   380 / 부자

| 책머리에

내가 세월 따라 살아온 것인지 세월이 나를 스쳐 지나간 것인지 어느새 내 나이 고희를 넘어 희수의 경계를 넘보고 있다.

어쩌다 이순이 넘은 나이에 시 농사를 짓는답시고 한세월 지내다 보니 내 주변을 돌아볼 생각조차 못 해 그동안 내가 살아온 날들이 부끄럽기 짝이 없다.

이제야 내 삶을 돌려 뒷모습을 되짚어보니 자손들에게조차 따뜻한 이야기 한 번도 못해준 내가 부끄럽고 미안하기 그지없다.

여기에 모은 글들은 그동안 틈틈이 독서하며 기록해 놓은 글들과 몇 편의 내 이야기이다.

이 글이라도 자손들에게 보여주고 싶은 마음으로 작은 문집을 낸다.

비록 잡다하고 신변잡기의 이야기들이지만 이 글을 자손들이 읽어 삶의 지표로 삼았으면 하는 게 나의 솔직한 마음이다.

또한, 이 글을 읽게 되는 제삼자들이 비록 빈축을 보낼 수 있을지 모르겠지만, 자손을 사랑하는 한 늙은이의 애틋함과 여일을 남기고 싶었던 늙은이의 말들에 대해서는 돌을 던지지 말아주었으면 하는 게 나의 마지막 바람이다.

2016년 봄, 운암뜰 꽃방에서

송암 김선우 적다

마음의 길 · 1

세상에 태어나면
가는 길은 누구나 한 길
가는 길에는
좋은 길도 있을 것이요
험난한 길도 있을 것이니
앞도 보고 가고
좌우로 살펴보고 가기도 하지요

아무리 반듯한 길도
옆으로 가면 옆길이요
뒤로 가면 뒷길입니다
휘어진 길을 간다 해도
내가 바르면 바른길을 가는 것이요
내가 바르지 못하면
바르지 못한 길을 가는 것입니다

내가 없으면
길도 없을 것이니
무슨 길인들
소용이 있겠습니까.

사람의 혀

혀는 뼈가 없다
그러나
뼈도 부러뜨릴 수 있다
혀는 힘이 없다
그러나
장사도 넘어뜨릴 수 있다
혀는 발이 없다
그러나
능히 천 리를 갈 수 있다
혀는 날개가 없다
그러나
온 천지를 자유롭게 날아다닐 수 있다
혀는 연장이 아니다
그러나
부수고 자르고 못하는 것이 없다.

사랑과 우정

지혜로운 이는
좋아하는 감정 사랑하는 감정을
분별할 줄 알아야 한다

사랑은
사랑하는 감정이
서로 있다면
사랑해도 되겠지만
단순히
좋아하는 감정이라면
사랑이라고
착각하지 말아야 한다
좋아하는 감정으로
우정을 나누기엔 적당하지만
사랑을 나누기엔
적당하지가 않다.

좋은 친구

그 사람이
곁에 있다는 사실만으로
편하게 느껴지는
그런 사람이
더 그리울 때가 있습니다
너무 소중히 느껴져
자신이 작고
초라하게 만드는
그런 사람보다
자신과 비록 어울리지 않지만
부드러운 미소
주고받을 수 있는
그런 사람이
더 그리울 때가 있습니다.

부자

우리 새마을 가족들은
어려운 사람들을 찾아다니며
쌀도 사 주고 반찬도 담가 준다

부자들은 새마을 가족이 드물다
또한 부자들은 오히려 인색하다
가난한 사람들이
부자들보다 더 후하고 남을 도울 줄 안다

다 그런 것은 아니지만
사람 됨됨이에 따라 다르다
후함으로써
삶이 풍성해지고
인색함으로
삶이 궁색해 보인다
인색함은 검약함이 아니다
또한 후함은 낭비가 아니다
인색한 자는
자기 자신을 위해 낭비하고

남을 배려할 줄 모른다
후한 자는
자기 자신을 위해선 검소하고
남을 위해선 후하다

또한
남을 배려하고 후한 자는
성취감을 맛보지만
인색한 자는
가난해 보이고 궁색할 뿐이다
그래서 그런지
나는
우리 새마을 지도자들의 마음이
넉넉한 부자로 보인다.

384 / 제10시집 흙에서 캔 나의 노래 (2017년 6월 30일)

417 / 할아버지를 빼닮은 꼬마 시인의 작은 시집 · 1
         - 손자 김동수(효행초등학교 3학년)

424 / 명언집 · 2 - 이 말을 거울로 삼고(2018년 5월 25일)

439 / 제11시집 냉이꽃 편지 (2018년 11월 10일)

462 / 꼬마 시인 김동수의 작은 시집 · 2
         - 김동수(효행초등학교 4학년)

476 / 제12시집 가시꽃이 피었다 (2019년 5월 19일)

499 / 꼬마 시인 김동수의 작은 시집 · 3
         - 김동수(효행초등학교 5학년)

510 / 제13시집 내 삶의 길에 서서 (2021년 5월 19일)

제4막

평문학平文學, 마음씨
- 중반기 후기 시
2017년 - 2022년

시간 위에/요철지, 수간채색, 혼합재료/2009

386 / 시인의 말 : 내일은 또 내일의 태양이 뜬다

387 / 서시 : 소망

389 / 시집 발간에 부쳐 – 노老시인이 부르는 아름다운 노래
　　　 – 임수홍 (사단법인 한국국보문인협회 이사장)

391 / 꽃과 구름의 향기
　　　 – 후백 황금찬 시인 백수白壽 기념 축시

392 / 아름다운 여백

393 / 가을 랩소디

394 / 시를 쓰는 저녁나절

395 / 연탄 한 장의 생애

397 / 시평 : 눈물에서 캔 그의 노래들
　　　 – 서정택 (시인 · 농민신문신춘문예)

제10시집 출간 축하 글

405 / 삶의 가치관　　　 – 박민순 (수필가 · 시인)

408 / 고향이 그리워도　 – 이원규 (칼럼니스트 · 전기작가)

411 / 흙에서 사리를 건지는 시인
　　　 – 이서연 (시인 · 사단법인 한국문화예술연대 이사)

416 / 빛이 나는 시인 친구　– 손 철 (방송인 · 시인 · 화가)

♣ 할아버지를 빼닮은 꼬마 시인의 작은 시집 · 1
　　 – 손자 김동수(효행초등학교 3학년)

418 / 울 엄마

419 / 바람은 변덕쟁이

420 / 비 오는 날

421 / 추석

422 / 별

423 / 닮은꼴

제10시집, 흙에서 캔 나의 노래/도서출판 국보
2017년 6월 30일/132쪽/10,000원

| 시인의 말

내일은 또 내일의 태양이 뜬다

또 1권을 올려놓는다.

장엄하게 서산을 넘는 해가 노을빛 토하듯 흐르는 세월 속에서 세상살이의 이야기는 시가 되고 또 노래가 되었다.

세상 밖으로 내보내고 나니 고만고만하다. 그래도 머리 서로 맞대고 자라는 모습이 보면 볼수록 고맙고 살갑다.

나는 내가 시인이라고 생각해본 적이 없다. 그냥, 살아온 날을 생각하며 반성문을 쓰고, 내가 사랑하는 지인들을 아끼는 마음으로 사랑을 표현한다.

어제와 오늘 그랬던 것처럼 내일은 또 내일의 태양은 떠오르겠지.

2017년 운암뜰 화원에서
송암 김선우

| 서시

소망

어느 시인이 말하기를
산문이 직선이면
시는 곡선이라고 한다
"진심으로 당신을 사랑합니다."
라는 고백이 산문이면
말 한마디 못하고
연인이 타고 가는 버스가
보이지 않을 때까지
물끄러미 바라만 보는
그 안타까운 눈길이
바로 시라고 한다
또는 장대같이 쏟아지는
빗속에 서 있는
연인에게 다가가
우산을 받쳐주는 것이 산문이면
나란히 서서 같이 비를 맞는 것이
시라고 한다

시인이 시를 쓰는데 한 행 속에
소설 한 권이 들어가 있는
그런 시를 쓴다면
그 시인은 얼마나 행복할까
가람나무 열매처럼 처음엔 쓴맛이 나지만
씹을수록 단맛이 우러나오는
그런 시를 쓰는 시인은
얼마나 행복할까!

| 시집 발간에 부쳐

노老시인이 부르는 아름다운 노래

임 수 홍
사단법인 한국국보문인협회 이사장
월간 국보문학 · 한국문학신문 발행인

경기도 오산에 가면 꼭 옆집 형님 같은 구수하면서 걸걸한 목소리로 반기는 주인공이 있다. 걸걸한 목소리의 주인공은 다름 아닌 오산의 토박이로 오산 · 화성 예비군 중대장과 재향군인회장 그리고 오산시 새마을회장을 역임한, 오산을 위해 많은 시간을 보낸 김선우 시인이다.

이력을 보면 글과는 거리가 멀어보인다. 그러나 젊은 시절의 자그마한 꿈을 실현하기 위하여 10여 년 전인 2008년 이순耳順이 넘은 나이에 시인으로 등단하여 매년 한 권 이상 책을 낼 정도로 시집 10권, 수필집 2권을 낸 중견 시인이다.

김선우 시인은 늘 겸손하다. 말도 사근사근하다. 그리고 늘 미소가 떠나지 않은 편안한 모습이다. 그러면서 젊은 시절 이야기를 할 때면 부끄러운 마음으로 자신을 한없이 낮춘다. 그때 그 시절, 남자라면 누구나 꼬마대장이 되고 싶어 했다. 그래도 김 시인은 그 시절을 스스로 부끄럽다고 말한다.

김 시인은 올해 나이 73세인 해방둥이다. 인고의 삶을 거친 우리 시대의 영웅 중의 한 사람이다. 그래서 그의 시를 보면 삶의 이력이 스스럼없이 얼굴을 빼꼼히 내비치는 걸 알 수 있다. 토속적 언어와 농부의 마음이 깃든 시어들이 희망을 노래한다. 그리움이 가슴 저 밑에서 꿈틀거리며 나이 들어가는 자신을 객관적으로 바라본다. 가을은 촌부에게 수확의 기쁨도 안겨주지만, 겨울의 앙상한 나무를 반추하는 이중적 언어의 복선이 되기도 한다. 그래서 떨어지는 낙엽 한 잎에도 마지막 정성을 다하는 김 시인을 볼 때면, 늘 존경하는 마음이 인다.

열 번째 시집 『흙에서 캔 나의 노래』를 세상에 내보내는 김선우 시인.

세상에서 가장 정직한 것이 '흙'이라 한다. '흙'은 농부가 정성을 쏟은 만큼 수확으로 답한다. 봄부터 땅을 갈고 씨앗을 뿌려 김을 매는 윤회의 삶 속에서 73세의 노老시인이 부르는 노래는 얼마나 아름다울까?

다시 한 번 열 번째 시집 출간을 진심으로 축하한다.

꽃과 구름의 향기
– 후백 황금찬 시인 백수白壽[2] 기념 축시

나 어릴 적 아득하지만
어느 방송프로에서
시를 낭송하고 있는 그 님을 보았습니다
낭랑한 목소리에 묻어 사방으로 번지던
꽃과 구름의 향기!
그 님이 지어 놓은 꽃밭
그 꽃길을 나 걸어 봅니다
항상 바람으로 서서 원했으되
그 꽃밭에 떠 있는 하얀 구름이 되기까지
참으로 오랜 시간이 흘렀습니다
그 님의 머리에서도
나의 머리에서도
수많은 날의 흔적 그대로
흰 구름이 덮였으나
챙챙 부서지고 있는 그 님의 주름 사이로 난
그 꽃밭에서는
오늘도 천 년을 기원하는
백일홍 수천 송이가 피어
그 님의 장수 무병을
환하게 웃고 있습니다

---

2) 백수白壽 : 99세 나이

아름다운 여백

무수한 별들이 뜨고 지는 걸
마등산[3]은 보고 알았다네
밤새워 쓴 긴 문장
끝내 빛을 내지 못하는
너무 많은 비문
종기처럼 벌겋게 곪고 있네
고름 짜내듯
아예 미련 없이 삭제하니
훤한 여백이 아름답네
이 세상에 무엇이 있고
없음일랑 따지지 마시게
세상 다 가질 것도 아니지 않은가
가는 길 묻지 마시게
거스를 수 없는 세상살이였던 만큼
언젠가는 그 길이 되밀려 오리니
바다의 여백이 고요해 보이는 것은
깊은 속을 가지고 있기 때문이리니

---

3) 마등산 : 오산시 원동에 위치하여 화성시, 평택시, 용인시와 경계를 이룬 산으로 말의 등을 닮았다고 해서 붙여진 이름이다.

가을 랩소디[4]

가슴을 파고드는 서늘한 바람
가로수 잎새들이
우수수 떨어지는 가을
속절없이 흘러가는 세월이 야속합니다
아직도 잊지 못한 추억은 남아
그 강변에 가면 문득문득
님들의 얼굴이 떠오릅니다
그렇게 새겨진 님들은
무슨 사연이기에
이렇게 가슴에 깊이 묻고
고백이 될지 모를 글들을
끼적이게 합니까
그리운 이들이여
사랑한다는 말
보고 싶다는 말
원하지도 바라지도 않습니다
다만 이 가을바람에
가슴을 파고드는
편지 한 장이 그립습니다

---

4) 랩소디rhapsody : [음악] 즉흥성을 중시한 악곡의 한 형식으로, 서사적, 영웅적, 민족 적인 색채를 지니는 환상곡풍의 기악곡.

시를 쓰는 저녁나절

그리운 사람
보고 싶은 사람 많아도
뜻대로 마음대로
가고 오지 못하네
이젠 잊을 때도 됐건만
끝장낼 듯이
쓰고 또 써도
하고 싶은 말
끝도 없이 자꾸만 나오네
깡마른 명아주지팡이로
더듬더듬 산길 짚으며
지리봉[5] 꼭대기까지
등짐 지고 올랐네
버거운 세월
산 밑으로 슬슬 굴리며
더듬더듬 내려오는데
저녁해 일찌감치
눈치 채고 군불 지피는
붉게 타오르는 서산마루

---

5) 지리봉 : 오산시 원동에 있는 마등산의 한 봉우리로 해발 162m이다.

연탄 한 장의 생애

방금 연탄불을 갈았다
깜박이는 밑불에 의지해
차가운 몸을 기대고 있는 십구공탄 탓인지
화원 가득 소름이 돋는다
연탄이 타올라야
내 주변이 훈훈할 텐데
예정된 길을 찾아온 첫추위!
그의 성정만큼이나 살아온
나의 날들은 영하 몇 도쯤일까
기러기 울어 예며 화원을 지나간다
도대체 삶과 죽음의 경계는 어디쯤일까
수십 년을 묻고 또 물어봐도
허공에 흩어지는
기러기 울음처럼 부질없다
진눈깨비는 몰아치고
차가운 바람은 지붕을 두드리는데
그때
확, 솟구쳐 오르는 푸른 불길을 보았다
그랬구나!

연탄 한 장이 저를 태워 주변을
따뜻하게 한 것처럼
나도 나를 활활 태워
주변을 따뜻하게 해 주며
살아온 것은 아닌지…
훗날 누가 있어 이를 증명할 수 있다면
내 생애 연탄 한 장 만큼이나
가치 있는 삶이었다고
후생을 통해 이를 말해보리라

| 시평

눈물에서 캔 그의 노래들

서 정 택
(시인 · 농민신문신춘문예)

들어가며

오래전부터 김선우 시인과 마주앉으면 본인의 시에 대한 고민과 더불어 서평을 부탁받곤 했었다. 그때마다 필자는 자질과 경험 부족을 내세우며 거절했지만, 사실은 게으름을 피웠던 필자의 핑계였다. 하지만 언제 또다시 이런 기회를 잡으랴. 오랫동안 지켜본 김선우 시인의 이야기는 꼭 한 번쯤 풀어내고 싶었다. 이야기가 삼천포로 빠지지 않게 조심조심 내가 아는 만큼 김선우 시인의 시 세계를 짚어보겠다.

1939년 11월호 『문장』에 발표한 「시의 위의」에서 정지용은 시의 '선읍벽善泣癖'을 금기하고 '서늘오움'의 시학詩學을 주장하고 있다.

즉, 남을 슬프게 하기 위해서는 자신의 감정을 억제해야 하고, 남을 웃기려 할 경우 자신이 먼저 울어 실소失笑를 폭발시키는 것은 소인극素人劇에서조차 적의適宜하지 않다는 것이다. "안으로 열熱하고 겉으로 서늘옵기란 일종의 생리를 압복壓伏시키는 노릇이기에 심히 어렵다. 그러나 시의 위의는 겉으로 서늘옵기를 바라서 말지를 않는다."라고 한 이 말은 정지용의 시론을 논할 때 자주 인용되고 있는바, 정지용의 핵심적 시관詩觀을 이루고 있다.

시의 감격벽感激癖, 즉 감정의 배제와 지양이 시의 위의가 된다는 것이다. 이를테면 '감격벽이 시의 미명美名이 아니고 어느 한순간의 육체적 지진으로 말미암아 예지叡智의 수원水源이 붕괴하여서는 안 된다'라는 것이 정지용의 시작 원리가 되는 셈이다. 감정적 속성을 유일한 수단으로 하여 침울沈鬱하고 슬프고 울려고 하는 것은 큰 잘못이다.

슬픈 어머니가 기쁜 아기를 낳듯이 정열·비애·감격과 같은 것이 시의 본질일 수는 없고, 다만 이들 감정적인 속성은 시적 동인(詩的動因으로 작동할 따름이다. 따라서 시인은 이런 감정적 속성을 제어하고 반성하여 그 조화와 질서를 얻어야 한다는 것이다. '시작詩作에 있어서 안으로 열하고 겉으로 서늘옵게'하는 것은 시의 위의에만 국한되는 것이 아니라 시작 원리로서 이해해도 큰 무리는 없다 할 것이다.

1. 강한 애정의 눈물

김선우 시인의 작품에 일관되게 흐르는 기본적인 기조는 '그리움과 사랑 그리고 눈물'이다. 눈물의 종류를 일곱 가지로 알고 있는데, 1) 세속적인 슬픔의 눈물, 2) 경건한 슬픔의 눈물, 3) 교활하고 사악한 위선의 눈물, 4) 가식 없고 강한 애정의 눈물, 5) 뜨거운 바람의 눈물, 6) 다른 사람들의 비참함에 대한 동정의 눈물, 7) 우리 자신의 고난에 관련하여 흘리는 격정(passion, 수난)의 눈물 등이 있다.

〈중 략〉

그립다 할까 하니
괜히
얼굴 뜨겁고
아니다 할까 하니
그마저
더 부끄러워
글 쓰다
아니
지우다
한여름 다 갔네요
　　　　－「채송화 편지」전문

글은 전달자인 동시에 생각의 파수꾼이다. 그 생각에 돌덩이 같은 귀를 씻어 본다면 가슴 속에 오랫동안 묻어 두었던 그리움 혹은, 멍울쯤이야 술술 풀어져 맑아질지도 모를 일이다. '그립다 할까 하니', '아니다 할까 하니'는 결국 건듯 부는 바람에도 낯이 간지러워 한 번도 전하지 못했던 아내 사랑에 대한 김선우 식의 간곡한 표현이다.

길섶에서 들려오는
풀벌레 소리
풀잎 현을 튕겨
소야곡을 뜯는지
울고 있는 건 풀잎인데도
어찌 내 가슴
흔들리느냐
　　　　　-「가을 소야곡」전문

사랑과 애모의 감정은 어느 특정인들만이 누리는 고유명사가 아니다. 풀었다가 조이고 밀었다가 당기고 하는 식의 즉물적 감정보다는 자신을 닮은 자연의 모습을 찾아내어 그것을 자신의 가슴으로 이끌어 들여 공명을 시킨다. 자연과 시인 자신의 공명이 제대로 이루어졌을 때 그 울림은 상당히 강렬하기 마련인데 그 강렬함마저도 시인은 풀잎과 같은 연약함으로 자신을 애써 위장하려 한다. 아내가 그동안 시인 자신으로 인해 겪었을 온갖 인고의 세월을 '풀벌레 소리'로 환치시켜 아내의 울음을 듣는다.

우는 게 아내이므로 시인의 가슴이 흔들리는 것은 당연지사! 이마저 외면한다면 오랜 세월 망부석으로 서서 시인을 기다렸을 아내의 사랑을 끝내 부정하게 되는 행위이다. '어찌 내 가슴 흔들리느냐'로 진술되고 있는 시인의 아내에 대한 사랑은 무한 긍정이며 아직도 진행형이다.

내게는
어느 이름 모를 길에서 데려와
화분에 심어 놓은 차돌이 있다
그 차돌에는 실핏줄이 박혀 있는데
해와 달이 동시에 뜨던 어느 날
그 차돌에서 난 한 촉 피어났다
난을 마주보고 지어진
운암뜰 내 작은 초막에서는
오늘도 관음죽이 바람을 부르고 구름을 부른다
그 난을 팔아 온 지도 어느덧 십수 성상!
문득
황금의 난 꽃이 피었는데
그 꽃을 찾아 날아든 나비 한 마리

고이 접은 날개를 펼쳐
삼천배를 드리고 있는데
그 삼천배 안에서 내 아내가 걸어 나온다
나비의 날갯짓이 하얗다
꽃과 나비에 취해 있던 나도 나비가 된다
나와 아내를 한 쌍의 흰나비라 불렀는데
뾰족 내민 관음죽이
또 한 촉의 꽃대를 내밀며
염화미소를 짓고 있다
　　　　　　－「관음죽 아내」 전문

　'바람을 부르고 구름을 부르는' 관음죽도 예전에는 '차돌'이었다. 여기에서 말하는 차돌이란 불가에서 말하는 인연이란 의미로 해석이 되는데, 인연이 서로 닿기 전에는 시인이나 아내는 그저 그런 길가의 차돌이었을 것이다. 물을 주고 햇볕을 주어 키운 오랜 세월 끝에 차돌에서 실핏줄이 돋았다.

　이는 시인과 아내의 사랑에 대한 결실이며 난 한 촉으로 그 결실을 보여 주고 있다.「건듯 부는 바람에도」,「채송화 편지」,「가을 소야곡」을 통해 가꾸어 온 김선우 시인의 사랑이 이 시에서 비로소 활짝 꽃을 피우고 있다. 이는 망설임으로 일관되었던 김선우식 사랑법에서 벗어나 적극적으로 아내가 참아냈을 인고의 세월을 인정하고 받아들인 결과물이다.

이로써 김선우 시인이 아내에게 보내지 못했던 편지는 아내의 가슴으로 날아들어 시인과 아내의 사랑을 증명하는 하얀 나비로 환치되면서 그 대단원을 장식하게 되는 것이다. 이 또한 차가운 세월을 극복하고 이루어낸 결과물이므로 뜨거운 바람의 눈물이 이 시의 바탕을 이루게 된다.

나오며

서두에서 인용하였던 "안으로 열熱하고 겉으로 서늘옵기란 일종의 생리를 압복壓伏시키는 노릇이기에 심히 어렵다. 그러나 시의 위의는 겉으로 서늘옵기를 바라서 말지를 않는다."라는 명제를 충실하게 수행한 김선우 시인의 시편들은 눈물과 그리움으로 점철되었음에도 "남을 슬프게 하기 위해서는 자신의 감정을 억제해야 하고, 남을 웃기려 할 경우 자신이 먼저 울어 실소失笑를 폭발시키는 것은 소인극素人劇에서조차 적의適宜하지 않다."라는 오류를 범하지 않고 있다.

여러 권의 시집을 통해 모자람에 대한 수많은 통곡과 눈물로 이루어 낸 결과물인『흙에서 캔 나의 노래』는 제목 그대로 한 삽 한 삽의 흙을 떠서 옥토를 만들어 가는 농부의 마음에 진배없다. 땀 없이 열매를 맺는 곡식이 없듯 김선우 시인은 눈물과 통곡으로 자신의 시를 완성해 가는 농부이다. 오늘도 그의 〈고향

꽃 화원〉 비닐하우스 안에서는 그의 눈물들이 익어가고, 아름다운 한글을 통해 나라 사랑을 이야기하는 이야기꾼들의 발걸음으로 수런대고 있을 것이다.

　나라가 존재함으로 인해 생각의 전달자이며 파수꾼인 한글을 마음껏 사용할 수 있는 시인들은 얼마나 행복한 존재들인가. 그들은 이구동성으로 말할 것이다. 〈국유연후유신〉이라고….

| 제10시집 출간 축하 글 · ①

삶의 가치관

박 민 순
(수필가 · 시인)

인생을 살아가면서 내 삶의 가치價値를 어디에 둘 것인가?

가난에 찌든 사람은 가난을 벗어나려고, 사업가는 기업을 키우려고 돈을 버는 데 목적을 둘 테고, 학업을 잇지 못한 사람은 못 배운 한을 풀려고 늦게라도 배움의 길을 택하기도 한다. 어떤 이는 부모님 살아계실 때 효를 다하지 못함은 돌이킬 수 없는 후회라면서 도시 생활을 접고 부모님이 계신 시골 또는 고향으로 돌아가 부모님이 편안히 삶을 마칠 때까지 수발을 들기도 한다. 또 어떤 이는 사람으로 태어나 이름을 남겨야 하지 않느냐면서 목민관牧民官이 되어 정치판에서 국민을 다스리는 일에 몸을 바치고, 문화예술인은 문화예술계에서 걸작을 남기려고 뼈를 깎는 노력으로 온 힘을 다한다. 이렇게 저마다 가는 길이 다른 것은 개개인의 인생관이나 가치관이 다르기 때문이다.

공자의 시경에 '시 삼백 편을 읽으면 마음속에 사악한 생각이 사라진다(詩三百思無邪)'라고 했다. 물이 탁해지면 정수해서 마시듯이 각박한 생존경쟁의 사회현상과 촌각을 다투는 조급한 일상생활은 시詩를 통해 여유를 찾고, 마음을 정화(淨化, catharsis)시키고 치유(healing)한다고 심리학적, 의학적으로 발표하고 있다.

　김선우 시인의 시는 낭송에 잘 어울린다. 문화예술의 여러 장르 중에서 시는 예술의 꽃이다. 또한, 시낭독이나 시낭송은 그 꽃의 향기와 열매다. 시낭송이란 좋은 시를 소리예술로 승화시키는 것이다. 시를 이해하고 시 속에 내재한 희로애락의 감정을 끌어내어 감성적으로 표현한 것이다. 따라서 음계가 없는 시 구절의 요소요소를 제 나름대로 개성의 색깔을 입혀 손짓 몸짓을 가미하여 표현하는 것이 진정한 시낭송가이며, 정서나 사상 따위를 운율을 지닌 함축적 언어로 표현한 시로 질병을 치료하는 사람을 시치유사라 부른다. 바로 김선우 시인과 시가 그렇다고 해도 틀린 말은 아니다.

　육십이 넘은 나이에 시詩라는 문학계에 늦깎이로 첫발을 내디딘 김선우 시인과 2010년에 첫 대면을 하여 형님과 아우로 어언 8년이란 세월이 흘렀고, 김선우 시인의 시력詩歷도 12년이란 세월을 잇고 있다. '강산도 변한다'는 10년의 세월을 거슬러 구도자가 한 계단 한 계단을 오르며 높은 경지에 이르듯 한 편 한 편 쓰고 또 엮어 10번째의 시집『흙에서 캔 나의 노래』로 세상에 고개를 내밀고 있다. 이 땅에 발에 밟히는 것이 시며 고개 돌리면 시인들도 많지만 그러나 절대로 호락호락하지 않고, 만만하지 않은 게 시업詩業의 길이다. 쉽게 생각하면 쉽고 어렵게 생각하면 어렵다. 철이 들수록 생각이 깊어질수록 고행의 길도 그만큼 깊어지는 게 시인의 길이다.

생각의 깊이는 따지지 않고 많은 말을 툭툭 내뱉는 내 성격에 가끔은 속상한 적이 한두 번이 아닐 텐데, 이 못난 아우를 잘도 받아주는 형님이기에 꽃집(고향 꽃 화원) 문이 닳도록 자주 드나들며 입을 즐겁게 하는 먹거리에서부터 삶을 살찌우는 인생을, 감성을 자극하는 문학을, 그리고 우리가 살아가는 이 나라 정치판까지 도마 위에 올려놓고 난도질하며 곧잘 대화를 나누기도 한다.

김선우 시인이나 졸시拙詩를 쓰는 나나 삶의 가치관은 시업詩業이다. 이미 '길에서 화두를 줍던' 김 시인이 칠십삼 년 생 뒤돌아 아픈 가슴을 어루만지며, 성찰의 눈물로 써내려간 시편들은 '사람으로 태어나 어떻게 살아가야 하는가'에 대한 해답을 제시한다. 『흙에서 캔 나의 노래』가, 읽는 이의 가슴을 따뜻하게 어루만져주어 아픈 어제도 잊고 오늘을 현명하게 살아 내일을 여는 지혜를 던져 주리라 믿는다.

축하와 함께 그의 고행길에 한 뭉치의 꽃다발을 바친다.

| 제10시집 출간 축하 글 · ②

고향이 그리워도

경암 이 원 규
(칼럼니스트 · 전기작가)

　세월이 가면 나잇값 좀 하며 살아야 할진대, 필자는 아직도 남북통일 같은 엉뚱한 것에 홀려, 세상살이에는 별 관심이 없다. 그런 필자와는 전혀 딴판으로 세월 갈수록 마치 회춘이라도 하신 듯 꽃 피는 봄날을 노래하는 이가 있다. 칠순을 넘긴 지 어언 석삼년이 지났건만, 벌처럼 때로는 나비처럼 꽃집에서 시詩 300수에 취해 도낏자루 삭는 줄도 모르시며 사신다.
　필자와 고향이 같은 오산시 출신의 김선우 시인을 만나면 없던 힘이 절로 팔팔 솟는다. 자신감 넘치는 말투와 꼿꼿한 바른 자세로 한 점 흐트러짐도 없이 대화를 주도한다. 나이가 들면 힘이 빠져 화려했을 옛 감투야 부질없는 게 정상이다. 필자도 어느 한때는 하늘 높은 줄 모르고 날뛰었던 적도 있었지만, 역마살로 팔도를 떠도는 중(中, 스님이 아니다)이다.
　술과 담배를 입에 대지 않는 김선우 시인은 시 쓰는 게 유일한 소일거리며 낙樂이다. 경찰서 앞 꽃집(몇 년 전에도 경찰서 맞은편이었는데, 경찰청사를 운암뜰로 옮기자 그 곁으로 또 왔다)에서 꽃을 팔고 시를 쓴다. 버려야 할 꽃배달 주문서 이면지에 일필휘지로 써 내린 시詩, 마치 제집처럼 꽃집을 들락거리는 후배들은 그걸 정성껏 컴퓨터에 옮겨 출력해 드린다.

전직이 예비군 중대장, 새마을회장 등 감투야 크고 묵직하지만 생각보다는 전혀 다른 심성을 소유했다. 후배들에게 뭐라도 하나 더 챙겨주지 못해 안달복달이다. 사람마다 개 같은 성질이 유별난 예술단체장은 골치 썩는 자리다. 필자의 경험에 미루어, 어느 단체이건 막상 본인더러 하라면 뒤로 빠지면서 남이 하면 흠집 내고 훼방하는 못된 자 한두 명은 꼭 껴있다.

김선우 시인의 시와 삶이야 역시 '사랑'이다! 지금까지 책을 펴낼 때마다 입술이 부르트도록 고생하시며 평을 써주신 분들이 입 맞춘 듯이 반복했던 말이기도 하다. 물론 그의 종교인 불교의 '자비'와 조금도 다름없는 똑같은 말이다. 서정택 시조시인도 김선우의 시인의 시를 '그리움, 사랑, 눈물'이라는 진단과 처방전을 내렸다.

김선우 시인은 회갑 때쯤 늦깎이로 시단에 입문했다. 텃밭에서 방금 캐낸 알토란처럼 옹골찬 작품들이 생기면 다양한 매체를 통해 발표했다. 쓰고 보내고 또 쓰니 다작 아닌 다작이 됐다. 그렇게 모으고 모았던 시집들이 어느새 공든 10층탑이 됐다. 이제부터는 감히 넘볼 수 없게 됐다. 높디높게 치솟는 열정만으로도 높이 평가될 날도 바투 다가섰다.

"아우야! 밥 먹으러 내려와."

무엇으로 바빴던지 필자가 안부전화마저 뜸하다 싶으면 여지없이 경찰서 밥을 먹자고 채근하신다. 경찰서라고 해서 절대로 무시하면 안 된다. 우선 일반식당보다는 조용한 분위기에서 식사가 가능하다.

군기가 바짝 든 밥알들과 숨죽인 싱싱한 반찬들도 생각 이상으로 정갈하고 맛 또한 일품이다. 꽃집으로 다시 돌아오면 그간 쓴 시들을 척 내미신다.

이 시집에 실린 시들은 가마솥 걸고 장작불 활활 지펴 오래도록 우려낸 사골 맛처럼 구수하다. 어느새 10권의 시집이라니…. 대단하시다. 이런 기세로 나간다면 팔순쯤엔 20권이야 너끈하시겠다. 그때도 이렇게 축하 글을 쓸 기회를 주실 것으로 믿어 의심치 않으면서, 비록 향토예비군이지만 충성할 것을 하늘에 두고 삼가 맹세하는 바이다.

"일도 오 옹 좌우로 정렬! 시인 중대장님께 받들어 총! 추우웅~성!"

| 제10시집 출간 축하 글 · ③

흙에서 사리를 건지는 시인

이 서 연
(시인 · 사단법인 한국문화예술연대 이사)

3년 전, 어떤 인연인지 알 수 없지만, 길에서 화두를 줍는다는 분으로부터 시선집을 받았다. 불교에서는 '좋은 벗'이라는 뜻으로 '선우'라는 말을 많이 사용하기에 뵌 적 없어도 이름이 낯설지 않았다. 첫날엔 몇 작품만 보았다. 그러다가 몇 주간 시집을 곁에 두고 꼼꼼하게 읽었다. 문학을 위해 작품을 쓰는 작가의 모습이라고 하기엔 너무 소박하고 솔직하게 속가슴을 풀어내어 '이렇게 작품을 쓰는 분은 사람을 너무 솔직하게 사랑해서 마음앓이가 심하겠다'는 생각이 들었다.

많은 작가가 자신의 인생을 작품에 투영할 때 메이크업을 하는 편이다. 그러나 길에서 화두를 줍는 시인은 자신에게 솔직하고 그 솔직한 삶의 철학을 문학으로 담아내면서 가식과 거짓을 거부했다. 문학을 위한 시, 시를 위한 삶이 아니라 삶 자체가 시, 시 자체가 삶이어야 하는 정직성을 선택한 것이다.

그 정직을 눈으로 확인하고 싶어 어느 날 느닷없이 화원을 찾아갔다. 관음죽에 물을 주고 계신 시인을 처음 만났건만 천 년의 인연을 쌓은 사람처럼 맞이하셨다. 인생의 까마득한 후배이건만 문단의 선배로 대우하시는 융숭한 겸손과 느긋한 표정과 맑은 미소로 홀로 해 온 시 공부를 털어놓으시는 모습에서 '아, 이 분은 삶의 길에서 화두를 줍고 계신 것이 아니라 이미 화두를 푸셨구나!' 싶었다. 그리고 삶의 여정에 담긴 사연들을 문학으로 표현함에 그 무엇보다 '정직'을 선택한 이유는 '시인'이라는 타이틀이 삶을 꾸며주는 일이 아니라 자신을 닦는데 사용할 죽비여야 했을 것이란 생각이 들었다.

애국이 존재의 본질이었던 시대를 치열하게 살았던 열정에 감춰둔 가족애와 인간애를 시적 사유를 통해 풀면서 내면에 품어온 사랑이라는 삶의 화두를 푸는 것이 문학을 하게 된 목적이었을 것이다. 이런 인간적 성품은 사람에게 상처를 입어도 그 사랑을 멈추지 않는다. 사람 사는 세상에서는 그 상처를 화두로 삼아야 한다는 깨달음을 얻은 사람들에게서 나타나는 공통점이다.

어느 작가든 작품을 발표하기 전까지 문학은 자신에게 하는 법어이다. 그러나 문자화되어 발표되는 순간, 자신을 향했던 그 법어는 타인을 움직이게 하는 생물체가 된다. 등단한 문인들이 그것을 깨닫는 순간부터 책임감과 고민을 함께 한다. 그냥 멋진 시어를 찾아야 하는 게 아니라 진실한 숨결이 담긴 언어를 찾아야 한다. 김선우 선생님을 다시 만났을 때 화원은 신선한 흙내음이 났다.

많은 기성 문인들이 내 작품을 누가 인정해 주고 있는지 이곳저곳 다니며 눈치 보는 사이 새로운 가치에 눈 뜬 그는 독자적인 경험과 깨달음을 자신의 목소리로 발현할 준비를 마친 듯 보였다. 본인은 늦깎이 시인이라지만 이미 내면엔 평생 뿌려 온 문혼이 흐르고 있었다. 그 에너지의 근원이 무엇일까 궁금했던 차에 제10집 시집 〈흙에서 캐낸 나의 노래〉를 편집 중이라는 소식을 들었다. 그렇다. 화두를 풀었으니 조용히 흙에서 사리를 건지고 있었다.

김훈 에세이 〈자전거 여행〉에 이런 구절이 있다.
"경북 지방 무당들의 본풀이는 흙의 근본을 이렇게 풀어낸다. 태초에 땅 위에 세상은 진흙 뻘밭이었다. 하늘나라 공주가 가락지를 이 진흙 수렁에 떨어뜨렸다. 하느님은 남녀 한 쌍을 이 세상으로 내려보내 가락지를 찾아오도록 했다. 남녀는 손으로 진흙 수렁을 주무르며 가락지를 찾아 헤맸으나 찾지 못했다. 진흙 수렁 속에서 남녀는 정이 들어 사랑했다. 남녀는 하느님의 명령을 배반하고 가락지 찾기를 집어치웠다. 남녀는 이 세상의 진흙 수렁에서 살기로 작정하고 결혼했다. 이 부부가 가락지를 찾기 위해 손가락으로 주물렀던 진흙 수렁은 마른 흙이 되었고,

이 흙 속에서 풀과 곡식들이 돋아났다. 이것이 밭이다."

이 글을 보고 이솝 이야기가 생각났다. 〈포도밭 속의 보물〉 우화에 보물을 찾으려고 온 포도밭을 다 파헤치는 수고를 마다치 않는 얘기가 나온다. 결국, 눈에 보이는 보물을 찾지 못했지만, 그해 포도밭 농사는 그 어느 해보다 풍년이었다. 그게 보물이었다는 것을 그 우화는 보여준다.

흙은 종교적 의미를 떠나 누구에게나 어머니다. 흙을 밟고 태어나 자란 모든 생명에게 흙은 단순한 의미일 수 없다. 흙을 외면한 도시는 마음의 어머니를 잃고 방황한다. 어머니는 나의 생명을 만들어준 분이지만 사실 영혼을 존재하게 한 의미다. 그러므로 흙을 멀리하게 된 도시인들은 영혼을 잃고 방황할 수밖에 없다. 영혼 없는 인간은 근원적 존재의 질문에 대답할 수 없다. '존재' 자체를 잃은 뒤에 근원적 존재를 깨닫는 일은 불가능하기 때문이다. 그래서 많은 사람이 흙을 그리워한다. 영혼을 잃지 않으려 애를 쓰며 산다. 어머니를 잃은 사람은 특히 마음의 어머니라도 붙들고 싶어 산을 찾고, 들판을 헤맨다. 그만큼 흙은 사람들에게 존재의 의미를 깨닫게 하는 데 큰 역할을 한다.

이런 까닭에 화원에서 흙을 만지며 식물과 함께 더불어 살아가며 시를 쓰는 분에게 흙은 보물창고이자 창작의 산실일 수밖에 없다. 나이가 들어갈수록 어머니 생각이 간절해진다며 72년 전 어머니와 함께 찍은 어린 시절 사진을 내놓는 시인의 모습에서 삶의 행간에 흙냄새를 넣으며 흙에서 건진 노래가 결국 '어머니의 사리'라는 것을 짐작할 수 있었다. 사실 그 안에는 그분의 아내가 뿌려 둔 사리도 담겨 있다. 신이 신을 대신해서 어머니를 보냈다는 말이 있다. 난 이 세상의 남자들에겐 어머니가 안 계신 자리를 아내가 대신하고 있다고 생각하는 사람이다. 김선우 시인에겐 특히 그러하다. 평생 한 번 하기도 어려운 삼천배를 꽃잎 피우듯 하시는 아내의 불심이 만지는 흙마다 담겨 있을 것을 것이다. 그걸 찾아내는 건 시인의 몫.

이제 그 사리들을 좋은 벗들과 나누며, 마음의 좋은 벗들을 더 만날 수 있으리라는 기대로 더 기쁘다. 흙에서 건진 사리는 이제 한 시인의 어머니 사리가 아니라 모두가 건져내야 할 사리로 빛나고 있으매.

| 제10시집 출간 축하 글 · ④

빛이 나는 시인 친구

손 철
(방송인 · 시인 · 화가)

활짝 웃는 사람

가슴이 넉넉한 남자

밥값을 먼저 내는 친구

마음이 풍요로운 사내

서민의 눈을 가진 시인

모든 일상을

시로 풀어내는 사람

김선우 시인!

당신의 시집 출간에

박수를 보냅니다.

할아버지를 빼닮은 꼬마 시인의 작은 시집 · 1

손자 김동수(효행초등학교 3학년)

할아버지를 빼닮은 꼬마 시인의 작은 시집/도서출판 국보
2017년 6월 30일/『흙에서 캔 나의 노래』 중 123~129쪽까지

418 / 울 엄마   419 / 바람은 변덕쟁이

420 / 비 오는 날   421 / 추석

422 / 별   423 / 닮은꼴

울 엄마

손자 김동수

온 가족을
보살펴주는 울 엄마

온 가족을
사랑하는 울 엄마

그래서
울 엄마는

우리 가족의
영원한 등불이다.

바람은 변덕쟁이

손자 김동수

바람아! 바람아!
너는
어디서 와서
어디로 가니?

너는
어느 날은 세게 불고
어느 날은
시원하게 불고
어느 날엔
한 점 바람도 없이
나를
덥게도 하고

나는
참
궁금하단다

비 오는 날

손자 김동수

비가 내린다

아기 사과들이
파란 알몸으로 비를 맞고 있다

사과나무도
우산도 쓰지 않은 채
그 비를 다 맞고 있다

아기 사과들이 감기 들까 봐
이파리로 비를 막아준다지만
아기 사과는 보란 듯이
더 맑게 파랗다

아기 엄마 나무는
아기를 주렁주렁 매달고
슬프게 울고 있다

추석

손자 김동수

추석은…

할아버지
할머니 만나는 날

한복 입고
조선 시대로 돌아가는 날

복주머니가 가득 차는 날
옛날 드라마 보는 날

그리고
내가 왕이 되는 날

별

손자 김동수

창밖에
밤하늘 바라보다

괜스레
가슴이 덜컹 두근두근 댄다

허공에 떠 있는
저 별들이 우수수 떨어지면
어떻게 찾지

내가
좋아하는 별들인데…

닮은꼴

손자 김동수

아빠는
나만 보면 끌어안고
볼에 뽀뽀한다
우리 할아버지도
나만 보면
끌어안고
볼에 뽀뽀하며
할아버지 하시는 말씀
"요놈이 애비 어려서 똑 닮았어."
그 말씀을 받아 나는
"아니에요. 아빠가 꼭 할아버지 닮았어요."

그렇게
할아버지와 나는
행복한 주말을 보냈다

426 / 작가의 말 : 생활에서 위안과 지혜를 주는 책

429 / 만족할 줄 아는 만족

431 / 무소유

433 / 교만한 마음

435 / 참된 친구

437 / 등 뒤에서 하는 말

명언집2, 이 말을 거울로 삼고/도서출판 국보
2018년 5월 25일/132쪽/12,000원

| 작가의 말

생활에서 위안과 지혜를 주는 책

오랜 세월이 지났음에도 불구하고 옛 성현들의 말씀은 여전히 우리에게 큰 지혜와 삶의 지침이 되고 있다. 그분들의 가르침을 살펴보면 의외로 쉽고 편하다. 근원적인 핵심에 이르게 되면 신비하리만큼 우리의 생활과 밀접하게 연결된다. 나와 남을 나누어 살다 보면 나와 남 사이에 알게 모르게 틈이 생긴다. 그 틈으로 갈등과 고통의 108번뇌가 어느새 자리를 잡는다. 인간이 존재함으로 느끼게 되는 108가지 번뇌를 세상을 살아가면서 삶의 지침과 거울로 삼고자 이 책에 담았다.

나는 시를 짓는 시인이다. 시인의 눈은 남들이 보는 것 외에도 일반인들이 미처 보지 못한 것, 보지 않으려는 것까지도 보는 심미안이 있다. 그간에 지은 시들을 엮어 10권의 시집을 냈지만, 집〔家〕이 아닌 집集이었다. 소설가, 화가, 조각가, 음악가, 예술가는 모두 집〔家〕인데, 유독 시인은 집이 아닌 사람 인 人 자가 달라붙어 늘 사람 속에서 살게 하려는 배려이리라. 무엇인가 하냥 그립고 또 괴로움에 밤새도록 울었던 때도 있었다.

내 마음의 집을 허물고 또 올리다가 문득 내 집은 역시 일체유심조一切唯心造 속에 굳건하게 서 있는 마음의 집이었음을 뒤늦게 깨달았다.

벼는 익을수록 고개를 숙인다는 옛말이 예사롭게 들리지 않는 요즘이다. 얕은 지식만으로 뭣 좀 안답시고 저마다 고개를 빳빳이 치켜드는 사람들도 꽤 많아졌다. 칼은 칼로서, 욕은 욕으로 돌아오기 마련인 것이 세상사의 변함없는 이치다. 우리가 사는 이 현재의 시각은 어느 사람이든 간에 두 번 다시 돌아오지 않는다. 그래서 지금 스스로 보내고 있는 이 시간을 가장 귀중하고 소중하게 보내야 한다. 함께 살아가면서 자기에게는 한없이 관대하고 남에게는 빈틈도 주지 않고 엄격했었을 날도 깊게 뉘우친다. 우리는 다시 남에게는 관대하고 나에게는 지독할 정도로 엄한 우리가 되어 다시 만날 날도 기약해 본다. 지금부터라도 서로 용서하고 배려하는 마음으로 산다면 이 세상은 꿈과 사랑으로 가득 찰 것이매.

이 책은 특정한 종교의 틀 안에서 갇히지 않도록 필자가 읽었던 모든 책에서 가르침이 될 만한 좋은 문구를 빼내 필사했다. 딱히 어울리지는 않을지라도 지루하게 읽히지 않도록 재밌는 일화들을 밑받침으로 끼워 넣었다. 모쪼록 힘겹게 살아가는 우리의 삶에서 여기에 적힌 문장들이 모든 이들의 삶에서 위안과 지혜를 주는 계기가 된다면 더없는 기쁨으로 삼겠다.

2018년 따스한 봄날, 고향꽃집에서
송암 김선우 드림

만족할 줄 아는 만족

죄는 욕심보다 더 큰 것이 없고
화는 만족할 줄 모르는 것보다 더 큰 것이 없고
허물은 허욕보다 더 큰 것이 없다
그러므로
만족할 줄 아는 만족은 항상
넉넉한 것이다

― 노자

만족하는 사람에게는 부족함이 없다는 말은 행복한 사람에게는 불행이 없다는 의미인 게다. 잘 비우는 것이 그만큼 잘 사는 인생이다. 죽을 때 입는 수의에는 주머니가 없다. 갈 때는 다 비우고 가라는 뜻이다. 주먹을 꽉 쥐고 태어났지만 죽을 때는 손은 다 펴고 간다. 태어나면서부터 무언가를 하나, 둘 잡기 시작하다 죽을 때가 돼서는 다 주고 가는 것이 인생이다. 결국, 잘 죽는다는 건 다 내주고, 다 비우고 간다는 의미이다.

인간은 아무리 외로워도 2시간 이상 지속해서 외로움에 젖어 있지 않는다고 한다. 외로움 사이사이 다른 일을 하다가 문득 '아 맞아, 나 외롭지!'라며 되새긴다는 것이다. 외로움은 잠시 지나가는 것, 좋고 나쁘고 외롭고 우울한 감정도 잠시 지나가는 거로 받아들이자. 자의든 타의든 혼자 지내야 하는 사람들이 늘고 있다. 혼자 살기, 혼자 놀기, 혼자 일하기에 대한 저마다의 노하우로 가득한 세상이다.

무소유

무소유란

아무것도

갖지 않은 것이 아니라

불필요한 것을 갖지 않는다는 것이다

― 법정

법정 스님은 "내가 다하지 못한 법문은 봄에 새롭게 피어나는 새싹들의 침묵 속에서 듣기 바란다."라는 말씀을 하셨다. 눈여겨보면 모순과 부조리가 만연한 게 우리 사회의 현실이다. 세상은 썩을 대로 썩었다. 무엇이든 내 주머니에 넣으면 내 것으로 생각하는 마음은 도둑놈 마음이다. 일확천금을 바라는 마음도 도둑놈 마음이다. 노력과 대가를 지급하지 않고 욕심만으로 내 것으로 만들려고 한다. 인과因果에는 에누리가 없다. 복을 지으면 복을 받고 업을 지으면 업을 받는다. 그러나 업을 지었더라도 복을 지으면 업이 녹아버린다.

어떤 사람이 가을에 밭을 지나다가 조가 누렇게 잘 익은 것을 보고 한 움큼 훑으니 조 알이 우르르 떨어졌는데, 다음 생에 소가 되어 갚았다고 한다. 공짜로 받으면 다음 생에 여러 배로 갚아야 한다. 밥 한 그릇을 이유 없이 얻어먹으면 다음 생에 여러 그릇 사주어야 하고, 주먹으로 한 대 치면 다음 생에 여러 대 얻어맞아야 한다.

교만한 마음

교만한
마음속에
자신을 뽐내고
아첨과 거짓으로
빌붙는다면
천만년
고해 중에
윤회하면서
부처님
명호조차 듣지 못하리
　　　　　　　－ 법구경

　　108번뇌란, 인간이 존재한다는 것 그 자체만으로 늘 느끼게 되는 108가지 느낌을 의미하는 것이다. 근본적으로 자신에 대한 집착으로 일어나는 마음의 갈등이 번뇌이다. 그리고 백팔배 百八拜로 108번뇌를 씻으려 절을 한다. 절(拜)이란, 삼보三寶에 대한 예경과 상대방에 대한 존경을 의미하며, 스스로 낮추는 하심의 수행방법 중 하나이다. 절은 그 자체가 하나의 훌륭한 수행방법이기도 한데 참회나 기도의 방법으로 108배拜 1,080배拜 3000배拜 등이 활용되는 것도 이러한 이유다.

하심下心은 머리와 허리를 숙이듯 마음을 낮추라는 의미가 담겨 있다.

성철스님은 자신을 만나러 오는 사람들에게 삼천배를 시킨 것으로 유명하다. 삼천배를 다 하지 못하면 스님을 만날 수 없었다. 한 번은 법정 스님이 삼천배를 시키는 까닭을 물었더니, 이렇게 말씀하셨다고 한다.

"사람들이 나를 만나고 싶어 합니다. 하지만 아무리 생각해도 나는 그들에게 어떤 이익도 줄 수 없습니다. 그러니 나를 만날 게 아니라 부처님을 만나라는 의미에서 삼천배를 시키는 것입니다. 3000번 절을 하고 나면 그 사람 심중에 뭔가 변화가 오게 되고 그 변화가 오면 다음부터는 저절로 절을 하게 되지요. 나를 만나지 않아도 되는 순간이 찾아온 것입니다."

대략 100번의 절을 하는데 약 20분이 걸린다면, 3000번을 한다면 얼마의 시간이 걸릴까?

3000(번) 나누기 100(번)은 30이며, 30 곱하기 20(분)을 하면 600(분)이다. 600을 1시간인 60(분)으로 나누면 10(시간)이다.

참된 친구

참된 친구는
신분이 높은 귀족에게도
대단히 유익한 것이다.
친구는 그들에 관해 잘 말해주고
그들이 없는 곳에서도
그들을 지지해주기 때문이다.
그러므로
참된 친구를 얻기 위해서는
온갖 노력을 기울여야 한다.
그러나
잘 택해야 한다
　　　　　　　　　　 - 파스칼

　초기 경전에는 '선우善友'에 대한 이야기가 많이 나온다. 세상을 살아가는 데는 그만큼 친구의 영향이 크다는 뜻일 것이다. 친구를 잘 두어 덕을 보는 일도 많지만, 친구 때문에 한평생 말할 수 없는 피해와 고통을 당하는 경우도 없지 않다.

지기知己는 지기지우知己之友에서 온 말이다. 내 마음을 알아주는 친구란 뜻이다. 그런데 한자어가 아닌 우리말 '지기'는 두 팔과 두 다리를 일컫는다. 그래서 국어사전에도 없지만, 요즘 많이 쓰는 옆지기라는 말이 옆을 지키는 사람이라는 뜻으로, '배우자'를 이르는 말이다. 등대지기, 볼지기, 카페지기처럼 지키는 사람도 지기이다. 지켜주려면 언제나 곁에서 바라보아야 한다. 그래서 지기 속에는 '늘', '한결같이'라는 의미가 내포돼 있다. 그래서 소중하고 귀한 말이다.

친구 따라 강남 간다는 말이 있다. 친구를 사귐에 있어 신중해야 한다는 말을 비유적으로 가르쳐주는 속담이다. 이와 비슷한 의미의 근묵자흑近墨者黑이라는 고사성어도 있다. 먹 옆에 가면 검어질 수밖에 없으니 검댕을 묻히고 싶지 않다면 먹 옆에 가지도 말라는 뜻이다. 환경이 그만큼 중요하다는 의미다. 특히 순백의 아이일수록 곁에 있는 친구의 생각과 행동을 그대로 흡수하기 때문에 친구를 사귐에 있어 늘 신중해야 한다.

등 뒤에서 하는 말

직접 보고 경험한 일도
모두 참되지 아니할까 두렵거늘,
등 뒤에서 하는 말을
어찌 족히 깊이 믿으리오
　　　　　　　　　　－ 명심보감

세상에 빌려 쓸 수 없는 게 마음이다.

괭이며 장도리며 연장은 남에게 빌려다 쓸 수도 있고, 일꾼도 얼마든지 얻어다 쓸 수 있다. 그런데 한 줌이면 되는 남의 마음은 빌릴 수도 살 수도 없다. 퍼내고 퍼내도 마르지 않는 게 마음인데도 내 마음처럼 그 한 두레박 퍼내기가 힘들다. 그러니 내가 준만큼 돌아오지 않는다고 남의 마음 때문에 아파하고 서운해 할 일은 아니다. 무한대로 내 마음을 닦아서 쓰면 되는 거다.

우리의 뇌는 초당 4천억 비트의 정보를 처리하는데 그중에서 단지 2천 비트만 인식한다고 한다. 습관적으로 내 안에 좋고 나쁜 것을 나누어 놓고 그중에서 좋다고 판단한 것만을 분별해 받아들이고 나머지는 무시해 버리는 것이다. 그럼으로써 매번 똑같은 2천여 가지의 가능성만이 현실에서 지루하게 반복될 뿐 나머지 399,999,998,000비트(bit)의 무한한 가능성은 습관적으로 사라지고 있다. 다시 말하면 내 욕망과 신호가 개입된 몇 가지만이 도드라지게 보이고 나머지 관심 밖의 대상들은 아웃포커싱(사진에서 얕은 심도로 인한 배경의 뭉개짐 현상) 되듯 삶의 뒤편으로 날아가 버린다.

우리는 얼굴을 바꿀 수는 없지만, 눈빛으로 부드러운 말씨로 표정을 바꿀 수는 있다. 아메리카 인디언들은 어떤 말을 만 번 이상 되풀이하면 그 일은 반드시 이뤄진다고 믿는다고 한다.

제11시집, 냉이꽃 편지/도서출판 국보
2018년 11월 10일/168쪽/10,000원

440 / 시인의 말

442 / 발문 : 수채화로 그린 그의 편지 — 서정택 (시인)

446 / 우정 초대시 : 선물 — 손 철 (방송인·화가·시인)

447 / 축하 메시지 : 순정의 시혼詩魂를 보여주는 부부
　　　　— 이서연 (시인)

450 / 냉이꽃 편지		452 / 세상은 나를 그리 살라 하네	
453 / 옛 시집을 펴들고		455 / 눈물 조각사	
456 / 편지 — 며느리에게		459 / 편지 — 윤서에게	

시인의 말

어느덧 내 삶의 여정도 황혼역에 와있다.

풍요한 기운이 만개하던 인생

이제 꽃 질 날을 기다리고 있다.

잎들 모두 사라져 가는 가을 길모퉁이에서

또 한 권의 시집을 상재한다.

같은 이슬이라도 뱀이 먹으면 독이 되고

꽃이 먹으면 꿀이 된다는 말이 있다.

2019년 12월 12일이면

아내와 나의 결혼 50주년이 된다.

거칠고 험한 세상의 풍파를 이겨내며

나를 길러주신 건 나의 어머니요,

그 어머니를 오래도록 기리게 만들어 준 건

나의 아내이다.

이 시집을 통해

50년을 함께한 아내에게

냉이꽃처럼 새하얀 천년의 정을 보내며

그 정이 아내에게 닿아 꿀이 되길 바란다.

마지막으로

이 시집을 상재하기 위해 함께 해주신 모든 분께

감사의 말을 전한다.

2018년 가을날

송암 김선우

| 발문

수채화로 그린 그의 편지

서 정 택
(시인)

　어머니는 그리움을, 그리움은 고향이라는 일관된 주제가 시의 전편을 관통하고 있는 김선우 시인의 12번째 시집 『냉이꽃편지』의 겉봉투를 뜯는다. 투박하다가 어느 순간 봄날 보리밭에서 풍기는 냉이꽃처럼 새하얀 그리움이 우리들 심상의 캔버스 위로 어머니의 손길이 번지듯 그렇게 번지고 있다. 이것은 김선우 시인에게 있어 낭만적 환영의 결과물이 아닌 시인이 숙성시킨 그의 삶을 창고 문을 열어젖히듯 가만 가만 열어젖힌 결과물이기 때문일 것이다.

　수천수만의 젊은이들을 호령하여 질풍노도처럼 밀어 붙였던 예비군 중대장 시절의 김선우는 이제 없다. 어머니라는 말만 나와도 눈물 한 바가지를 퍼서 건네는 김선우 만이 존재한다. 이제는 돌아와 거울 앞에선 누이의 모습 같은 아내를 보며 어머니를 떠 올리는 남편의 모습만이 존재할 뿐이다.

오랫동안 김선우 시인의 작품을 읽어 온 사람들은 알리라. 김선우 시인 본인이 항상 이야기했듯 그의 시는 연시에 가까운 일관성을 보이고 있다. 『냉이꽃 편지』에서도 그의 서정은 변함없이 연정을 탄주하고 있는데 시집을 거듭할수록 예전에 노출되었던 알몸 같은 누드의 모습이 아니라 얇은 사 하얀 고깔을 투명하게 뒤집어 쓴 여승의 모습처럼 은은해지고 있다.

보일 듯 보이지 않는 기법들을 『냉이꽃 편지』에서 동원하였는데, 이제 이 시집으로 인해 제1, 제2시집을 상재하며 너무 부족한 상태에서 발표되었던 창피함으로 몇 날 며칠을 눈물로 지새웠다는 김선우 시인의 뼈아프고도 애절한 사연은 이제는 과거로 남아질 수밖에 없게 되었다는 생각을 해 본다.

지연되고 미루어졌던 아니, 소소한 소품의 형태로만 존재하던 김선우 시인의 어머니는 참으로 힘든 세월을 지내셨다. 어머니의 어머니를 따라 보리밭 이랑을 누비며 냉이꽃 한 바구니를 따 담곤 했던 어린 시절을 뒤로 한 채 그 냉이꽃밭을 보며 시집길에 올랐을 때, 어머니의 두 눈에는 서럽도록 처연한 냉이꽃들이 어머니의 어머니를 대신한 눈물처럼 고향 산천에 홍건했으리.

얼마 전 오산시에서 주최했던 평화의 소녀상 시민문예대전의 심사를 본 적이 있다. 잘못된 과거로의 회귀는 그 과거를 살펴 현재를 살고 또한 올바른 미래를 준비하기 위한 단계이다. 평화의 소녀상이 겪었을 그 통한의 시간을 피하기 위해 피난길에 오른 것처럼 도망치듯 치룬 혼인 생활! 그 당시 남정네들 대부분이 그러했듯 김선우 시인의 어머니에게 있어 남편은 자상하다거나 다정한 남편은 절대 아니었을 것이다. 모진 속박의 세월을 인내하며 남편 사후에 올망졸망한 자손들을 보살피느라 곱디 고왔던 냉이꽃의 자태도 계절이 다한 시간 아래서 쇠해질 수밖에 없었던 냉이의 꽃대처럼 결국엔 거칠어졌으리.

『냉이꽃 편지』를 통해 힘이 없는 조국을 어머니로 은유하여 이야기한 주권 없는 조국의 절대 피해자는 노약자들과 여성이라는 역사적 사실을 이입시키고 있다. 후반부로 향할수록 어머니에 대한 그리움의 발걸음은 고향 산천으로 옮겨지며 어머니의 채취가 풀 한 잎에도, 건듯 부는 바람의 꼬리에도 매달려 있음을 발견하게 된다. 어머니에게 다 하지 못했던 그 애모의 정이 물이 되어 이제는 아내에게로, 가족에게로, 주변사람들에게로 흐르고 있는데, 그 몰입성이 보통은 넘는다.

나만 아는 시는 끔찍하다. 나만 아는 시를 쓰는 시인은 불행하다. 그러나 이 끔찍함과 불행을 자양분 삼은 김선우 시인은 『냉이꽃 편지』를 통해 모두가 덜 끔찍해하고 본인 또한 불행하지 않기 위해 노력한 흔적이 흘러넘치도록 우리의 눈시울을 자극해 간다. 누구든 이 시집을 펼쳐 놓고 캔버스를 마주하면 잊었던 아주 오랜 옛날의 행복했던 기억들이 수채화의 물감이 번져 가듯 그대들의 가슴을 캔버스 삼아 아름다운 이야기를 그려 가게 될 것이다.

| 우정 초대시

선물

손 철
(방송인 · 시인 · 화가)

당신이 나에게 선물한
수석을 보며
가슴이 뜨거워지는 것은
돌에 깃들어 있는
당신의 진한 우정 때문입니다

오랜 세월 시달려온 흔적이
예술로 승화된 수석엔
당신의 마음이 묻어있습니다

나는
햇살 고운 뜨락에 앉아
당신 닮은 돌을 보고 있습니다

돌은
내가 놓아준 자리에
그냥 있고
당신도 변함없는 마음으로
그렇게
살 것을 나는 압니다

| 축하 메시지

순정의 시혼詩魂을 보여주는 부부

이 서 연
(시 인)

시를 쓰기 위해 태어난 사람은 없습니다만 시를 쓴다는 것은 인생을 사랑하며 살아가는 흔적입니다. 특히 삶이 시혼이 되고, 시혼이 삶이 된 시인은 일상의 정서가 시입니다. 여기 김선우 시인이 결혼 50주년을 맞이하여 사랑시집을 상재하는 바탕에는 시혼으로 빚은 순정의 정서가 진하게 배여 있습니다. 어쩔 수 없습니다, 무엇을 지향하기 위해 시를 쓴 것은 아니겠지만 시를 쓰다 보니 삶이 시가 되고, 시가 삶이 된 것이라 흙내음 풍기는 김선우 시인은 어쩔 수 없이 시인입니다.

그의 시에는 과거의 길을 소중하게 걸어왔고, 현재의 길을 사랑으로 걸어가며, 미래의 길을 닦아가는 모습이 담겨 있습니다. 시간마다 느낌표를 붙이며 때로는 가슴으로 때로는 눈빛으로 때로는 마음결로 시어를 다듬고 있음이 보이지요. 늦깎이 시인이라고 하지만 오래 품어온 시어들은 말합니다. 평생 닦여진 언어들이라고.

　삶이 수행이 되고, 수행이 삶이 된 보살은 일상의 정서가 보살심입니다. 이 사랑시집의 시적 대상이 된 여성은 어머니이자, 아내이자, 며느리이자, 딸이지만 그 모든 역할을 보살의 경계에서 해냈습니다. 어쩔 수 없습니다. 보살이 되려고 아내가 된 것은 아니겠지만 아내가 되어 보일 듯 보이지 않게 가정의 기둥을 바쳐주다 보니 삶이 보살이 되고, 보살의 삶을 살아가게 된 것이라 향내음 풍기며 냉이꽃 편지를 받는 시인의 아내는 어쩔 수 없이 보살입니다.

　백련암으로 삼천배 수행을 떠나는 보살아내를 보며 작가는 억겁의 인연이 속 깊은 보살을 아내로 맺어준 것을 얼마나 감사하는지 작품으로 보여 줍니다. 그만큼 작가는 보살과의 인연과 보살의 삶으로 이어가는 아내의 보살행에 저절로 시가 나옵니다. 시는 시인이 낳았지만 시인은 보살이 낳은 흔적이 아닐까 싶습니다. 이런 김선우 시인을 볼 때면 신은 신이 모든 것을 대신할 수 없어 어머니를 보냈다고 하지만 김 시인은 신을 대신할 어머니와 어머니를 대신하는 아내를 다 가졌다는 생각이 듭니다.

김선우 시인에겐 숨어 있어도 빛나는 보석 같은 아내만 있는 게 아니라 큰 보석으로 자라고 있는 작은 보석도 있습니다. 꿈이 공부가 되고, 공부가 꿈이 된 작은 우주는 일상의 경험이 공부입니다. 이 사랑시집을 희망의 푸른빛으로 장식한 시인이 있으니 그 꼬마 시인은 현재 김 시인의 손주이자, 학생이자, 장래의 꿈나무입니다.

교육의 바탕은 분위기입니다. 어떤 분위기에서 성장하느냐에 따라 꿈나무들의 미래가 달라집니다. 특히 정서교육은 꿈나무의 영혼을 그 어떤 폭풍우 속에서도 푸르게 성장할 수 있는 힘을 길러줍니다. 김 시인집의 울타리에서 성장하고 있는 작은 보석 꼬마 시인은 밥 한술에 시 한 편을 얹어 먹으며 자라고 있습니다. 보기만 해도 저절로 미소가 지어지는 이 꿈나무가 우리나라의 미래가 되고 있음에 흐뭇합니다.

김선우 시인의 사랑과 인생이 녹아 있는 이 시집에 '부러움'이라는 솔직한 심정을 담아 축하를 보냅니다.

냉이꽃 편지

일제강점기 시절
성주이씨 가문에서 외동딸로 태어나신 어머니
열세 살 어린 나이에 열 살이나 더 드신
아버님에게 시집오셨던 까닭은
일본 제국주의자들이 무작위로 징용을 했었던
위안부의 잔악한 횡포를 피하기 위함이셨습니다
동구 밖을 벗어나실 때
가마 안에서 바라다본 앞산 뒷논에서는
개구리 울음소리가 한창이었고
보리밭 하얀 냉이꽃 사이로
종다리 울음소리가 가슴을 때렸습니다
어머니!
성주의 보리밭에서 보았던 하얀 냉이꽃 같은
눈발이 천지를 뒤덮던 날
아버님을 하늘나라로 보내시고
홀로 붉은 수수밭을 지나는 것처럼
오랜 세월 눈을 붉히고 사셨습니다
어린 아들 삼 형제를 키우시랴

그 많은 농사를 지어 거두시랴
얼마나 많은 굳은 살이 고운 손에 박혔던지
그 굳은 살이
광산김씨 집안을 지킨 파수꾼이었습니다
어머니!
살아생전 어깨 한번 주물러드리지 못했던
불효자 이 아들
까마중이 씨를 내려 또 다른 까마중의 새싹이
화원 밖에서 흔들리고 있는 풍경을 보며
어머니의 마지막 숨결을 기억합니다
며느리의 무릎 위에서 맞는 임종 앞에서도
며느리의 얼굴을 물끄러미 바라보시며
"에미야! 이제는 널 믿고 나는 가야겠구나"
하시며 소풍을 떠나듯 그렇게 가셨습니다
이제 일흔이 넘어 다시 어머니를 생각하며
하염없는 눈물이 흐릅니다
다시 어머니를 1분 만이라도 볼 수 있다면
칠십 년을 하루로 여겨
어머니의 어깨를 주물러드리겠습니다
다시 불러봐도 그리운 그 이름 어머니!
다시 만날 날을 기다리며
어머니의 고향에서 본 하얀 냉이꽃 같은 눈물을
뚝뚝 흘리렵니다

세상은 나를 그리 살라 하네

지나침은 부족함만 못하여
욕심과 질투심에
자칫 마음을 병들게 하고
몸을 쉬 늙게 하리니
사는 일이 늘 즐거우려면
매사에
관대한 마음으로
겸손한 마음으로
스스로
나를 낮추고 마음을 비우라
그러면
늘
행복하리라

맑은 하늘처럼
넓은 바다처럼
잔잔한 호수처럼
흐르는 강물처럼
세상은
나를
그리 살라 하네

옛 시집을 펴들고

늦은 오후 평상에 앉아
옛 시집을 읽고 있네
칠십 평생 돌이켜보니
남길 게 이것뿐인가 싶어
수없이 지껄여온 말들
쑥스럽고
참 부끄럽기만 하네

요령소리 귓전을 울리던
어지럽게 눈 내리던 날
들리지 않으셨나
뭉클뭉클 쏟아내는 목쉰 통곡
함박눈 속으로 무정하게
뒤도 돌아보지 않으시고 들어가신
눈에 밟히는 내 아버지

이 대목쯤에서
텅 빈 날
밤길을 환하게 비추었네

더는 시집을 읽을 수 없었네

행여 오셨나
유리문 열고
바깥으로 나가려다
아버지보다도 백발인 내가
퀭한 눈으로 날 바라보네

눈물 조각사

한겨울
눈보라에도
하염없이 피고 지는
십수 년은 그저 그래서
그러려니
흘려보냈고
또 몇 년은 궁금해서
문밖으로 나가 봤지만
힘들여 쫓은 그만큼
저 만큼씩 멀어져 가는
어머니!
당신의 그림자가
오늘 더욱 젖습니다.

편지
– 며느리에게

고난의 세월
다시는 입에 담지 말자고 했는데
또 이렇게 옛 생각이 떠오른다
아픔도 다 잊고
너를 만나
세상 다 얻은 것처럼
행복해하는 아들을 볼 땐
네가 곁에 있었기에 가능했고
구김살 없이 바르게 자란
아이들 모습을 보면
너의 애틋한
사랑이었음을 알았다
어미가 늘 기도하며 평온한
모습 찾은 것도 모두가 다
네가 있었기에 가능했고
행복과 사랑이 넘치는 가정
다 너의 따듯한 사랑의 힘이었다
지난번 너의 아픈 모습 봤을 땐
이 아비의 가슴이 아팠고
하늘이 무너지는 것 같아

참 슬펐다
그래도 너의 행복한 모습에
이 아비는 세상을
다 얻은 것처럼 행복했다

에미야!
이 모두가 다
우리 광산김씨 가문에
이렇게
훌륭한 며느리들이 들어오는 건
아마도 양천허씨 할머니의
훌륭한 처세가
대물림이 아닌가 싶다
가깝게는 나의 할머니부터
어머니 그리고 너의 시에미
그리고 내 며느리…
참 고맙다는 마음 늘 가슴에
품고 살아간단다
에미야!
이젠 더 아프지 말고
남은 생 행복하고
건강했으면 좋겠다
광산김씨 41대 며느리 김경희
사랑한다

2018년 6월 5일
운암뜰 화원에서 아비가

| 며느리의 답신

항상 응원해주시고 다독여 주시는

아버님 마음 항상 알고 있습니다.

이 편지를 받고 아버님 마음이 더 가슴에 와닿네요.

항상 믿어주시고 응원해주시는 아버님!

감사합니다.

편지
– 윤서에게

어느 날
시집간다고 하더니
글쎄
뉴질랜드 가서 산다고 하기에
아쉬움과 서운함에 아비가
'시집가는 딸에게' 편지를 보냈더니
공항에서 엉엉 울었다는 소식에
이 아비도 하염없이 울었단다
그렇게 몇 년 뒤
아비의 칠순기념 출판기념회에
예고도 없이
어린 유주 윤성이 손을 잡고
아비 앞에 나타나는
너를 보았을 때
나도 모르게 눈물이 나더라
네가 시집간 지도 벌써
십여 년이란 세월이 훌쩍 넘었구나
이번 12월에 오면

아비에게 먼저 오겠다는
너의 소식에
또 눈물이 앞을 가리는구나
유주는 얼마나 컸을까!
윤성이는 얼마나 컸을까!
사진 찍어
할아버지에게 보내달라며
사랑한다는 포즈 취하는
유주 윤성이 많이 보고 싶구나
오늘도 아버지는 먼 하늘 바라보며
너희들을 그리워한단다
내 딸
그리고 유주 윤성이
사랑한다

                          2018년 6월 5일
                         운암뜰 화원에서 아비가

| 수양딸의 답신

아버지~~

전 이 글을 읽고 또 울어요~

면역력이 많이 떨어졌는지 많이 아팠어요~~

이제 겨우 회복돼서 집안일도 하고 애들도 챙겨요~~

몸이 아파서 고향 생각 부모님들 생각이

많이 나고 가고 싶더라고요~~

짐 싸서 가고 싶다고 애들 앞에서 엉엉 울고…

못난 엄마 때문에 애들도 고생했어요~~ㅋㅋ

464 / 여름

465 / 아름다운 별

466 / 하늘

467 / 엄마

468 / 문어

469 / 작품 해설 : 불심佛心 + 시심詩心
　　　 - 경암 이원규 (시인 · 칼럼니스트)

꼬마 시인 김동수의 작은 시집 · 2

– 김선우 시인의 손자

김동수(효행초등학교 4학년)

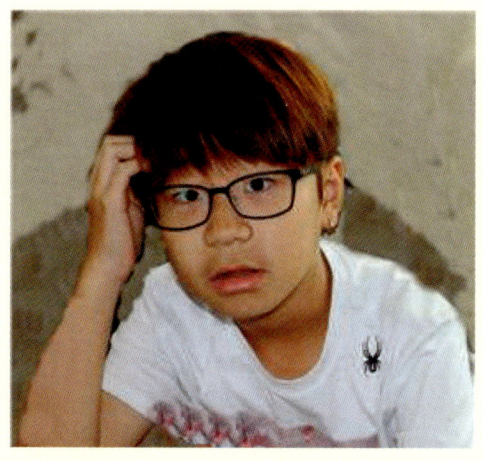

효행초등학교 4학년

2016년 황구지천 생태환경축제 기념 그림그리기 대회 우수상 수상

2016년 한국발달독서치료협회 치유의 시 공모전 입상

2017년 주간 한국문학신문 청소년 문학대상 수상

꼬마 시인 김동수의 작은 시집 · 2 /도서출판 국보
2018년 11월 10일/『냉이꽃 편지』 중 137~150쪽까지

여름

여름엔 차가 왜 막힐까?
왜? 왜?
더워서 수영장 가려고.

여름엔 왜 전기세가
많이 나갈까?
왜? 왜?
더워서 에어컨을 쓰니까.

여름엔 왜
미니선풍기를 가지고 다닐까?
왜? 왜?
더워서 학교에 가져가
바람을 쐬려고.

아름다운 별

하늘에 작은 별
밤을 비춰주는 노란 별

까만 밤에 환한 별
이를 죽이는 나쁜 해

하지만
해도 잠시
달에게 사라진다.

하늘

온 세상은 하늘
지구에는 푸른 하늘
저 밝은 하늘이 없어진다면

반짝반짝
검은색 바탕에 반짝이는
노란색 점이 없어진다면

하얀 콩떡에서
노란 콩이 빠져나간 것처럼
서운하지 않을까?

엄마

날
칭찬해 줄 땐 천사
야단칠 땐 악마

잘해줄 땐 기쁘고
혼내줄 땐 슬프다.

그러나
난
울 엄마 존중해준다.

그래서
울 엄마가 최고다.

문어

맛있는 문어
오물오물 씹어먹는 문어

엄마는
입을 오므리며
오물오물 맛있게 먹네.

나풀나풀 문어
나도
엄마처럼 오물오물
먹고 싶다.

| 작품 해설

불심佛心 + 시심詩心

경암 이 원 규
(시인 · 칼럼니스트)

"문학의 창작에 마음을 두는 것은 마음에 맺혀 있는 것을
풀어 써내려 하는 것이다." -『문심조룡』

요즘 우리는 물질만능주의 속에서 인간성 자체를 망각한 채 살아간다. 사람이라면 반드시 갖추어야 할 인성도 갈수록 메말라간다. 급기야는 갑甲과 을乙로 갈라서서 서로 물어뜯으며 자신들의 이익만 주장하니 공생공락共生共樂하며 살아가는 아름다운 세상은 흘러간 옛이야기다. 찰리 채플린의 말마따나 "인생은 멀리서 보면 희극이고 가까이 보면 비극"이다. 김선우 시인의 시는 희극도 비극도 아닌 '끊임없는 그리움의 시'라고 한마디로 요약할 수 있다. 속박하는 그 무엇이 있을 때 그것을 돌파하려는 의지도 강렬하게 생긴다. 그럴 때 과거에만 몰두한다면

현재도 과거의 진행형일 뿐이다. 시인은 수없이 많은 위기도 넘기고 역경을 헤치면서 예까지 왔다. 지금도 세상이 어찌 돌아가건 시간은 멈추지 않고 흐른다. 때로는 스스로 절망과 무기력의 함정에 빠진다. 그럴 때마다 시 창작에 매진하니 삶의 무의미함이 해소되고 상처가 지워지는 효과를 봐서 저절로 새로운 활력을 되찾았다.

> 이제 일흔이 넘어 다시 어머니를 생각하며
> 하염없는 눈물이 흐릅니다
> 다시 어머니를 1분 만이라도 볼 수 있다면
> 칠십 년을 하루로 여겨
> 어머니의 어깨를 주물러드리겠습니다
> 다시 불러봐도 그리운 그 이름 어머니!
> 다시 만날 날을 기다리며
> 어머니의 고향에서 본 하얀 냉이꽃 같은 눈물을
> 뚝뚝 흘리렵니다
>
> —〈냉이꽃 편지〉 부분

부처님을 지극정성으로 모시는 시인의 아내는 일 년에 네 차례씩 4박 5일의 일정으로 해인사 백련암을 다녀온다. 성철 큰스님의 가르침인 아비라 기도를 드리기 위함이다. 그 기다림의 시간은 짧다면 짧고 길다면 무척이나 길었다. 그런 날은 이런 시도 쓴다.

우두커니 평상에 앉아 있노라면
천 배를 올리는 당신이 떠오릅니다
시원찮은 허리에도 불구하고,
당신은 참 천상 보살입니다
내 무슨 선행을 베풀어 당신을 만났는지
이렇게
그대와 함께하는 인연에
감사할 뿐입니다
─〈백련암 보살〉 부분

    곁에 있을 때는 살갑고 따뜻하게 말을 건네지 못했지만, 아내에 대한 사랑이 고스란히 느껴지는 고백이다. 마음으로야 어디들 못 가겠는가. 때로는 가야 할 곳은 물론 가지 않아도 될 곳까지 끝내 가보고 난 후 그 경계마저 시를 통해서 허물어 버린다. 그 자리, 가슴 깊은 곳에서 활활 타오르는 시심詩心에 불심佛心까지 자연스럽게 보태지니 왕성한 시 창작의 촉진제가 되고도 남는다. 인생의 선배로서 하는 말씀 같은 문장들이 그대로 시가 되고 따끔한 충고와 교훈이 되기도 한다. 시인이 일러주는 대로 씨줄과 날줄이 촘촘하게 엮인 행간을 비집고 들어가 보면 한 문장 한 문장이 예사롭지 않다. 시원스러운 필력으로 거침없이 써 내려간다.

〈중 략〉

비 갠 뒤 보는 벚꽃은
내 손주를 닮았네
깨질 듯 맑은 살결

바람 따라 일렁이는
여간해선 내놓지 않는
작은 꽃잎 그 향기는
내 손주 가슴 깊은 곳
속마음을 닮았네
　　　　－〈벚꽃 손주〉 전문

    아이들처럼 순수한 눈으로 세상을 바라보며 현실과 대면할 때만큼은 행복 그 자체이다. 어린아이는 어른처럼 으르렁대지 않는다. 주어진 환경을 그대로 받아들인다. 아마도 어린 시절의 순수한 마음이 변질하지 않았더라면 이 세상은 지금처럼 이런 모습은 아니었을 것이다. 누구에게나 어린 시절의 좋았던 추억은 있다. 어린이의 상상력은 무한대이다. 선과 악에 휘둘리지 않기에 어린아이는 다양한 상상의 나래를 마음껏 펼친다. 어린이의 눈으로 바라보는 세상은 아름다울 수밖에 없다. 어린이는 꿈을 현실화하고 현실을 다시 꿈으로 만드는 재주도 부린다. 그래서 지난번 시집(흙에서 캔 나의 노래)에서처럼 김선우 시인의 손자 동수(효행초 4학년) 군의 시 13편을 이번에도 시집 끝

머리에 함께 얹어놓았다.

　　날
　　칭찬해 줄 땐 천사
　　야단칠 땐 악마

　　잘해줄 땐 기쁘고
　　혼내줄 땐 슬프다.

　　그러나
　　난
　　울 엄마 존중해준다.

　　그래서
　　울 엄마가 최고다.
　　　　　　　– 김동수 어린이의 〈엄마〉 전문

　귀엽고 발칙하고 도발적인 아이의 발언이다. 어른들도 마찬가지로 높은 직에 있는 이들을 존중은 해주지만, 별로 최고인 것 같지는 않다. 제발 그들이 '공공의 적' 만은 되지 말았으면 좋겠다. 살아가면 갈수록 외로움, 이별, 배신, 기다림은 소외감, 그리움, 용서, 불안으로 변하며 가슴 깊은 곳으로 자꾸만 쌓인다.
　지금까지 읽어본 바와 같이 김선우 시인이 그간 펴낸 시집의 시들은 단순한 시가 아니다. 말로 다 하지 못한 품은 생각을 이처럼 시로 써낸 것이다. 작품마다 살아온 날들의 아름다운 이력들이 빼꼭하게 박혀있다. 시인의 깊은 속내를 시인 말고는 누구도 알 턱이 없다. 해설을 쓴다는 것 역시 따지고 보면 내 멋대로 꼬투리를 잡고 늘어졌을 뿐이다. 그나저나 일용할 마음의 양식을 너무 맛나게 들었는데 어느새 또 가을이 왔다.

　추신 : 고향꽃집을 방문할 적마다 꽃 배달 주문서 이면지에 쓴 습작품을 불쑥불쑥 내미신다. "이거 어때?"하시며 또 다른 초안들을 보여주시며 "이건 좀 약하지?"라며 되묻는다. 아직도 풀어 써내지 못한 마음에 맺힌 것들이 무궁무진하신 모양이다. 분명히 내년쯤이면 또 펴낼 것이 확실한 다음 시집의 시들이 불쑥불쑥 나타나 눈에 밟힌다. 가을이다. 맑고 높은 하늘이 금방이라도 뻥 터질 것 같다.

시간위에/요철지, 수간채색, 혼합재료/2009

478 / 시인의 말

479 / 시집 발간에 부쳐 – 박민순(시인·수필가)

483 / 바람에 구름 가듯

484 / 우리 손주들

486 / 관음죽

487 / 가시꽃이 피었다

488 / 님 그리워하며

492 / 작품 해설 : 그리움, 행복했던 날들의 비망록
　　　　　　 – 경암 이원규(시인·문학평론가)

□ 꼬마 시인 김동수 작은 시집 · 3

500 / 로봇

501 / 번개

502 / 짤막한 대화 – 어린이날

503 / 자랑스러운 우리나라

504 / 친구

505 / 작품 해설 : 반짝반짝 빛나는 꼬마 시인의 꿈
　　　　　　 – 경암 이원규(시인·문학평론가)

국보시선 301

가시꽃이 피었다

희수喜壽 기념
김선우 시집

도서출판 국보

제12시집, 가시꽃이 피었다/도서출판 국보
2021년 5월 19일/312쪽/15,000원

시인의 말

외로움이 이렇게 가슴이 아픈 줄
예전엔 미처 몰랐소.

그리움이 이렇게 가슴이 아린 줄
예전엔 미처 몰랐소.

사랑하는 이들이
멀리 있어도 늘 곁에 있는 것처럼
생각만 해도 행복하여
외로움을 그리움을 몰랐었는데….

어느새 세월이 저만치 흘러가니
왠지 내 곁엔 외로움과 그리움만 남아
마음이 슬프기만 하오.

사랑하는 이들이 내 맘속에 늘 가까이 있어도
마음이 외롭고 그리운 걸
나는 어쩔 수 없구려.

그리운 이들이여!
사랑합니다.

− 2021년 마등산에서

| 시집 발간에 부쳐

박 민 순
(시인 · 수필가)

사람은 누구나 이 세상에 한 번 왔다가 갈 뿐이지 두 번 다시 오지 못한다. 불교에 윤회(輪廻:산스크리트어로 '삼사라 Samsāra'라 하는데 '삶과 죽음을 되풀이한다'의 뜻으로 쓰인다. 바퀴가 돌고 돌아 끝이 없듯이, 중생은 자신이 저지른 행위에 따라 삶과 죽음을 끊임없이 되풀이한다는 뜻)사상이 있지만 믿는 사람도 있고 안 믿는 사람도 있다.

세상이 좋아졌다고나 할까? 아님 살아가기가 좋아진 까닭일까? 의술의 발달과 각종 영양소가 풍부한 먹거리의 풍요로 우리나라는 100세 시대라는 초고령사회에 진입하였고 노인들은 장수라는 축복을 누리고 있다. 이런 100세 시대에 직장에서 정년퇴직하거나 일을 놓은 노후의 소일거리는 남은 삶을 살아감에 있어 꼭 필요한 요소 중의 요소다. 단 한 번뿐인 인생이기에 삶을 마감하는 노년기에 들어서면 '삶이 허무하다'느니 '인생은 덧없다'느니 하면서 후대에 무엇을 남기고 가려는 본능이 있다.

재력가가 아니더라도 가진 재산을 사회에 환원하는 유언장과 함께 기부 약정서를 쓰기도 한다. 마지막 가는 길에 뜻있는 일로 인생을 마무리하고 싶기 때문일 것이다.

감동이 없는 예술작품은 그만큼 가치가 떨어지기에 예술가는 마음은 물론 영혼까지 울릴 수 있는 역작을 단 한 편이라도 남기려고 조바심을 내기도 한다. '인생은 짧고 예술은 길다'라는 말처럼 제대로 된 작품 한 편이라도 남기고 삶을 아름답게 마무리하고 싶은 소망 때문이다.

늦깎이 시인으로 수많은 사람의 마음과 영혼을 울리는 종소리 같은 시 한 편이라도 남기려고 혼신의 힘을 다하는 송암 김선우 시인과 나와의 인연은 이제 10년째이다. 같은 지역 오산 땅에서 문학을 사랑한다는 이유로 알게 되어 이틀이 멀다 할 정도로 자주 만나 인생 선배인 김선우 시인한테 살아가는 이야기를 들었고 문학계 선배인 나는 답례로 문학 이야기를 많이 들려드렸다.

대한민국에는 시인들이 많기도 하지만 수십 번의 정정과 퇴고를 거쳐 한 편의 시를 완성하는 시인이 과연 몇 명이나 될까? 문학을 나를 과시하는 액세서리쯤으로 '시인'이라는 명함을 주고 받지는 않았을까? 정말 인생의 단맛 쓴맛에서 우려낸 고통의 흔적이 흠뻑 담긴 시 한 편이라도 쓴 적이 있었던가?

2007년, 예순세 살의 나이에 문학 세계에 들어온 이후 마약에 중독된 사람처럼 책 읽기와 시 쓰기에 중독되어 하루라도 책을 읽지 않거나 시를 쓰지 않으면 입안에 가시가 돋는다는 김선우 시인이 오산지역의 향토잡지에서부터 지역신문, 경기도 지방신문, 전국 각지의 월간 계간 연간 문예지에 실린 작품들을 모아 12번째 시집『가시꽃이 피었다』를 이 세상에 탄생시키니 그 감회가 남다를 것만은 사실이다.

한 편의 시를 써 놓고 수없이 정정하고 퇴고하고 그래도 '마음에 들지 않는다'고 하소연하며 고통 속에서 시 한 편씩을 건져 올리는 김선우 시인은 삶과 현실에 대해 시를 통하여 스스로 묻고 스스로 대답하며 교훈적이며 나라 사랑하는 삶을 살아가고 있다. '그리움'과 '인생'을 주제로 추상적이기보다는 우리들 살아가는 진솔한 이야기가 담긴, 한글만 알면 누구나 읽고 이해할 수 있는 시, 우리 한국인의 정서를 시적 구원을 통하여 서정적으로 표현한 시편들이기에 감성을 자극하기에 충분하고 언제 어디서 읽어도, 낭송해도 부담이 없어서 좋다. 김선우 시인의 시를 읽으면 마치 끝이 보이지 않는 사막에서 오아시스를 만나는 기쁨, 바로 그것이다.

언제부턴가 우리나라 현대시의 흐름이 이해하기 어려운 시로 바뀌고 있다. 그들만의 언어로 극소수만이(대학교 국문과·문예창작과 교수나 문학평론가) 이해할 수 있고 일반 국민들에겐 난해難解한 시들을 쓰는 시인을 '미래파 시인'이라 대접하기에까지 이르렀다. 과연 외국의 경우도 그럴까? 나는 이해하기 힘든 시들은 몇 줄 읽다 팽개쳐 버린다. 이 세상에 하고 많은 시들 중에서 귀신 씻나락 까먹는 글로 내 머릿속을 고문하는 시를 굳이 읽고 이해하려고 쩔쩔맬 이유가 없기 때문이다.

김선우 시인이 이번에 내놓는 시집 『가시꽃이 피었다』는 백 명이 한 번 읽고 버리는, 아니 책장에서 깨어나지 않는 깊은 잠을 자는 시보다는 단 한 사람이라도 백 번 이상 읽는 그런 깨어 있는 시들이 많다.

10년째 만남을 한결같은 마음으로 이어오며 같은 길을 걷는 형님이자 선배로 부족한 나를 친동생 이상으로, 인생 후배로 아껴주고 있다. 누군가로부터 '내가 인정을 받고 있다'는 것은 참말이지 고맙고 가슴 뿌듯한 일이다. 노후를 책 읽기와 시 쓰기로 소일하며 뼈를 깎는 시집 탄생의 고통을 이겨낸 선우 형님에게 축하의 박수를 보낸다.

바람에 구름 가듯

이 산 저 산
오고 감을
상관치 않겠으나
착한 마음
아프게 말아주오
이 자리
저 자리
따지지 마시고
바람에 구름 가듯
달빛 흐르듯
그냥
그렇게
살아봄이 어떻겠소

-『오산문화』제44호 2007년 12월, 오산문화원

우리 손주들

주말이면
손주들이 온다
밖이 왁자지껄하고
소리가 커지면
내 손주들이 오는 소리다

가게에
들어서면서부터
동리와 채정이 품에 안기면
동수는
코가 땅에 닿을 정도로 엎드려 절을 한다

손주들은
할아버지 할머니한테
재롱떨기 바쁘다
자식 키울 땐 그저
든든하고 대견스럽더니
손주들은
눈에 넣어도 아프지 않을 것 같다

너무 예쁜 우리 손주들
너희들이 크는 만큼
이 할아버지는 저물어가는데

아!
흘러가는
세월이 야속하구나

우리 손주들
대학도 가고 짝도 지으면
꽃도 피우고
탐스러운 열매도 맺는 것 볼 수 있을까?
세월은
쉬지도 않고 흘러가네.

-『문예사조 사화집』 2009년 (2010년 3월 발행)

관음죽

겨우내
안으로 인내하며
관세음보살 자비심이
연분홍
고사리 같은
속살 드러낸 꽃
봄빛,

눈부시구나!

―『시예문학』제16집 2013년 6월

가시꽃이 피었다

그 사랑
너무 아름다워
세상에 내놓을 수 없고
그 사랑
너무 애틋하여
가슴에 고이 간직하였더니
깊은 슬픔에
그리움이 사무쳐
가슴을 찌르는
가시꽃이 피었다.

-『운암뜰』제41호 2014년 오산여류문학회 초대시

님 그리워하며

내 생에
그놈의
그리움이 찾아와
몇 년을 두고
그렇게
내 가슴 아리게 하고
내 마음도 훔쳐 가더니
늘그막의
보랏빛마저 훔쳐 갔네요

그냥
그대가 좋아
그대 마음이 얼마인지
따져보지도
저울로 달아보지도 않았고
그대 생각이
깊은지
얕은지
자로 재보지도 않았지만

늘

목소리만 들어도 기쁘고
그대의 얼굴만 보아도 행복하다오
그러나 왠지
밤하늘 별을 보면
마음은 천근만근이요

하늘엔
온통
그대 얼굴뿐이요

긴 세월
아픔과 기쁨
눈물과 한숨
외로움과 그리움
그렇게
모두
삭히고 보니
한마디로
그것은 사랑이었소
또한
미움도

욕심도
다
그 힘이었소

때론
그대 맘속에
뭣이
있는지
생각하다가
먼 산 너머
노을빛 숨어들고
어둠이 찾아오면
그대 생각에
그대가 더 그리워진다오

쓸쓸한 가을
바람은 형용할 수 없는
그리움을 맺히게 하고
깊은 상념에 잠긴 그리운 마음은
시간을 따라
세월에 묻혀 가고

이제는
잊을 만도 하건만 잊지 못하고
자꾸만
바람 소리에도
마음이 설레는 것은
아마도
님
기다리는 마음 탓이겠지요

아, 그리움은
낙엽처럼 겹겹이 쌓여 산이 되고
가슴에
응어리지는 슬픔은
서리
서리
한이 되어
계곡의 물이 되었다오

세상은
세월이 갈수록
내게서 멀어져가고

그토록
그리움으로 가득 찬 사랑도
이제는
늙어가는 내 몸처럼
조금씩 조금씩 잊혀갑니다

아,
이제야
살아온 날 돌아보니
내 한평생
그저
한낱 꿈결이구려

-『한국작가 동인 사화집』 제11집 2017년

| 작품 해설

그리움, 행복했던 날들의 비망록

경암 이 원 규
(시인·문학평론가)

일즉일체다즉일一卽一切多卽一
하나가 모두이고 모두가 하나이네
– 의상대사 화엄일승법계도華嚴一乘法界圖에서 모심

　□ **화華**
　지난날의 추억은 복기하면 할수록 끝없이 쏟아져 나온다. 그 기억 속에는 즐겁고 기쁜 순간보다는 어렵고 고단했던 순간이 더 많다. 그래서 시인은 슬픔조차도 슬프다고 표현하지 않고, 더 슬픈 모습의 다른 사물을 데려다가 시인 대신 울게 한다. 이렇게 마음으로나마 스스로 위로받는 삶의 존재 방식으로 모질게 사는 게 시인의 삶이다.
　인간이 사회적 존재라는 거창한 말을 들먹이지 않더라도 서로 돕고 어울리며 사는 게 세상살이의 정도이다. 사람과 사람이 모여 사회가 형성되었지만, 사람의 마음은 간사해서 남의 고통을 내 고통으로 받아들이기를 거부한다. 그러나 내 아픔을 어느 누가 나처럼 완전하게 이해하고 함께 슬퍼해 주기를 원한다. 서로서로 경계하고 경쟁하며 살아가는 일상에서 잠시나마 그렇게 갈등을 털고 좋아하는 삶에 몰두할 수만 있다면 얼마나 좋을까? 그런 삶이 바로 무상무념無想無念의 경지이며 참다운 시인의 길이 아닌가 싶다.

 송암 김선우 시인은 사회의 공직에서 은퇴 후 아내가 운영하는 화원으로 돌아왔다. 그의 삶은 이순耳順의 고개를 넘기면서 삶의 방향을 180도로 바꾸었다. 그냥 늙는 할아버지가 아닌 '새내기 시인'이 된 것만으로도 충분히 인생 이모작을 성공적으로 시작한 거나 다름없다. 몸에 밴 군인정신을 바탕으로 마음을 헹궈내며 반성문 써내듯 한줄 한줄 원고를 썼다. 그가 지금까지 쓴 시편들은 일상에서 접하는 사물 언어를 중심축으로 삼아 삶의 모습을 에둘러 표현하지 않고, 보이대로 있는 그대로 알기 쉽게 시상을 전개한다. 지금부터는 송암 김선우 시인을 '송암'으로 호칭하며 각종 문예지와 신문에 발표했던 작품들을 중심으로 조금씩만 시인의 길을 따라가 보겠다.

□ 엄嚴

송암의 시는 평범한 생활 시다. 아니 송암은 시를 생활화하는 시인이다. 그의 표현을 빌리자면 '그리운 이를 그리워하며/나만의 시를 짓고/나만의 탑을 쌓아 올리는/나만의 궁전'이라는 그 화원은 송암의 시가 생산되는 현장이 되었다. 늙마에 시작한 작품이라서 특별한 기교를 구사하지 않고 주변에서 일어나는 생활담이나 자기 생각을 담담하게 풀어냈다. 그렇다고 단순하게 사적인 생활 쪽으로만 쓴 게 아니라 가끔은 일상에서의 일탈도 감행한다. 그런 때는 주변의 하찮은 사건조차 그냥 시가 되는 듯했다고 한다.

이제 등단 작품부터 시작하여 최근에 발표했던 작품들까지 한 짐 가득 등에 지고 화엄의 세계로 들어가고자 한다.

〈중 략〉

□ 경經

짧은 기간에 다작을 발표하면서도 일관성 있게 밀어붙인 송암의 시의 주제는 '그리움'이었다. 송암의 초기 시는 다소 보수적이고 교훈적인 면이 다분했었다. 그러나 시선집 『길에서 화두를 줍다』를 낸 이후부터 획기적인 심경의 변화가 왔다. 그때부터 쓴 작품에서는 사물과 일상 속에서 생의 의미를 들여다보는 묵직하면서도 신선한 화두가 등장한다. 괴테의 말처럼 "아이들이 읽으면 동요가 되고, 젊은이들이 읽으면 철학이 되고, 늙은이가 읽으면 인생"이 되는 그런 시가 됐다는 말이다.

1945년 광복이 되던 해에 태어난 송암은 공군 연예병사로 제대 후 육군 간부후보생으로 다시 입대, 오산·화성 예비군 중대장과 재향군인회 회장 그리고 오산시 새마을회장 등을 역임하며 젊은 시절은 몽땅 고향 땅인 오산시 발전에 헌신해 애향부문 '오산시민대상'도 받았다.

시를 쓰게 된 동기가 황당했다. 자금을 마련하기 위해서 시를 썼단다. 엉겁결에 사회단체장을 맡긴 했는데, 상당액의 출연금을 내야 했단다. 누구에게 손을 벌릴 수도 없는 처지였고, 이참에 책을 내기로 마음먹었다. 틈틈이 비망록처럼 써두었던 습작시들을 모아 출판사에 넘겼다. 첫 시집『들판을 적시는 단비처럼』은 그렇게 나왔고, 출판기념회가 성대하게 열렸다. 그 결과 출연금에 필요한 자금을 무난히 확보했다는 비하인드 스토리가 있다. 그 외에도 전대미문의 무용담은 한둘이 아니다. 때로는 들었던 얘기를 거듭 듣기도 하지만, 그때마다 신기하고 대단하다.

　문예지를 통한 등단은 2008년도에 두 군데로 했지만, 이미 2007년에 첫 시집『들판을 적시는 단비처럼』으로 등단한 셈이다. 시인은 역시 시로 말한다. 현실을 바라보는 융숭 깊은 눈이 밝아지고 귀가 튄 시편들을 모아 이순 이후에 소낙비 퍼붓듯 시집을 쏟아냈다. 2008년도에는 제2시집『보름달 사랑』과 제3시집『오늘도 사랑이라 믿어』, 2010년 제4시집『밤하늘 별처럼』, 위인 명언록 편저『그 말을 거울로 삼고』와 시집 겸 수필집『이 세상에 당신이 있어 행복합니다』, 2012년 제6시집『그리운 강』, 2014년 고희 기념 시선집『길에서 화두를 줍다』와 제8시집『김선우의 작은 시집』, 2016년 제9시집『낡은 가방 속의 연가』와 제2 문집『삶의 지혜』를 펴냈다. 2017년 제10시집『흙에서 캔 나의 노래』, 2018년 명언집『이 말을 거울로 삼고』와 제11시집『냉이꽃 편지』 등을 연달아 펴내며 왕성한 노익장을 과시하면서 시인의 길을 거침없이 걷는다. 늦깎이 등단 10여 년 만에 개인시집 11권과 시선집 그리고 명언집 2권까지 세상에 내놓았다. 이것만으로도 송암의 글을 향한 기가 얼마나 센지는 짐작이 가고도 남는다. 송암의 시는 이기적이고 타산적이며 비인간적인 세속에서는 존재하지 않는 순정주의적 그리움의 시다. 이제부터는 김선우 시인을 '그리움의 시인'이라고 불러도 조금도 손색이 없겠다.

이른바 글쓰기에 왕도王道와 지름길이 따로 있을 리 없다. 그저 많이 읽고 쓰고 고치고 또 고치면서 생각을 다듬어야 한다. 그렇게 온 힘을 다해 쓰고 다듬고 즐기다 보면, 옛사람들 말마따나 문리文理가 트인다. 송암이 그간 써낸 작품도 그러하지만, 살아온 이력이나 인품도 어디에 내놔도 조금도 빠지지 않는다. 술과 담배도 안 하고 오로지 시 쓰는 것이 유일한 취미라서 시 하나로 드러내고자 했던 송암의 존재감은 이만하면 공인인 증되고도 남겠다. 초발심을 놓치지 않고 끊임없이 화두를 끄집어내며 이 세상 모든 그리움을 혼자 가슴에 품은 듯 살아온 송암 김선우 시인, 사소한 일상 잡사까지도 그의 시상에 잡히면 희한하게도 그리움의 연기가 모락모락 솟아오르는 풍경으로 바뀐다.

송암 김선우 시인의 시는 무명옷처럼 소박하다. 내용이나 형식에서도 모든 시가 일정한 질서와 틀을 유지하고 있어 읽기도 쉽고 전하고자 하는 뜻을 이해하는데 부담이 덜하다. 불교 신자답게 "평범한 것이 가장 훌륭한 것이다. 억지로 잘하려고 하지 말라"는 임제록의 말씀을 곧이곧대로 따른 듯하다. 너무나 당연한 일이지만, 세상에 있는 모든 소잿거리들은 누구에게나 공평하게 전면 공개되고 있다. 그의 시는 어느 소재이든 간에 주제가 일편단심 그리움으로 귀착된다. 이제는 '그리움'의 방면에는 거의 도통의 경지에 이른 듯하다.

　시인은 역시 시로 말한다. 현실을 바라보는 융숭 깊은 눈이 밝아지고 귀가 튄 시편들을 모아 이순 이후에 소낙비 퍼붓듯 세월의 무게가 담긴 삶의 이력서이며 비망록인 시집을 연달아 펴냈다. 지치지 않는 왕성한 노익장을 과시하면서 용맹정진하는, 지금이 바로 송암 김선우 시인의 제2의 전성기다.

꼬마 시인 김동수의 작은 시집 · 3

– 김선우 시인의 손자

김동수(효행초등학교 5학년)

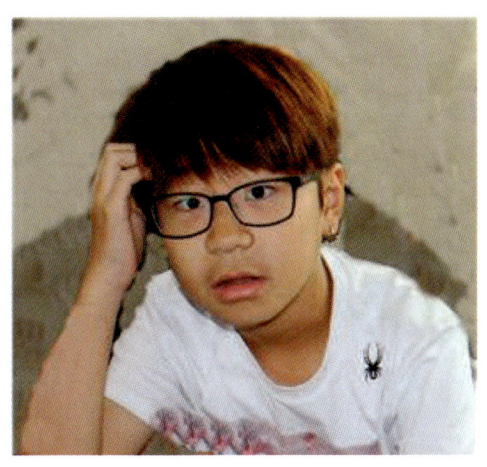

경기도 화성 효행초등학교 5학년

2016년 한국발달독서치료협회 치유의 시 공모전 입상

2016년 황구지천 생태환경축제 기념 그림그리기 대회 우수상 수상

2017년 주간 한국문학신문 청소년 문학대상 수상

꼬마 시인 김동수의 작은 시집 · 3 /도서출판 국보
2021년 5월 19일『가시꽃이 피었다』중 275~309쪽까지

500 / 로봇　　　　501 / 번개
502 / 짤막한 대화 – 어린이날
503 / 자랑스러운 우리나라
504 / 친구
505 / 작품 해설 : 반짝반짝 빛나는 꼬마 시인의 꿈
　　　 – 경암 이원규(시인 · 문학평론가)

로봇

감정이 없는 고철
사람들에 의해
만들어진 로봇
사람들의 마음을
헤아릴 수 없는 그것은
로봇 아닌 고철

―『한국국보문학』 2018년 7월호

번개

우르르 쾅쾅
천둥소리 시끄럽다
우르르 쾅쾅
공부할 때
노래들을 때
오늘따라 천둥·번개가
계속 괴롭힌다
비가 오려나!

―『한국국보문학』 2018년 10월호

짤막한 대화
−어린이날

난
5학년이 됐어도
할아버지 만나면 품에 안긴다

"할아버지
할아버지는 왜 내가 좋아?"

"왜라니?
그냥 좋다 임마.
넌 할아버지가 왜 좋은데?"

"나두 할아버지가 그냥 좋아."
.
.
.
그날 용돈도 받고
웃음 만발
행복한 하루를 보냈다.

−『한국국보문학』 2019년 7월호

자랑스러운 우리나라

난
우리나라가 자랑스럽다
내가 보고 듣는
태극기
훈민정음
숭례문
애국가
무궁화도 아름답다

눈을 감고
무궁화꽃 향기를 맡아본다
향기도 아름답다

난
우리나라
모든 것을 아끼고
사랑한다

─『한국국보문학』 2018년 1월호

친구

친구와는
우정을 나눌 수 있어야
친구다

삶에 꼭 필요한 존재
1명 3명 7명 100명
많을수록
우정은 늘어난다

외톨이가 되어
친구가 없다면…

마음이 친구

―『한국국보문학』 2018년 10월호

| 작품 해설

반짝반짝 빛나는 꼬마 시인의 꿈
― 꼬마 시인 김동수의 작은 시집

경암 이 원 규
(시인·문학평론가)

 누구나 시를 쓰려면 소재를 찾기 위해 생활 주변을 관찰하고 일상에서 일어나는 생각과 경험을 바탕으로 상상력의 세계를 펼치게 된다. 반복되는 일상도 남달리 보고 하찮은 사물이나 조그마한 현상의 변화와 자연의 법칙에도 관심을 두면서 그 의미를 캐내는 것도 글쓰기의 한 방법이다. 시의 소재라는 것이 따로 정해져 있는 것이 아니다. 작은 것에서도 깊은 울림이 있는 새로운 뜻을 찾아내며 감동을 주면 된다.
 요즘 아이들의 발칙한 상상력에 깜짝깜짝 놀랄 때가 있다. 어른들의 세대는 의식주가 불편한 시대의 삶이었기에 그러하겠지만, 그때는 주로 '배고픔'을 이기기 위해 '공부 열심히 해서 훌륭한 사람이 되겠다'는 투의 글을 '숙제'로 썼었다. 숙제가 아닌

담에는 굳이 써야 할 필요성조차 없었다는 표현이 더 적절하겠다.

　어린이가 쓴 시는 쉽고 단순해 보이기 때문에, 마음만 먹으면 누구나 쓸 수 있다고 생각하기 쉽다. 그러나 글이라는 것은 막상 쓰려고 들면 생각했던 만큼 쉽게 써지지 않는다. 왜 그럴까? 나이가 들면 욕심이라는 게 생기고 동심도 욕심에 의해 상처가 생기면서 변질한다. 더군다나 마음속의 눈이 상당히 흐려진 탓이다.

　　온 세상은 하늘
　　지구에는 푸른 하늘
　　저 밝은 하늘이 없어진다면
　　반짝반짝
　　검은색 바탕에 반짝이는
　　노란색 점이 없어진다면

　　하얀 콩떡에서
　　노란 콩이 빠져나간 것처럼
　　서운하지 않을까
　　-「하늘」전문
　『21문학시대』창간호 · 봄 2019년

　　하늘에 작은 별
　　밤을 비춰주는 노란 별

까만 밤에 환한 별
이를 죽이는 나쁜 해
하지만
해도 잠시
달에 사라진다

– 「아름다운 별」 전문
『국보문학 동인문집』 제26호 2018년 가을

 '하늘'이나 '별'은 특별한 소재도 아니다. 누구나 한 번쯤은 글짓기를 통해서 써봤을 것이다. 그런데, 꼬마 시인 김동수 군의 눈은 보통 사람들과 다른 모양이다. 그렇다고 신체의 눈이 특별나게 생겼다는 말이 아니다. '마음속의 눈'이 보통 사람과는 확실히 다르다. 눈에 보이는 것만이 아닌 새로운 것, '콩떡'까지 보고 있다. 평범한 것을 새롭게 보고 이해하려는 마음의 눈이 밝은 어린이다. 그래서 꼬마 시인이다.

〈중 략〉

 할아버지 김선우 시인에게 「국유연후유신」이 있다면 손자 꼬마 시인 김동수는 「자랑스러운 우리나라」가 있고, '화원'이 있다면 '학교'가 있다. 이제는 할아버지의 화원은 문을 닫았지만, 꼬마 시인의 학교는 지금부터 시작하는 길고 긴 사회생활이다. 또

한 꼬마 시인의 친구는 '1명 3명 7명 100명'으로 점점 늘어나지만, 할아버지의 친구는 삶을 마치고 저세상으로 가는 어르신들이 늘어나서 거꾸로 '100명 7명 3명 1명'으로 자꾸 줄어든다. 어떤 어른들은 꼬마인 김동수 군이 '삶에 꼭 필요한 존재'라는 대목에서 '삶'을 이해하며 썼겠느냐고 따질 수도 있다. 동수 군이라고 '삶'을 모를 리 있겠는가. 또 모르고 썼다고 한들 무슨 문제가 되겠는가. 어차피 삶이란 사람의 일이다. 너무 빡빡하게 시를 읽을 필요는 없다. 노벨문학상도 "가장 보편적인 가치 기준"을 중시하고 있지 않던가.

 꼬마 시인의 작은 시집 『행복한 주말』을 읽는 동안 천진스러운 아이의 말과 생각에 혼자 웃음이 터지기도 하고, 마음이 따스해지는 대목에서는 가슴이 뭉클하기도 했다. 시 속의 아이와 친구처럼 쿵쿵 뛰기도 하고 깔깔깔 웃기도 하며 즐겁게 놀면서 마지막 장에 이르니, 아이의 마음이 고스란히 내 가슴으로 옮겨와 참 따스하고 훈훈해졌다.
 맑고 따스한 마음으로 세상을 바라보는 아이들 눈에는 새롭고 신비로운 것, 궁금한 것, 이해가 잘 안 되는 일들이 참 많았다. 때 묻은 어른들은 자기 이익을 마음 바닥에 깔아놓겠지만,

욕심 없는 아이들은 아주 깨끗한 속마음을 있는 그대로 보여준다. 꼬마 시인의 호기심과 궁금증이 단순하고 싱거운 질문이라는 어른의 생각부터 일단은 바뀌어야 한다. 이참에 꼬마 시인 김동수 군의 행복한 상상이 모든 아이에게도 골고루 전해졌으면 좋겠다. 마지막으로 불교 경전의 하나인 '무량수경'에 나오는 귀한 말씀을 받아 적으면서 즐거운 마음으로 마무리한다.

"아버지의 사랑은 무덤까지 이어지고, 어머니의 사랑은 영원까지 이어진다." 그렇다면 "할아버지와 할머니의 사랑은 어디까지 이어질까?"

512 / 시인의 말

513 / 서시 : 짝사랑

514 / 봄이 오는 길목에

515 / 내 삶의 길에 서서

516 / 팬지꽃 그녀 – 김지영에게

518 / 편지 · 1 – 윤서에게

520 / 손주를 그리워하며

국보시선 238

내 삶의 길에 서서

희수喜壽 기념
김선우 시집

도서출판 국보

제13시집, 내 삶의 길에 서서/도서출판 국보
2021년 5월 19일/132쪽/12,000원

| 시인의 말

어느덧 희수喜壽를 바라보는 나이에
가슴에 남아있는 것이라곤
쓸쓸함과 외로움뿐이라니
그러나
그렇게 긴 세월
차가운 바람 등지고 살아왔어도
늘 가슴은 따듯했다.

이렇게
한 세상을 여기저기 떠도는 것이
내 몸인지
내 마음인지
그 무거운 짐마저 부릴 곳이 고작
시詩의 집이라
또 한 권의 시집을
내 님들께 내놓는다.

2021년 밀머리에서
송암 김선우

| 서 시

짝사랑

하고 많은 날을
하루도 빠짐없이

너를 사랑했다
그래도 죽지 않았다

살아 있는
그날이 끝나기까지
나는 사랑할 거다
.
.
.
시,
너를

봄이 오는 길목에

내가 머물던 운암뜰에
비둘기가 울며
내 곁을 떠났다
그날 나는
무거운 발걸음으로
운암뜰을 떠나왔다

그날
내가 머물던 운암뜰엔
온종일
보슬비가 내렸다

내 삶의 길에 서서

그대가 손잡아준다고
넘어지지 않는 건 아니지만
넌짓 손잡아주는 그대가
든든합니다

나를 응원한다고
힘들지 않은 건 아니지만
고난의 인생길 홀로 간다며
용기를 북돋아 주며
늘 두드려준 그대가
참 고맙습니다
말 한마디 못하고
침묵 속에 우울할 때도
넌지시 말 건네주는 그대가
고맙습니다

그대가 있기에
내 마음은 늘 평화롭고 행복합니다
사랑합니다

팬지꽃 그녀
-김지영에게

그녀를 알게 된 건
꽃과 까치 때문이었다
이제와 생각해봐도
우연이 아니었고
필연의 강을 건너며
놓인 돌이
백 개 천 개 일만 개가
비록 떨어져
아주 멀리 있어도
한 개 한 개 놓인 돌을 밟으며
세월강을 건널 때마다
까치는 우리 가까이에
큰 둥지를 틀곤 했다
꽃을 가꾼다는 것은
그리움이 있기 때문이다
꽃의 향기를 전하는
간지러움만큼이나
그리운 그 사람!

그녀 이름을 부를 때마다
입안에 향기를 부를 때마다
입안에 향기가 고인다
꽃잎과 뿌리만큼이나
우리는
멀리 떨어져 산다 해도
꽃이 꽃을 피우는 한
우린
아주 가까이 있을 거요.
나는
그녀 앞길에
항상
팬지꽃이 환하기를
기도할게요.

편지 · 1
−윤서에게

그날
너를 보내고
덤덤하니 눈물도 메말라
아비의 정이
모자란 탓만 하고 나니
이렇게
뭉클뭉클
가슴이 아려
슬픔이 밀려오는구나
멀고 먼 이역만리
남편 따라가는 걸
까맣게 잊고
그저 가는 것만 아쉬워
잘살란 말 한마디 못하고
모든 걸 가슴에 묻고 말았다
윤서야!
세상 살아가는 길엔
추운 날과 더운 날

때로는
거센 바람에
비도 오고 눈도 오고
더러는
험한 날도 있단다
윤서야!
부디 행복하길 바란다
아비는 그저 우리 윤서가
언제나 행복하길
빌고 또 빌겠다

손주를 그리워하며

눈에 넣어도 아프지 않을
손주 삼 남매가 있다

막내 동수는 할아버지랑 같이
시집을 낸다고 시를 쓰며
나를 뿌듯하게
행복을 느끼게 해준다

둘째 윤선이는
보기만 해도 귀엽다
이틀이 멀다고
"할아버지 뭐해?"
안부 문자 또는 전화를 하고
직장이 노는 날이면 찾아와
용돈도 주고 간다

큰손자 동리 자랑은
온종일 해도 부족하다
요즘에 할아버지 할머니를
가장 위로해 주는 놈이다

어쩜
할아버지와 손주 사이가 아니라
꼭 친구 같은 사이다

동리는 중국어도 능통하지만
영어도 잘한다
여행을 좋아하여 혼자서
유럽을 한두 달씩 다녀온다
2019년부터는 베트남어를 배운다며
베트남에 가서 대학에 다닌다

최근엔 코로나 19라는 바이러스가
세계를 위협하고 있다
걱정이 되는지 동리는
문자도 보내고 때론 전화하며
"할아버지! 마스크 꼭 하셔. 외출도 삼가시고…."

"오늘은 뭐 했수? 시는 많이 쓰셨오?"
이젠 눈도 나쁘고 하니 건강을 생각해서
운동도 하고 할머니랑
여행도 다니라고 잔소리는 기본이다

늙어가며 가장 친한 친구가
부부라고들 하지만
나를 가장 위로해주는 친구 같은 놈이다.

거칠고 쾌활한 내 성격이
시를 쓰며 나도 모르는 사이
마음이 무척 여려진 것 같다
부모님 생각만 해도
울컥 눈물이 나고
이역만리 타국에 가 있는
동리 생각만 해도 가슴이 뭉클
동리가 보고 싶고 그립다

사랑하는 동리야!
할아버지가 늘 이야기하지만

다시 한 번 이야기한다
"국유연후유신-나라가 있고 난 뒤에 나 자신이 있다."
동리야!
자손 대대로 살아야 하는
우리나라 대한민국을 위하여
너 자신보다 나라를 먼저
생각하길 바란다.

사랑하는 동리야!
벌써 네가 24세가 되었구나
우리 가족들은 네가 있어 행복하단다
부디 원하는 목표 이루기 바란다

에필로그 Epilogue

내 삶과 문학 / 후일담後日譚

525 / 유배의 삶에서 만난 시와 노래
　　　- 송암 김선우

554 / 송암 김선우 시인의 발자취

557 / 시집 제자題字 작가 소개
　　　- 서예가 우암右庵 윤신행尹信行

558 / 표지화, 내지 삽화 작가 소개
　　　- 한국화가 동곡桐谷 이향李香

조선의 여인(정서) | A woman of joseon(emotion)
천년기와, 아크릴릭, 혼합재료

| 에필로그 Epilogue / 후일담 後日譚

유배의 삶에서 만난 시와 노래

송암 김 선 우
(시인·문학평론가)

> 시 창작은
> 그동안 내 삶을 지탱해주는 소중한 말동무가 되었다.
> 흔들리는 나를 잡아주는 길동무가 되었다.
> 누구나 늙어지면 젊어서보다는 외로움이 밀려온다.
> 노년이 되면 알게 모르게 유배 아닌 유배의 길로 가는 게 인생이다.
> —본문 중에서

■ 들어가기

　시 창작, 내 마음을 알고 싶어 내게 말 걸기

　세상에서 말 걸기 가장 어려운 상대는 자기 자신이다. 왜 시를 쓰느냐고 묻는다면 최소한 백여덟 가지가 넘겠지만, '남에게 하지 못할 말을 내게 하고 싶어서'라고 말하고 싶다. 시 창작은 그동안 내 삶을 지탱해주는 소중한 말동무가 되었다. 흔들리는 나를 잡아주는 길동무가 되었다. 비록 몸은 늙어져도 마음이나 생각은 늙고 싶지 않다. 내 마음을 알고 싶어 내게 말을 거는 시 창작을 하는 동안만큼은 내가 둘이 되었다. 기억 속에서 가물거리는 희미한 옛 추억이나마 불러 회상하듯 시를 쓰다 보면 스스로 각성하고 반성하며 성찰하게 된다. 누구나 늙어지면 젊어서보다는 외로움이 밀려온다. 노년이 되면 알게 모르게 유배 아닌 유배의 길로 가는 게 인생이다.

"곁에서 글을 읽어주는/그대의 목소리는 가뭄 끝에/들판을 적시는 단비처럼/내 가슴을 촉촉이 적셔줍니다.//연못에 던져진 돌멩이가/아름다운 물무늬를/잔잔히/연못 가득 퍼져 나가게 하듯이/그대의 목소리는/잔잔히/메마른 가슴에/향기로운 바람을 타고/내게 다가옵니다.//그대여/세월의 품속에서 그윽한 당신을/오래도록 간직하겠습니다."

― 첫 시집의 표제 시 「들판을 적시는 단비처럼」 전문

2006년 12월에 오산시 새마을지회장이 되었다. 그 시절에는 단체장이 되려면 든든한 경제력이 있어야 했다. 출연금 명목으로 거금을 협회에 내놓아야 사람들 앞에서 회장으로 위신을

세우는데, 첫해는 큰아들이 내주어서 체면을 유지했다. 직장이라고는 향토예비군 중대장 경력이 전부였으니 그 많은 돈을 계속 낼 형편이 되지 못했다. 깊은 생각 끝에, 행사를 열기로 했다. 누구에게 손 벌릴 처지도 아니고, 내 손으로 자금을 모을 수밖에 없었기 때문이다.

  그간 써놓았던 원고 중에 67편을 엄선해서 부랴부랴 시집을 엮어 '출판기념회'를 열었다. 행사는 성공적이었다. 그 결과 출연금을 무난히 확보하게 되었다. 모든 근심과 걱정에서 드디어 해방되었다. 부끄럽지만, 내가 시를 쓰게 된 동기가 이처럼 황당하게 출발했음을 뒤늦게나마 고백하며 참회한다.

  오산시 새마을회는 내가 회장에 취임 후 100여 명이던 회원을 몇 달 만에 500여 명으로 늘려 대식구가 되었고, 재향군인회장을 할 때는 2,000여 명의 회원을 통솔했다. 두 단체의 회관을 세울 땅과 건축비 예산을 내 임기 중에 확보했으니 지금 생각해도 뿌듯하다. 내가 어렵던 시절에 나를 믿고 시집을 사주며 후원했던 사람들의 그 귀한 뜻을 '오래도록 간직하겠다'는 마음에서 공직에서 물러난 뒤 10여 년을 더욱 열심히 시 창작에 매달렸음도 이 지면을 통해 밝힌다.

  희수喜壽를 맞아 내놓는 이번 시집에는 서시 1편을 포함한 54편이다. 시를 잘 쓰려고 특별하게 노력했던 것도 아니다.

그냥 시마詩魔에 들려 제출물로 나온 것이 대부분이라서 불쑥불쑥 못난 얼굴을 내밀어 민망하다. 계절은 기다리지 않아도 시나브로 다가오고 온다간다 말없이 그냥 또 간다. 과유불급過猶不及, 넘치지도 않고, 모자라지도 않게 열서너 편씩만 봄·여름·가을·겨울로 나눠 담았다. 사람살이와 세상살이의 이야기를 계절의 변화에 따르듯이 다발로 가지런히 묶었다. 제1부 봄 '세상살이', 제2부 여름 '인간의 사랑'. 제3부 가을 '늦가을의 오후', 제4부 겨울의 '화두話頭'로 작은 방도 만들어 곱게 모셨다.

Ⅰ. 봄, 쓸쓸한 삶의 유배지에서 부르던 나의 노래

내가 머물던 운암뜰에
비둘기가 울며
내 곁을 떠났다
그날 나는
무거운 발걸음으로
운암뜰을 떠나왔다
그날
내가 머물던 운암뜰엔
온종일
보슬비가 내렸다
　　　－「봄이 오는 길목에」 전문

운암뜰은 경기도 오산시 오산동, 원동, 부산동에 위치한 들판이다. 20여 년 전만 해도 오산 시민이 1년간 먹고도 남을 쌀이 생산되던 곡창지대였다. 지금은 10분의 1 정도만 농지로 남고 신도시(오산시청과 오산경찰서, 상가와 아파트)가 들어앉아 있다. 돌이켜보면, 운암뜰에서 아내를 도와 화원을 운영하던 그 시절이 내 생에서는 그나마 행복했던 시절이었다. 그때 그 화원에서는 시마에 들린 듯이 주문서 이면지에 쓱쓱 써도 저절로 시가 되었던 다작의 시기였다.

화원이 자리 잡은 곳이 오산경찰서 초입이라서 누구라도 찾아오기 쉬웠다. 오랜 벗들은 물론 시인 묵객들도 제집처럼 오가며 머물다 가니 적적함을 달래기에도 안성맞춤이었다. 아쉽게도 운암뜰에서는 얼마 버티질 못하고 물러서야 했다. 도심을 가로지르는 산업도로 확장공사로 인해 화원의 자리가 길로 편입되었다.

운암뜰에서 온종일 내리는 보슬비는 일반적인 의미로서의 봄에 오는 봄비가 아니다. 삶의 터전을 떠나야 하는 답답하고 슬픈 심사를 달랠 길 없었던 노년의 마음이다. 그때의 '봄이 오는 길목'은 유배지로 가는 사람처럼 막막하고 너무 힘겨웠다. 다시는 이 세상을 걸어갈 수 없을 만큼 다리에 힘이 쭉 빠졌다. 화원을 잃은 스트레스는 이만저만이 아니었다. 이곳저곳 적당한 화원의 자리를 물색해 보았지만 마땅한 곳이 없었다. 급기야 장염으로 3일간 병원에서 눕기도 했다. 두 아들과 며느리가 용돈을 드릴 테니 이제는 편히 쉬라면서 결사반대하는 바람에 개인사업은 그때 완전히 접었다.

    나를 응원한다고
    힘들지 않은 건 아니지만
    고난의 인생길 홀로 간다며
    용기를 북돋아 주며
    늘 두드려준 그대가
    참 고맙습니다
                   -「내 삶의 길에 서서」부분

뒤늦게 불쑥 시단에 나타나 지금까지 시를 쓰면서 "내가 쓰는 시들은/시인가/아니면 가다 멎은 시계인가/늙은 무릎으로 미련들이 부질없다만/그래도/봄날 텃밭에 심어놓은 푸성귀들은/어김없이 푸르니/아무리 잡초와 섞여 살았다 해도/나의 세상은 채소인 듯도 하여/마냥 싱싱하더라 -「세상살이」", "너와 나의 인연은/아주/소중한 인연인 줄 알았다/나에게/꿈을 심어 주고/생기를 북돋아 주고/그런 -「그 인연」"에서처럼 시는 내게 위안을 주는 유일한 말동무였다.

운암뜰 화원의 바깥에 자라는 무수한 잡초들은 계절마다 피고 지며 제자리를 굳건하게 지키고 있다. 그런 잡초처럼 치열하게 살아보고 싶었다. 풀씨는 보통 1㎡의 밭에 7만 5천 개가 잠자고 있다고 한다. 물과 온도가 적합해도 햇빛을 못 보면 싹을 틔우지 않고 땅속에서 10년~20년을 기다린다고 한다. 그래서 나는 그들에게 "이 땅의/주인은 바로/너였구나 -「이 주인은」"라고 표현한 적도 있었다.

원규, 민순, 정택이는 내게 햇빛 같은 존재이다. "우리들의 만남은/순간을 피었다 지는/삼월의 벚꽃 한나절처럼/그렇게 가는구나"라고 했던 「대추나무 메뚜기」는 그들에게 보내고 싶었던 내 마음의 편지였다. 나이로 따진다면 나보다는 훨씬 젊지만 문단 활동은 훨씬 먼저 했던 고향 후배들이다. 내게 그들은 당연히 일급 청정수와 같은 고마운 존재였다. 첫 만남부터 시를 쓰는 도반(道伴)으로 삼았기에 내 삶에 더없는 동기부여를 주고 있던 셈이다. 그런 아우들과 친구처럼 동지처럼 더 많은 대화를 나누고 싶었지만, 그들과 만남은 언제나 길어도 짧았다.

먹고 살아야 하는 삶의 현장이 다르기에 짧게 만났다가 금방 갈 수밖에 없는 게 젊은 그들의 처지였다. 화원에 홀로 남아 멀어지는 그들의 뒷모습을 보면 외로움이 울컥 밀려왔다. 그렇게라도 우리 만남은 10년 넘게 지속하고 있다. 이제는 서로 눈빛만 봐도 마음 속속들이 들여다보인다. 서로가 무엇 하나라도 더 주고 싶은 의좋은 형제지간이나 다름없다.

> 군 시절
> 무대에서
> 구성지게 불렀던 노래
> 비록
> 나이는 들었지만
> 그 시절
> 그 젊음에 어깨 절로 들썩이네
> 　　　　　　　－「트로트」부분

'군 시절/무대에서/구성지게 불렀던 노래'라는 대목에서 밝혔듯이 나는 젊은 시절 공군에서 연예병사로 군 생활을 마쳤다. 제대 후 지역 선배의 권유로 다시 육군 장교로 임관해서 향토예비군 중대장을 했으니, 남들은 한 번도 가기 싫어하는 군대를 두 번씩이나 다녀온 셈이다.

군대 이야기야 풀어내면 한도 끝도 없으니 각설하고, 최근에는 오산시 연예인협회 회장을 맡은 양승만 후배의 작업실에서 내 목소리의 노래를 CD판에 담았다. 그 CD 앨범은 자동차를 운전할 때마다 틀어놓고 듣는다. 나이 탓에 젊을 때와는 비교도 안 되지만 그런대로 옛날 끼는 남아 있다. 이런 음악 덕분에 시 창작을 할 때 운율을 맞추는 데 많은 도움이 됐다. 시와 음악은 자신의 사상과 감정을 표현하는 데 있어 거의 비슷한 과정을 거친다.

코로나 19가 극성을 부리는 와중에도 공중파 방송을 보면 그야말로 트로트 전성시대이다. 트로트는 전 국민의 사랑을 듬뿍 받으며 시와 마찬가지로 우리의 외로움과 사회적 소외를 채워 주고 위로해 주는 강한 힘이 있다. 젊고 발랄한 젊은이들은 원곡을 더욱 더 생동감 있게 재해석하고 자신에 맞게 편곡하여 동시대인들과 새롭게 공유하고 있다. 단순하게 흉내 내고 따라 하는 모창이 아닌 자신의 개성을 살린 음악으로 도전했기에 영광의 자리에 오를 수 있었다고 생각한다.

2016년 노벨문학상 수상자로 미국 대중가수 밥 딜런을 선정했었다. 스웨덴 한림원은 "위대한 미국 가요의 전통 속에 새로운 시적인 표현을 창조해왔다"고 선정 이유를 밝혔다. 즉, 밥 딜런의 노래는 귀로 듣는 시라는 것이다. 아무튼 밥 딜런은 '바람만이 아는 대답'과 같은 걸출한 노래로 부조리한 사회에 저항했고, 인간의 자유와 평화를 노래했다. 유행가의 가사라고 해서 저속할 것이라는 생각은 편견이다. 시처럼 아름다운 노랫말이 세상에는 생각보다 훨씬 많다.

너 자신을 알라며 툭 내뱉고 간 말을
내가 어찌 알겠소 모르겠소 테스형
울 아버지 산소에 제비꽃이 피었다
들국화도 수줍어 샛노랗게 웃는다
그저 피는 꽃들이 예쁘기는 하여도
자주 오지 못하는 날 꾸짖는 것만 같다

— 나훈아 「테스형」 부분

　2020년 추석 전야에 우리나라 가황(歌皇)이라 일컫는 나훈아는 '대한민국 어게인' 콘서트를 열었다. 15년 만에 무대에 올랐지만, "KBS가 정말 국민을 위한 방송이 되길 바란다"면서 출연료 한 푼 받지도 않았다. 2시간 반 동안 무대를 찢으며 열창하는 70대 소리꾼은 힘이 철철 넘쳤다. 지금 들어도 새롭고 좋은 그의 히트곡은 물론 신곡도 발표했다. '너 자신을 알라'고 했던 그리스의 철학자 소크라테스까지 불러온 '테스형'은 그 공감의 폭이 엄청나다. "어쩌다가 한바탕 턱 빠지게 웃는다/그리고는 아픔을 그 웃음에 묻는다"더니 "아 테스형 세상이/왜 이래 왜 이렇게 힘들어"하면서 절규하고 있다. "국민 때문에 목숨을 걸었다는 왕이나 대통령은 한 사람도 본 적이 없다"면서 코로나19사태로 고통 받는 가재 붕어 개구리들을 위로하고 격려하는 가요계의 큰 어른다운 통 큰 콘서트였다.

Ⅱ. 여름, 떠도는 내 마음 잡아주던 어머니의 희생과 아내의 기도

달이 달빛 한 두레박
한껏 퍼 올리더니

그리움을
쏟아붓네
밤새도록
붓고 있네
사무친 가슴이 시려
발만 동동 굴렀네
  　　－「달빛이」전문

　시의 소재를 먼 곳이 아닌 늘 가까운 주변에서 찾았다. 그러므로 내가 쓴 시에 대해 거창하게 확대 해석하거나 과도하게 상징적 의미를 부여하고 싶지도 않다. 그냥 있는 그대로 보이는 그대로 읽고 이해하면 좋겠다.

　아직도 부족함이 많아 완결이 안 되었다는 생각에서 작품이 끝났다는 표시인 마침표는 끝내 찍지 못했다. 어느 시인은 '마침표'는 '우주 밖 먼 미래의 별'이라고까지 했다. 대부분 10여 행 내외로 짤막해서 마음만 먹으면 단숨에 읽어낼 수도 있다.

모든 걸 독자들의 상상력에 맡기고 그들을 편안하게 놓아주고 싶다.

이 시집에 실린 54편의 시에서 자주 반복하는 시어는 사랑(31회)과 그리움(19회), 세상과 세월, 삶과 눈물, 별과 바람이 10여 회씩으로 수시로 나타나 윤기와 활력을 보태주고 있다. 외부 조건을 조금도 의식하지 않고 무의식중에 튀어나온 말들이다. 이런 단어들은 어머니 품속처럼 깊은 정을 느끼게 해서 수십 수만 번을 거듭 써도 밉거나 거슬리지 않는다.

"어머니는/여든아홉의 나이에도/끝내 이 아들이/염려스러웠는지/베갯머리에 눈물을 떨구시다/물끄러미 아내를 바라보시며/'애야, 이젠 너밖에 없구나'/하시며/아내의 손을 꼭 잡으신 채/눈을 감으셨다/아내는/그날 이후 지금까지/하안거와 동안거 때면/백련암으로 달려가/삼천배와 기도로/마음 다스리며/어머니의 성불을 빌곤 한다
　　　　－『낡은 가방 속의 연가』, 2016년, 63쪽, 「아내의 기도」 전문

어머니와 자식의 관계는 영원히 하나라서 어머니는 지상에 안 계셔도 끊임없이 용기를 주는 내 삶의 충전소이다. 내가 쓰는 시에서 어머니는 들이쉬고 내쉬는 숨결마다 자주 나타난다. 곁에 계실 때는 몰랐는데, 떠나신 이후에는 어떤 것으로도 채울

수 없는 영원한 그리움의 존재가 되었다. 우리의 뇌 속에 저장된 '어머니'라는 단어는 '사랑'과 '희생'이라는 말과 같은 뜻이 된다.

"소설가는 세상 이야기를 하고, 시인은 자기 자신을 이야기한다."는 말도 있지만, 시인이 소설가보다 훨씬 자기중심적인 게 사실이다. 소설이 사건 중심의 행동이라면 시는 개개인의 사정이며 추억이라서 순수에 가깝다. 그래서 시를 쓰면 '쿵, 쿵,' 삶의 의욕을 충전해주는 '천둥소리/북소리'가 난다.

회색 옷 펄럭이며
검정 고무신 신고

아비라 기도를 떠나는 당신
목탁 소리가 그리운가
묵묵히 앉아있는
불상이 그리운가
오늘도 안 오시네
며칠 두고
안 오시네
화원의 유리창이 어둡고 어두워
귀 사납게 내리는 빗소리
탁자에 홀로 엎드려
훌쩍이는 차에

쿵, 쿵,
심장을 울리는
천둥소리
북소리

　　　-「그날은 비가 왔네」 전문

내 시는 대부분 체험을 바탕으로 썼다. 억지로 꾸미는 것은 태생적으로 하지 못한다. 때로는 시를 쓰면서 내가 겪었던 사소한 체험보다는 소외 계층의 고통스러운 삶의 모습을 표현하고 싶었지만, 뜻대로 되지 않았다.

헤밍웨이의 소설『노인과 바다』는 거대한 청새치와 상어를 상대로 사투를 벌이는 노인의 이야기다. 그 첫 문장은 이렇게 시작된다. "그는 멕시코 만류에서 조각배를 타고 단신으로 고기잡이하는 노인이었다. 그러나 그는 벌써 84일째 고기 한 마리 잡지 못하고 세월을 허비하는 중이었다." 노인은 뼈만 남은 청새치를 배에 싣고 항구로 돌아와 오막살이 침대에서 잠이 들었다. 맨 마지막 문장은 "아침에 소년이 와서 위로했다. 노인은 다시 잠들어 라이온의 꿈을 꾸었다."라면서 마감한다. 내 마음이 바로 이러한 상태이다. 그러니,

아파하지 마라

장미 한 송이

누군들 한때
젊지 않은 적 있더냐
　　　　－「누구든 한때는」 부분

　누구나 가슴에 맺힌 그 무엇을 얘기하고픈 욕망과 치유되지 않은 마음의 상처를 안고 산다. 이때 시 창작은 치유로서의 모색이며 건강한 삶으로 이끄는 도구가 된다. 그러므로 진실한 마음을 담은 시는 길고 짧음에 상관없이 어떤 식으로든 나름의 가치를 지니고 있으며, 그 가치에 등급을 매길 수는 없다. "꽃이 아름다운 이유는 내 마음에 꽃이 있기 때문"이며, "흔들리지 않고 피는 꽃이 어디 있으랴"라던 어느 시인의 시가 가슴을 후려친다.

사랑은 병이다
그래서 사랑은 아프다
많은 사랑 중에서도
가장 아픈 사랑은 짝사랑이다

　　　　　　　(중략)

> 세상의 모든 파탄은 사랑 때문이다
> 사랑하고 싶은 사람은 사랑하고
> 미워하고 싶은 사람은 미워하라
> 그것이 인간이다
> ─「인간의 사랑」부분

위에 인용한 시는 노년기의 심경과 실상을 짝사랑으로 빗댄 시편이다. 내가 살아본 삶을 돌아보며 무엇보다도 진정한 '사랑'이 중요함을 강조하고 싶었다. 결코 노년을 과시하여 내세우거나 숨기며 감추려는 것이 아니다. 요즘 같은 세상은 가지지 못한 자가 굶주림에 눈이 먼다면, 가진 자는 더 가지려고 황금에 눈이 멀어 자기 자신까지 잃어가고 있다. 세상은 분명히 병들었는데 삶의 가치가 황금이면 된다는 식으로 사회구조가 변했다.

참다운 미래는 배후에 도사린 대단할 것도 없을 과거를 떠나는 용기에서 개방되고 또한 확장된다. 물론 원인과 결과, 처음과 끝은 과거와 연관성이 있게 마련이다.

나를 잃어버리면 그로 인해 생기는 정신적인 갈등은 상상외로 매우 무섭게 돌변한다. 갈등은 또 다른 갈등을 낳고 그것들은 다시 갈등을 끊임없이 반복한다. 결국에는 「이정표」에서처럼 "가야 할 곳 어디며/어디로 갈거나" 하면서 극심한 외로움과 자괴감에 빠져 스스로 유배의 길로 들어선다.

젊은 날을
추억 속에 묻어버리고
바람에 밀려
구름에 실려
모랫길 걸으며
늙어가는 서러움아
가야 할 곳 어디며
어디로 갈거나
아득하지만
긴 그림자 드리우고
지는 해 따라
사막을 걷는 나는,
한 마리
외로운 낙타

― 「이정표」 전문

Ⅲ. 가을, 마음에 맺혀 있는 것을 풀어 써내려고 오늘도 나는 쓴다

시인은 지구상의 먹이사슬에 없는 특별한 계층이다. 한때는 시 창작만으로도 외로움을 달래기에 충분했다. 무엇보다도 시를 쓰는 순간만큼은 절망조차도 희망으로 바뀌는 듯했다. 시가 돈이 되지 않는다는 것은 예전이나 지금이나 조금도 변하지 않았다. 그러니 시를 써서 먹고살기는 아예 불가능하다. 몇몇 시인들이 베스트셀러에 시집이 올랐다지만, 대부분의 시인은 인쇄비도 못 빼는 게 현실이다.

프랑스 상징시의 선구자인 보들레르는 시 '앨버트로스'에서 시인의 슬픈 운명을 앨버트로스라는 새를 통해 보여준다. 하늘의 왕자 앨버트로스는 뱃사람들에게 붙잡혀 갖은 굴욕과 괴롭힘을 당한다. 그 거대한 날개가 지상에서는 도리어 방해가 될 뿐이다. 그러나 언제가 될지는 모르지만, 절망의 탑을 세워서 나중에는 그 탑이 밝은 태양에 도달할 거라는 희망을 버리지 않는다. 그리하여 절망의 나락으로 떨어지지 않으려 힘과 용기를 얻게 된다. 그것이 바로 '앨버트로스의 희망'이다. 나 또한 희망을 잃지 않기 위해서 끝없는 절망의 탑을 계속 쌓고 있다.

새벽이면
백지를 펴놓고
시를 써온 것이 어느덧 십수 년

늦가을
바람 불어 좋은 날
오늘은 무슨 이야기를 쓸까

자꾸 눈물이 흐른다
이는
옛 생각에 깊이 잠긴
그리운 시들이 떠오르기 때문
나는 죽어서라도
시를 쓰고 있겠지
―「어느 날 새벽에」 전문

 시 쓰기는 체험했던 순간의 기억이나 사건을 대상으로 할 때가 많다. 보이지 않는 세계를 보기 위해서는 상상력이 필요하지만, 기억을 재생 시켜 실제 경험을 바탕으로 시를 쓰는 시는 생각나는 그대로 쓰면 된다. 지금도 나는 시의 소재를 주변의 작은 사건이나 사람들 그리고 과거의 추억에서 찾고 있다. 하지만 아직도 그것들과 완전한 소통이 안 되어 감정이입이 덜 된 거친 문장이 자꾸 나오고 있다.

 슬픔은 누구에게나 아픈 일이다. 참기 어려운 슬픔이 다가설 때마다 나는 시를 쓰며 시를 통해 그것에서 벗어나려고 한다. 가슴에 맺힌 그 무엇을 시로 풀어보고 싶었다. 시 창작은 때로는 외로움과 그리움을 치유하는 방법이 된다. 시를 쓰는 동안만큼은 삶에 대한 의욕이 생겨 세상을 다시 볼 수 있는 여유가 생긴다. 길고 짧음에 상관없다. 어떤 식으로든 나름의 가치를 지니고 있고 치유의 도구가 될 수 있다고 믿는다.

> 차디찬 가을바람에
> 둥글둥글 살지 못한
> 지난 세월이 새록새록
> 떠오르고
> 가로수는
> 앙상한 가지만 남아
> 윙윙 울고 앉았네
> ―「늦가을 오후」 부분

 현실의 고통과 상처를 어떻게 극복하느냐에 따라 그 삶은 달라진다. 가끔은 현실 속에서 무엇인지 모를 갈등을 느낄 때가 있다. 이유가 분명히 있는데 미처 깨닫지 못할 뿐이다. 그래서 시로 쓰면 내 속을 훤히 들여다볼 수 있다. 그래서 나는 다시 용기를 내서 또 시를 쓴다.

 시로 말하고 싶고 시처럼 표현하고 싶은 욕구가 강렬하게 솟는다. 차분하게 마음의 움직임을 따르면서 침착하게 영감을 모으면 된다. 적절할 때를 기다려 추상과 관념이 아닌 일상에서 길어 올리는 다양한 생각들을 최대한 압축해서 쓰면 된다.

 『문심조룡』에도 "창작에 마음을 두는 것은 마음에 맺혀 있는 것을 풀어 써내려 하는 것이다"라고 했다. 그래서인지 가족과 집안의 이야기는 끄집어내면 낼수록 자꾸 나온다. 하찮은 소재라고 생각하겠지만, 당시의 상황에서 내게는 심각하고 충격적이었다. 그래서 새로운 의미를 더 부여하고 싶다. "나는 누구인가 스스로 물어가며" 시 창작을 하다 보면 시간이 지날수록 탄력이 생겨 마음의 상처가 모르는 새 치유된다.

나는 누구인가
스스로 물어가며
그리움이 묻어나는
등을 내다 걸고
시를 쓰네
― 「황혼 역에서」 부분

Ⅳ. 겨울, 국유연후유신
― 나라가 있고 난 뒤에 나 자신도 있다

그동안 주변의 작은 사건이나 사람들 그리고 과거의 추억에서부터 정치, 사회, 문화, 종교 등에 이르는 체험까지 중요한 작품의 소재로 삼았다. 요즘 신문과 방송에서 발표하는 기사들은 인간의 생각으로는 도저히 상상할 수조차 없는 지경까지 이르렀다. 너도나도 일인 방송국처럼 제멋대로 주장을 내세우는 세상이다. 사람이 사람을 사랑하고 그리워하는 것이 참다운 삶이다. 삶의 고통이 어디서 오는지 이를 이해하여 해결하고 행동하는 사람을 나는 감히 시인이라고 부르고 싶다. 서로 대접하지 않는 사회에선 어차피 가진 자도 길을 잃게 마련이다. 상황과 처지는 다르겠지만 세상에는 고통에 익숙해져 묵묵히 살아가는 사람들도 많다. 날이 갈수록 일그러진 세상 이야기만 자꾸 눈에 밟힌다. 이처럼 내가 사는 세상도 어쩌지 못하면서 감히 우주와 소통하고자 커다란 화두를 던졌다. 대답을 바라는 게 아니다. 답답해서 그냥 던져볼 뿐이다.

> 도대체 삶이 무엇이냐고
> 허공에 내뱉듯
> 툭,
> 한마디를 던졌다
> 그리고
> 하늘을 바라보았다
> ―「화두(話頭) · 1」부분

우리가 세상을 살다 보면 많은 절망과 어려움을 만난다. 그것이 운명이라는 생각에는 어느 정도는 긍정과 부정이 교차한다. 때로는 도저히 혼자서는 벗어날 수 없는 함정에 빠지기도 한다. 잘 나가는 듯싶었는데 믿었던 사람이나 엉뚱한 사건에 휘말려 휘청거린 적도 더러 있다.

신문을 보거나 텔레비전의 뉴스에 귀를 기울이면 온통 세상은 말세가 되어가는 느낌이다. 부정과 부패가 만연하고, 정의와 공정의 축이 한쪽으로 심하게 기울었다.

　날이 갈수록 가진 자 쪽으로 운동장은 점점 더 기울고 있다. 문재인 대통령의 어록 중에서 "기회는 평등하고 과정은 공정하고 결과는 정의로울 것"이라던 금쪽 같던 말은 빛 한번 보지 못하고 녹슬고 있다. 우리의 땅 대한민국을 한반도라고 하지만 북한과 대립상태가 풀리지 않는다면 현실적으로는 섬나라와 다름없다. 모름지기 시인이라면 불의와 부정에 항거하고 양심과 정의를 위해 목숨이라도 바칠 각오가 돼 있어야 한다.

　　너나없이
　　이 땅 대한민국에서
　　누리는 자유와 행복
　　나라 있어 좋을시고
　　나라 먼저 생각하며
　　세세연년 누려보세
　　　　　－「나보다 나라 먼저 －친구에게」부분

　요즘에는 가족과 사회 구성원들 간에도 갈수록 인간성이 말살되고 있다. 물질만능주의 속에서 인성은 갈수록 메마르고 있다. 서로서로 믿지 못해 감시하고 고소·고발을 밥 먹듯 한다. 갑(甲)과 을(乙)로 편을 갈라 자기의 이익만 추구하며 공생공락

(共生共樂)의 인간성은 찾기 어렵다. 함께 도우며 살아가는 사회라는 말은 이제 흘러간 옛이야기일 뿐이다.

> 멀고 먼 이역만리
> 남편 따라가는 걸
> 까맣게 잊고
> 그저 가는 것만 아쉬워
> 잘 살란 말 한마디 못하고
> 모든 걸 가슴에 묻고 말았다
> 　　　　-「편지 · 1 -윤서에게」부분

나는 마음속 깊숙이 박혀있는 불통을 해결하는 방법으로 편지쓰기 방식을 활용한다. 편지쓰기는 현실에 의해 억압된 욕망을 풀어내는 간단한 작업이다. 속 시원하게 쓰고 나면 답답했던 마음의 상처가 치유되는 촉진제가 되기도 한다. 내가 쓰는 편지는 주로 가족들에게 쓰는 고백체의 글쓰기라서 밤에 쓴다. 혼자만의 시간과 공간이라서 누구의 방해도 받지 않는 그런 때에 편지를 쓴다. 그때의 시간은 나만의 그리움의 공간이라서 너무 멀어지면 가닿을 수 없다. 멀리 외국에 사는 수양딸 윤서에게도 대한 안타까움에 때로는 편지를 쓰며 안타까움과 그리움을 달랜다.

아홉 살 어린 나이에
    일기를 쓴다며 시를 쓰는
    우리 동수 참으로 대견하구나
            −「편지 · 2 −동수에게」 부분

  내 생각이지만, 반드시 뒤를 이을 것 같은 글재주가 있는 동수에게는 각별하게 애정을 쏟았다. 내 삶의 경륜과 지혜도 전해 줄 수만 있다 모두 주고 싶은 마음이다.
  귀여운 윤선이와 믿음직한 동리는 어디에 내놓아도 빠지지 않는 청년들로 반듯하게 성장해서 마음 뿌듯하다.

  "둘째 윤선이는/보기만 해도 귀엽다/이틀이 멀다고//"할아버지 뭐해?"/안부 문자 또는 전화를 하고 〈중략〉 큰손자 동리 자랑은/온종일 해도 부족하다//동리는 중국어도 능통하지만/영어도 잘한다/여행을 좋아하여 혼자서/유럽을 한두 달씩 다녀온다/2019년부터는 베트남어를 배운다며/베트남에 가서 대학에 다닌다"
            −「손주를 그리워하며」 부분

  시인 사무엘 율만은 "청년보다 예순 살 노인이 더 청춘일 수 있다"고 말했다. 두려움을 물리치는 용기, 경이로움에 이끌리는 마음, 인생에 대한 즐거움과 환희가 있다면 그때가 바로 청춘이다. 중요한 것은 나이가 아니라 세상을 살아가는 긍정적인 태도이다. 일체유심조一切唯心造, 세상만사 마음먹기에 달렸다. 요즘은 생활 수준도 향상되고 평균수명도 늘어나서 일흔, 여든이 되어도 좋은 작품을 꾸준히 발표하는 시인들도 많다. 그들을 뒤따라가는 대열에서 짐이 되지 않는 건강한 시인으로 남는 게 내 소망이다. 가족과 집안의 이야기는 끄집어내면 낼수록 자꾸 나온다. 내 출생과 가족사를 끄트머리에 사족으로 덧붙인다.

"나의 생년월일은/음력 1945년 6월 28일/양력 1945년 8월 8일이라고/어머님은 늘 말씀하셨다/어머님 스물일곱/아버님 서른일곱 살 되던 해에 나를 낳으셨다//할아버지 할머니가 해방둥이라고/그것도 태어난 지 이레 만에 해방됐다 하여/무척 귀여워하셨단다.//내가 태어나기 전/어머님 말씀을 빌리자면/할머님의 오라버니 되시는 분 중에/독립운동을 하시던 분이 계셨는데/툭하면 할머니를 데리고 가시면 몇 달이고/독립군들 밥을 해주고 오셨다 한다/그리하여/열세 살에 시집온 어머니가 집안일을 다하셨으니/어머님의 고생이 이만저만이 아니었을 것이다//할아버지께선 벼농사를 지어/방앗간에 방아를 찧으려고/벼를 싣고 방앗간에 가시면/아예 며칠 후에/빈 수레만 끌고 오신단다/아버지 어머니가/왜 빈 수레냐고 물으시면/도둑놈에게 끌려갔다 오신다고 하신단다/할아버님은 그렇게 해서 일 년 농사지은

쌀을/독립운동하는 처남에게/몽땅 갖다주었다고 한다//아버님께서 쌀 이야기만 꺼내놓으시면/할아버님은 얘야 국유연후유신이란다/잊지 말라고 하셨다고 한다//나는 광산김씨 공안공파 광허공 후손으로/혈통을 이어받은 것을 가슴 뿌듯하게 생각한다.

-『길에서 화두를 줍다』, 2014년, 502~503쪽, 「탄생」 전문

■ 나오기
이제는 더 물러설 곳도 없다. 잘살아 봐야겠다

　세상의 길과 시인의 길이 따로 있을 리 없다. 우리가 되찾아야 할 삶의 가치를 시로 제대로 표현하기 위해서 는 무엇보다도 자신이 체험한 바를 쓰는 것은 매우 중요하다. 믿음이 확고하면 현실에 대응하는 방식도 따라온다. 현실을 소재로 쓰는 시는 어느 관점에서 바라보고 어떻게 이해하느냐에 따라 작품의 맛이 달라진다. 시인의 마음이 인간적이라면 시의 맛도 우리의 입맛에 맞게 된다.

　죽어야 산다는 말이 생각난다. 맛있는 김치는 죽어서 맛을 낸다. 그것도 한 번이 아니고 다섯 번이나 죽어야 한단다. 땅에서 뽑힐 때 한 번 죽고, 배춧속이 갈라지면서 또 죽고, 소금에

절여질 때 다시 죽고, 매운 고추와 짠 젓갈에 범벅돼서 또다시 죽고, 마지막으로 장독에 담겨 땅에 묻히면서 죽어야 비로소 제대로 된 김치 맛을 낼 수 있단다. 인생도 그런 게 아닌가 싶다. 다른 사람들과 공존하는 삶 속에서 묵은 김치처럼 곰삭아 숙성된 삶을 살기 위해서는 '욱!'하고 솟구치는 성질을 죽여야 하고, 자기만의 외고집을 죽여야 하고, 남에 대한 편견과 고정관념도 죽여야 한다. 이 마음과 저 마음을 시로 다독여주면 김치처럼 서서히 익게 된다. 잘 익은 한 조각 김치가 잃었던 입맛을 찾아주고 건강한 몸으로 만들어 준다. 내 삶도 잘 익은 김치처럼 죽어도 맛나게 살고 싶다.

주제넘게 내 삶과 문학을 자평(自評)하다 보니 부끄러움만 수북하게 쌓였다. 두서없이 가슴에 품었던 말을 이렇게라도 털어놓으니, 해가 짧아진 늦가을 들녘에서 추수를 끝내고 집에 돌아와 시원한 물로 흙 묻은 발을 씻는 기분이다. 힘겹고 고단했던 한낮에 땀 흘리며 일했던 피로감이 이제는 뿌듯한 성취감으로 변했다.

오늘도 서산으로 넘어간 햇덩이가 남겨놓은 저녁놀을 지그시 바라보고 있다. 예전에 느끼지 못했던 아름다움에 대해서 다시 생각해보는 느긋한 저녁나절이다. 내가 사랑했던 가족들과 친구들 그리고 선후배들은 물론 힘겨운 내 삶의 유배지에서 만났던 해와 달과 별과 그리고 나무와 풀잎과 벌레들까지도 고맙게 느껴지는 황홀한 저녁이다.

"바람이 분다/살아 봐야겠다"라던 폴 발레리의 외침은 지금 내 심정이다. 이제는 더 갈 곳도 물러설 곳이 없다. 살아 봐야겠다. 오늘처럼 내일도 모레도 글피도……

영원히 시와 함께 살며 사랑을 나누면서, 내 삶의 길목에서 잘살아 봐야겠다.

송암 김선우 시인의 발자취

□ **지역사회 활동**

경기 오산 출생 (1945. 음력 6. 28.)

오산 화성 예비군 중대장 역임

오산 화성 재향군인회장 역임

오산시 새마을회장 역임

한국연예예술인협회 오산지부 자문위원(2005~)

□ **문단 활동**

사)한국문인협회 시분과 회원(2008~)

문예사조문인협회 회원(2008~)

한국작가 경기남부 회장(2008~2013), 동인회 부회장(2014~)

오산시문학회 자문위원(2010~2018)

사)한국시인연대 회원(2012~)

한국시예협회 회원(2013~2016)

사)오산시인협회 창립 초대 회장 역임(2013~2015)

사)한국국보문인협회 자문위원(2015~)

사)국제펜클럽한국본부 회원(2015~)

◻ 저 서

2008 월간 『문예사조』, 계간 『한국작가』 신인상으로 등단(시인)

2007 첫 시집 『들판을 적시는 단비처럼』(도서출판 아리온)

2008 제2시집 『보름달 사랑』(도서출판 아리온)

2008 제3시집 『오늘도 사랑이라 믿어』(갑을패)

2010 제4시집 『밤하늘 별처럼』(동행)

2010 위인 명언록 편저 『그 말을 거울로 삼고』(동행)

2010 제5시집 겸 문집 『이 세상에 당신이 있어 행복합니다』(동행)

2012 제6시집 『그리운 강』(애플북스)

2013 『시혼詩魂』 창간호 (도서출판 책과나무)

2014 제7시집 고희 기념 시선집 『길에서 화두를 줍다』(지성의 샘)

2014 제8시집 『김선우의 작은 시집』(우리동네사람들)

2014 『어린이 시혼』 창간호 (우리동네사람들)

2016 제9시집 『낡은 가방 속의 연가』(지성의 샘)

2016 제2문집 『삶의 지혜』(지성의 샘)

2017 제10시집 『흙에서 캔 나의 노래』(도서출판 국보)

2018 명언집 편저 『이 말을 거울로 삼고』(도서출판 국보)

2017 제11시집 『냉이꽃 편지』(도서출판 국보)

2021 제12시집 겸 제2시선집 『가시꽃이 피었다』(한국문학신문)

2021 제13시집 『내 삶의 길에 서서』(한국문학신문)

2022 제3시선집 『나만의 행복한 그리움』(도서출판 국보)

□ 수 상

수도군단장 표창장

63훈련단장 표창장

국방부장관 표창장

경기도 재향군인회 공로패

대한민국 재향군인회 공로패

제1회 자랑스런 오산인상(1992)

새마을운동중앙회 공로상(2007)

2011 제2회 물향기문학상

2011 제23회 오산시민대상(애향부문)

2011 제20회 경기도문학상

2012 제23회 문예사조문학상(수상작 : 지리봉 가는 길)

2014 제7회 후백 황금찬 시문학상(수상 시집 : 『길에서 화를 줍다』)

2015 제6회 아름다운 한국문학인상

2016 제16회 한국글사랑문학대상

2017 제2회 대한민국 문화예술 명인대전 시 명인상

2017 제1회 한국문학신문 작품상

2021-67호 국보문학대상(수상 시집 : 『내 삶의 길에 서서』)

시집 제자題字 작가 소개
– 서예가 우암右庵 윤신행尹信行

1981년부터 우암서예학원 원장
2020년 한얼의 천년혼 서화명인 선정(2호)
고려대학교 서화문화 최고위 과정 수료(제4대 총동문회장)
원천중, 송원여중, 수원여중, 삼성전관 서예 지도교사
한국예능문예교류회 아세아서화협회 수원지회장(초대작가)
한국서화교육협회 운영위원, 경기도지부장(초대작가)
경기도서화대전, 수원시교육장배 학생휘호대회 운영위원장
한국서예문화원 이사, 대한민국기호학회 회장
서법예술대전, 충무공숭모서화대전
한얼국제문화예술대전 대회장
수원시 서예대전 발기인 및 사무처장 등 다수

□ **개인전**

1991–2020 개인전(인사동 한국미술관)
1991 제1회 개인전(장학기금 조성전) 등 다수

□ **단체전**

2002–2016 경기도서화대전 개최(운영위원장)
1991–2020 우암연묵회 회원전 등 다수

□ **초대작가 위촉 및 출품**

2021 제7회 명가명문전(우암가)
한국서화작가협회 초대작가 등 다수

표지화, 내지 삽화 작가 소개
– 한국화가 동곡桐谷 이향李香

2022 현재, 호작실好作室 운영

1992 동곡 이향 수화삼베 · 실크 우리옷연구소

1984 서울 중앙승가대학 강사

1980 동곡 동양화연구소 운영

▫ 개인전

2022 갤러리 핸드인 특별기획초대전

2019 쿠웨이트 수교 40주년 특별초대전

　　(쿠웨이트왕실박물관) 등 다수

▫ 단체전

2016 서울 롯데호텔 아트페어

1981 대구문화예술회관 연묵회전 등 다수

▫ 현장 퍼포먼스

2018 국회의원회관 대강당 –시화 현장 퍼포먼스

2015 광화문광장 개천절 행사 –시화 현장 퍼포먼스 등 다수

▢ **작품 소장기관**

김대중대통령 사저, 공군참모총장실, 삼익그룹, 불국사미술관
불영사, 고려대총장실/학장실, 계명대학교 등 다수

▢ **수상 경력**

2015 한국을 빛낸 사람 예술문화 부문 대상
1983 신라미술대전 문인화 부문 특선 등 다수

나만의 행복한 그리움

초판 인쇄   2022년 8월 25일
초판 발행   2022년 8월 30일

글쓴이 김선우
발행인 임수홍
총 괄 김종대
기 획 이원규 박민순 서정택
디자인 맹신형

발행처 한국문학신문
주 소 서울 강동구 양재대로 114길 32 2층
전 화 02-476-2757~8   FAX 02-475-2759
카 페 http://cafe.daum.net/lsh19577
E-mail kbmh11@hanmail.net
값 20,000 원

ISBN   979-11-90703-52-9

· 이 책은 (주)비담이엔씨의 문화예술 활성화 기금을 지원 받아서 제작되었습니다.
· 저자와의 협약에 의해 인지는 생략합니다.
· 이 책의 글은 저작권법에 따라 보호를 받는 저작물이므로 저자와 출판사의 동의 없이는 무단 전재 및 무단 복제를 금합니다.

· 잘못된 책은 바꾸어드립니다.